am Ende. beginnen

Caroline Steiner

am Ende. beginnen

auf dem Pilgerweg von Irún nach Santiago

Bibliografische Information der Deutschen Nationalbibliothek
Die Deutsche Nationalbibliothek verzeichnet diese Publikation in der Deutschen Nationalbibliografie; detaillierte bibliografische Daten sind im Internet über http://dnb.d-nb.de abrufbar.

Umschlag-Grafik: Doris Parolo
Fotos: Caroline Steiner

ISBN 978-3-945542-31-6 (Print)
E-ISBN 978-3-945542-30-9 (ePUB)

Druck und Bindung: BoD – Books on Demand, Norderstedt

Verlag, Redaktion, Herstellung, Design & Layout:
Renate Wettach, LöwenStern Verlag,
Weckerlinstr. 4, 65929 Frankfurt am Main
Telefon: +49 152 34332590
E-Mail: geschaeftsfuehrung@loewenstern-verlag.de
Umsatzsteuer-Identifikationsnummer gemäß
§27a Umsatzsteuergesetz: DE291558368

www.loewenstern-verlag.de

Inhaltsverzeichnis

Vorwort

Ich schildere meinen Pilgerweg. Fast 60 Jahre alt bin ich allein von Irún nach Santiago gegangen.

Am 24.09.2017 ging ich traurig und erschöpft los.

Nach vier Wochen voller Staunen, Schmerzen, Weinen, Lachen, Jammern, Amüsieren, Fürchten und Freude kam ich am 22.10.2017 in Santiago an.

Ich habe meine Erlebnisse aufgeschrieben, um andere Menschen, gerade auch aus meiner Altersgruppe, gerade auch Frauen, auf diesen Weg zu locken. Sie zu ermutigen, Zweifel, mangelndes Selbstvertrauen oder sogar Angst zu überwinden. Um Ihnen Lust und Mut zu machen, das Glück dieses Abenteuers zu wagen.

Caroline Steiner
April 2019

Einleitung

Es gibt einen Pilgerweg nach Santiago, fand ich fast zufällig heraus, der zum größten Teil, ungefähr 600 km, am spanischen Atlantik, also immer an einem Meer entlang führt, wie wunderbar! Das ist, was mir helfen kann, dachte ich, denn außerdem sollte er einsamer sein als der Camino Françes, dessen legendärer Ruf mich einschüchterte. Und er würde durch überwältigende Natur verlaufen: der Camino del Norte.

Natur, Meer, Einsamkeit, Zeit.

Nach mehr als fünf harten, dunklen und schweren Jahren brauchte ich genau das, sagte mir eine eindringliche Stimme. Entsetzen und Verzweiflung, ausgelöst durch den Suizid meines Mannes lagen hinter mir, die Bewältigung des damit einhergehenden finanziellen Zusammenbruchs und furchtbare Sorgen um die damals minderjährigen drei Kinder. Jahrelange verzweifelte Anstrengungen, ihnen eine Stütze zu sein, sie vor dem Fallen in den Abgrund ihres seelischen Schmerzes zu bewahren – innerlich selbst so zerstört, wie ich war. Als Überlebende war ich Verdächtigungen und Angriffen von Gläubigern ausgesetzt gewesen, ein nach Jahren verlorener Gerichtsstreit hatte mich zusätzlich zermürbt. Unser Haus hatte verkauft werden müssen, drei weitere Todesfälle in der engsten Familie hatten große Trauer gebracht, berufliche Anforderungen waren höher und höher geschraubt worden. Schließlich die Krankschreibung wegen Burn outs.

Die äußeren Umstände hatte ich in ein Lot bringen können, es gab für uns alle wieder einen tragfähigen Rahmen – aber in meinem Inneren musste alles noch sein Gleichgewicht finden. Auch wollte ich für meinen Mann, der sich so viele Feinde gemacht hatte, über den so viele Menschen nur voll abfälligen Zorns redeten und dachten – für meinen Mann, den Vater meiner Kinder, wollte ich an einem heiligen Ort eine Kerze anzünden. Damit, so hoffte ich, könnte ich diese Phase meines Lebens endlich beenden und irgendwie irgendetwas neu beginnen. Anspruchslosigkeit hatte ich gelernt, meinen Lebenswillen bewahren können, und Zeit stand zur Verfügung: So beschloss ich also, den Camino del Norte nach Santiago zu pilgern.

Ein Großteil der Ausrüstung wurde mir von Freundinnen geliehen, und Freunde fuhren mich auch am Sonntag, dem 24.9.2017 (Briefwahl für mich) von Capbreton an den Bahnhof in Irún.

Dort beginnt der Camino del Norte, und um 15h11 ging ich los.

Natur, Meer, Einsamkeit, Zeit.

Baskenland

I. Sonntag, 24.09.: Irún – Pasai Donibane

Alles ist so, wie es sein soll, ich habe die Wanderschuhe eingelaufen, ein Tagebuch, das Übliche an Kleidung, Wanderstöcke – alles habe ich dabei, und am Rucksack hängt eine Muschel. Mein Pilgerpass liegt oben im Rucksackdeckel, Cordula Rabes Wanderführer[1] steckt zusammen mit der Brille griffbereit in der rechten Seitentasche, in der linken der Fotoapparat und die auffüllbare Wasserflasche.

Wie unwirklich: Aus einer belebten Stadt führt der Weg ganz plötzlich links durch Wohnblocks hinein in eine Art grünes Marschland – schon bin ich „auf dem Camino". Guten Mutes schreite ich voran, die Sonne scheint, die Markierungen, also die gelben Pfeile, sind zu finden. Es ist Sonntag, mir begegnet in dieser Ebene der vereinzelten Schrebergärten und Entwässerungsgräben kaum jemand. Im sanften Wind raschelt das Schilf neben mir, sonst höre ich nur meine Schritte. Dann lerne ich die richtige Interpretation der Pfeile, auch durch Trial and Error, und es ist ein beglückendes Gefühl, dass der Weg für mich fürsorglich vorbereitet worden ist, dass hilfsbereite Menschen damit gerechnet haben, dass ich vorbeikommen und den Camino suchen würde. Ich bin nicht allein, sondern werde geführt. Diese Obhut begleitet mich die gesamte Strecke entlang, stützt und bestärkt mich.

Nach einer langen Etappe durch sonnnenbeschienene Felder, Weiden und wenige Häuschen erhebt sich vor mir abrupt eine steile und steinige Steigung, vor der der Wanderführer auch warnt. Plötzlich bekomme ich Angst, ich könnte ausrutschen und mir etwas brechen, und der Rucksack verhindert ja eine schnelle, rettende Reaktion. Ich frage mich, was dann wohl passieren würde, denn wie gesagt,

---

1 Cordula Rabe, Jakobsweg, Rother Wanderführer, München, 3. Auflage 2015

mir ist schon länger niemand mehr begegnet. Keuchend und ächzend – merkwürdigerweise widerstrebt es mir plötzlich zu fluchen, also lasse ich es – schaffe ich den mühsamen Anstieg aber irgendwie und mache dann meine erste Pause. Ich lege den Rucksack ab, setze mich auf die Böschung, trinke Wasser, wische mir den Schweiß ab und schaue um mich. Ein kleines geliehenes Funktionshandtuch mit praktischem Karabinerhaken hängt außen am Rucksack, es lässt sich schnell abnehmen.

Diese Anstrengung hat meine Euphorie gedämpft, denn in der Vorstellung, die ich vom Camino hatte, gab es keine überfallartig lauernde physische Kraftprobe. Ich hatte mich im schlimmsten Fall auf stetiges, stundenlang durchzuhaltendes Gehen eingestellt – mit solch einem Survival-Training hatte ich nicht gerechnet!

Also weiter. Rucksack wieder auf den Rücken und los. Irgendetwas bewegt mich, mich noch einmal umzudrehen, und ich lerne meine erste Lektion: **Immer nochmal umdrehen, bevor man einen Rastplatz verlässt!** So kann ich meine Wasserflasche und das kleine Handtuch retten.

Ich lange beim Santuario de la Virgen de Guadelupe an. Dort kann man zusammen mit einigen Touristen, die in ihren Autos hochgefahren sind, auf einer Mauer sitzend den Blick in die Weite genießen, die kleine Kirche besuchen und sich an einem winzigen Kiosk Süßigkeiten kaufen. Drinnen sitzt eine sehr alte Frau, die mit mir ein Gespräch anfängt, ich verstehe sie nur leider schlecht, da ihre Aussprache und meine Spanischkenntnisse ungenau sind. Immerhin begreife ich, dass sie mich fragt, ob ich einen Stempel möchte – ja! Ich hatte gedacht, die gibt es nur in den Herbergen. Beglückt betrachte ich ihn: die Statue der Virgen mit dem Kind auf ihrem Schoß. Dann merke ich, dass die alte Dame immer noch mit mir spricht und erfasse endlich, dass sie mich fragt, ob sie etwas von meinem Wasser trinken könne, sie habe keins dabei, und es sei so heiß, dass ihre Lippen schon ganz trocken seien.

Erstaunt reiche ich ihr meine Flasche über den Tresen, auch Teilen gehört zum Pilgern, sage ich mir. Allerdings hatte ich eher gedacht, dass die Bevölkerung mit den durchreisenden Pilgern teilt, aber so herum hat es ja auch seinen Sinn.

Danach habe ich die Wahl zwischen einem weiteren steilen, anstrengenden Aufstieg den Jaizkibel hoch oder die harmlosere Variante an seiner Ostflanke entlang – dann würden mir aber „atemberaubende Blicke über die felsige Küste" entgehen. Doch davon würde mir der Weg in den nächsten Wochen sicher noch viele ermöglichen, also nehme ich gern die linke Abzweigung.

Für den ersten Tag wird aber auch diese Variante zur Herausforderung, denn erstens habe ich stundenlang den Eindruck, das im Tal liegende Irún entferne sich einfach nicht, ich gehe im Kreis drum herum – und zweitens nimmt die stechende Kraft der Sonne einfach nicht ab, dabei ist es schon später Nachmittag. Stunde um Stunde ziehe ich zwischen Unterholz links und trockenem Esskastanien-Wald rechts entlang. Immer wieder raschelt dieses dichte Unterholz plötzlich auf – hier lauern hoffentlich weder bissige Tiere noch Wegelagerer! Mein Herz setzt jedes Mal aus. Der breite Weg teilt die Vegetation großzügig, aber außer mir geht ihn niemand. Die Einsamkeit beunruhigt mich, sie wird unheimlicher. Über Stunden bleibe ich allein, nur manchmal hüpft neben und vor mir ein Rotkehlchen durch die Zweige und beobachtet mich.

Ich gehe und gehe, ich gehe und gehe, müder und mutloser werdend. Irgendwann taucht links plötzlich ein Zaun auf, dankbar grüße ich diesen Beweis dafür, dass hier doch schon mal Menschen gewesen sind, dass hier eine Existenz angepackt wurde. Dieser Beweis bleibt aber isoliert, ich trotte müder werdend weiter und immer weiter, es wird allmählich dämmrig.

Endlich beginnt der Abstieg, und in einigem Abstand unten sammeln eine Frau und ein Kind stumm die Esskastanien auf, die all die

Kilometer den Boden bedecken wie grüne Seeigel. Ich hatte mich schon verwundert gefragt, ob denn niemand sich darum kümmerte. Die beiden sehen arm aus, ein weiteres Kind sitzt am Wegrand und spielt auf einem Handy.

Der Abstieg wird immer steiler und beschwerlicher, meine Füße und Hüften schmerzen schon unerträglich. Erst an erst einzelnen Häusern, dann an mehreren werde ich entlang geführt, dann der Hinweis, eine Albergue sei nur noch 300 Meter entfernt. Leider bin ich so unfassbar erschöpft, dass ich mich gar nicht mehr freuen kann. Zwischen einem Berghang und grauen, engen, verschachtelten Häusern schleppe ich mich entlang, und da ich keine Hinweise mehr finde, fürchte ich, den Weg verloren zu haben– 300 Meter müssten doch schon längst geschafft sein! Es ist inzwischen dunkel geworden und ich habe Angst, meine Beine würden mich nicht mehr weiter tragen, sie zittern schon.

Doch, da vorne, das ist sie tatsächlich: an eine Kirche geschmiegt, ich erkenne sie daran, dass draußen Wäsche hängt und Wanderschuhe an der Mauer lehnen. Einmal herum gehe ich, das bedeutet, steile Treppen wieder HINAUF – oben Licht in der offenen Tür, durch die ein freundlich lächelnder älterer Herr herausschaut. Ich frage nach einem Bett – nein, das tue ihm leid, sie wären voll, sagt er, weiter freundlich lächelnd.

Verzweifelt sinke ich auf die Treppe. Das kann doch nicht sein: Auf dem ganzen zurückgelegten Weg hatte ich nicht einen Pilger gesehen, – wo kommen die denn alle her, meines Wissens gibt es in dieser Gegend nur den einen Camino?? Ich werde wahrscheinlich gleich endgültig kollabieren – jedenfalls bin ich außerstande, noch mit dem Rucksack auf dem Rücken, je wieder aufzustehen, aber dann lande ich ja sicherlich in einem Bett, und sei es in einem Krankenhaus, das ist mir schon egal. Mein Zustand muss tatsächlich besorgniserregend gewirkt haben, denn dieser nette ältere Herr zieht dann seinen ebenso netten älteren Kompagnon zu Rate, und es ergibt sich, dass man doch noch ein Bett für mich ermöglichen kann. Ich solle nun erstmal in aller Ruhe meine Schuhe ausziehen, meine Stöcke in die Ecke stellen und meinen Pilgerausweis vorlegen. Die Aussicht auf ein Bett und einen neuen Stempel verleiht mir die Kraft, mich doch noch einmal hoch zu quälen, und der zweite Stempel stellt zwei Meerjungfrauen mit verschlungenen Fischschwänzen dar, die ein Wappen mit zwei Ruderriemen halten.

Dann überziehe ich die Matratze und das Kissen mit mir ausgehändigten Wegwerfbezügen und schwanke humpelnd in den Keller, wo man seine Sachen waschen und sich duschen kann. Alles Verschwitzte wasche ich und hänge es draußen zu den Kleidungsstücken der anderen Pilger auf die Wäscheleine. Meine zweite Lektion lautet: **Höre auf die Ratgeber und nimm Wäscheklammern mit!**

Dann setze ich mich mit meinem Tagebuch mit Blick auf das nächtliche Städtchen Pasai Donibane auf die Außentreppe. Meine Füße brennen, meine Hüften werden von glühenden Nadeln zerstochen und mein Rücken ließe sich nur unter grimmigstem Knirschen gerade richten. Ich esse erst einmal eins meiner mitgebrachten Sandwiches und Äpfel. Man sieht die Sterne im schwarzen Himmel, links und rechts lagern andere Pilger, die sich vertraut unterhalten, mit dem Handy beschäftigt sind oder auch Tagebuch schreiben, alles ist friedlich und auf dieser Anhöhe wie entrückt, fast wie in einem Klosterhof.

Unten am Hafenbecken, in dessen völlig stillem schwarzen Wasser sich die Lichter der Stadt spiegeln, singt jemand etwas monoton Schlager. Die einsame Stimme in der endlos scheinenden Dunkelheit lässt mich an Eichendorff denken:

Ein Schiffer nur noch, wandermüd, /singt übers Meer sein Abendlied / zu Gottes Lob im Hafen.[2]

---

2 Joseph von Eichendorff (1788 – 1857), „Der Einsiedler“

Das Gedicht ist eine Metapher der Phase zwischen vergehendem Leben und Tod. Ich muss weinen, ich bin so erschöpft, allein, in der Fremde, müde, mein Körper tut mir so weh. Damit hatte ich nie gerechnet, dass auch ich, die immer gerne lange Strecken gegangen war, die ihre Schuhe doch eingelaufen hatte, die noch nicht mal einen ganzen Tag gepilgert war, dass trotz allem ich gleich am ersten Abend so ein Wrack sein würde.

In der Herberge spreche ich beim Insbettgehen mit einer jungen Französin, sie ist mit dem Rad unterwegs! Und es gibt Pilger, die haben tatsächlich eine Stirnlampe mit, ein Ausrüstungsteil, das ich plötzlich viel praktischer finde als gedacht. Diese wird benutzt, um spät ins Bett zu gehen und das Aufbrechen im noch Dunklen zu ermöglichen, ohne die Schlafenden durch das Deckenlicht zu wecken. Mich weckt allerdings auch dieses diskrete Licht, zusammen mit dem unvermeidlichen Geraschel und Geschabe des Rucksackpackens, aber das ist nicht schlimm, auch in den kommenden Nächten nie, denn da man erschöpft ist, schläft man wieder ein.

II. Montag, 25.9: Pasai Donibane – Orio

Als ich am nächsten Morgen aufwache, sind die meisten aus dem Zimmer schon fort, das finde ich Neuling verblüffend. Im Nachtoberhemd[3] gehe ich hinaus, um meine gewaschenen Sachen hereinzuholen. Dort hängen sie, mutterseelenallein. Das ist dann meine dritte Lektion: **Nimm deine nasse Wäsche nachts von der Leine mit nach drinnen, du weißt nie, wie das Wetter wird.** Sie hängen im Regen.

Ich packe sie nass ein und ziehe die Wechselsachen an, hoffe, so bald ins Trockene zu geraten, dass es nicht zum Schimmeln kommen wird.

3 In einem großen Oberhemd zu schlafen hat den Vorteil, dass man auch außerhalb des Bettes einigermaßen bedeckt und angezogen ist. Finde ich.

Noch eine Spende in die bereitgestellte Schachtel – diese Albergue finanziert sich ausschließlich über Spenden – , dann unterm Regencape los. Unten am Wasser muss man eine winzige Fähre nehmen, sie kostet nur 80 Cent. Am anderen Ufer angekommen informieren mich drei deutsche Pilger, dass ich jetzt Richtung Meer gehen müsse, da warten dann 397 Stufen auf mich. Da gebe es auch einen Leuchtturm, den hätten sie damals aber ganz übersehen. Sie hätten diese Etappe letztes Jahr schon mal bewältigt, aber jetzt gingen sie erstmal „ins Dorf", um zu frühstücken.

Meine Laune ist eigentlich gut, denn ich habe den Schutz des Regencapes und kann losgehen, auch sind die Schmerzen von gestern fast abgeklungen. Die Stufen zähle ich nicht, den Leuchtturm sehe ich, darüber sogar noch einen. Der Blick von oben hinunter auf Pasai Donibane in seiner geschützten Bucht ist auch in Regenschleiern wirklich schön, und die verregnete Küste auch:

Mein Cape ist leider ein Reinfall. Das ist meine vierte Lektion: **Spare nicht beim Regenschutz.**

Wieder begegnet mir auf den nächsten Kilometern kein Mensch. Kein einziger Mensch. Aber Möwen und Rotkehlchen, mit denen teile ich meine letzten Sandwiches, wobei es allerdings schwierig wird, die regenfeuchte Baguette in Stückchen zu reißen, sie ist schon zu einer Art gummiartiger Knete geworden.

Mittlerweile bin ich auch unter dem Cape nass geworden, aber glücklicherweise hellt es sich auf und sogar die Sonne breitet sich aus: Ich kann meine nasse Wäsche zum Trocknen draußen an den Rucksack hängen. Wenn nicht sehr bald meine Füße wieder zu schmerzen angefangen hätten, würde ich vielleicht sogar singend weiterlaufen, aber ich muss die Zähne zusammenbeißen. Auch muss ich erst noch begreifen, dass auf diesem wunderschönen, wilden, ursprünglichen Küstenweg durch Heide, Birken, Felsen, Farne, Steineichen, hoch über dem verheißungsvollen, endlosen Atlantik wirklich außer mir niemand ist. Diese Tatsache verunsichert mich und es schlängelt sich auch ein kleiner dünner Angstfaden in mein Denken hinein, aber dann sage ich mir, dass es völlig idiotisch sei, damit zu rechnen, dass 1. in dieser morgendlichen Einsamkeit (und zuerst ja noch im Regen) ausgerechnet hier jemand lauern sollte, der es 2. auf Pilgerinnen älteren Datums abgesehen hat. Da diese Einsamkeit auch die nächsten Tage und Wochen anhält, gewöhne ich mich im Laufe des Camino an sie.

Weiter läuft der Weg, leer und still, nicht einmal Greifvögel überfliegen ihn und kaum Möwen. Es geht durch karges, aber wohltuendes Gelände, immer wieder tut sich der Blick auf den blau schimmernden, endlosen Atlantik auf. Rechts und links liegen solide Bauern- oder Ferienhäuser, massiv und asymmetrisch: Der Giebel ist nicht mittig, und das Dach wird einseitig weiter nach unten gezogen, sodass die Garage oder der Schuppen in den Schutz einbezogen wird. Alle haben einen Namen, der aus Kacheln zusammengesetzt am Tor klebt und mindestens ein „x“ enthält. Dazwischen lange Strecken mit saftigen Viehweiden, die sich links wie wellige Matten in Berghänge verwandeln, ein bisschen wie das Voralpenland.

Es entwickelt sich ein dichter werdendes Wäldchen, sogar mit Picknicktischen. Ich denke an meine Kindheit und die meiner Kinder. Unsere Familien-Picknicks hatten auf einer Wiese, einer Lichtung, im Heidekraut, im Schnee oder im Sand stattgefunden, und wir fünf hatten die Freiheit, das Abenteuerliche alle so sehr geliebt. Der Vater hatte sich dann mit so viel Spaß, Freude, Energie und Lachen den Kindern gewidmet. Natürlich gibt es Fotos, aber die habe ich nicht mehr ansehen können.

Der Weg wird breiter und immer deutlicher angelegt, es geht bergab. Plötzlich tut sich in den Bäumen rechts des Weges eine Lücke auf: Eine Bucht erscheint, ein von einer Figur gekrönter Berg und zu einer richtigen Stadt um das blaue Wasser zusammengeschobene zahllose helle Häuser – San Sebastián.

Vor lauter Gucken breche ich mir fast wirklich ein Bein, leider sind diese Wege nämlich nicht zuverlässig eben, und der Regen hat zusätzliche Löcher ausgespült. Ich stolpere heftig und der Rucksack kostet mich beinahe das letzte bisschen Gleichgewicht. Man muss auf dem Camino del Norte den Boden vor sich wirklich grundsätzlich im Blick haben, denn pilgern ist nicht spazieren gehen.

Gespannt und neugierig folge ich dem Weg hinein in die Stadt. Das ist eine ganz neue Erfahrung, dass ich eine STADT in Funktionskleidung, ohne Makeup, ohne Frisur, in Wanderstiefeln, mit Wanderstöcken und Rucksack betrete. Gut, dass ich diesen Rucksack mit der Muschel trage, so bin ich als Pilger kenntlich und also „außen vor“. Es ist überhaupt nicht schlimm, aber ich muss mir diesen neuen Zustand erst einmal bewusst machen. Wie befreiend das ist – auch, dass ich ganz sicher in kein Schaufenster sehen werde, denn nichts in der Welt könnte mich so reizen, dass ich damit das Rucksackgewicht erhöhen würde.

In der letzten Nacht hatte ich aufgeschnappt, dass in San Sebastián kein Bett zu bekommen sei, nirgends, da dort gerade Filmfestspiele stattfinden. Also brauche ich gar nicht weiter nachzudenken, ich muss durch die Stadt hindurch die Bucht entlang und am anderen Ende wieder hoch gehen. San Sebastián finde ich mit jedem Schritt großartiger, mir gefällt so gut, dass überall Menschen unterwegs sind, Familien, Studenten, Freunde und Freundinnen, Touristen, Schüler und Schülerinnen, Gruppen und Paare jeden Alters – alle lebhaft miteinander sprechend, die Tische vor den Cafés und Bars sind besetzt, überall lebt man den Moment – stark! Und die Menschen, die nicht in Cafés sitzen, die stehen geduldig in langen, langen Schlangen vor irgendwelchen Türen – tja, das Filmfest.

Ich gehe die Concha, die geschwungene Bucht, entlang, überall TV-Senderwagen, Interviews, Schaulustige, Filmteams. Das Klacken meiner Stöcke ist sicherlich störend, ich nehme sie unter den Arm. Der Strand ist vom Wasser so getränkt, dass der Sand von einer hauchdünnen, ganz klaren Wasserschicht bedeckt ist, sodass sich die Gehenden und Stehenden darin spiegeln, wie in den Bildern von Vettriano[4] – das ist sehr schön! Einige baden, also, das hätte ich auch gerne getan – aber ich habe beschlossen, während des Pilgerns keinen Badeurlaub und auch kein ernsthaftes Sightseeing einzuschieben, ich will wirklich pilgern. D.h., ich will erfahren, was Pilgern wirklich bedeutet, denn darüber weiß ich gar nicht viel – und weil ich nicht viel Vorbereitungszeit hatte, habe ich mich eigentlich auch kaum informiert.

Allmählich ist mein Hunger nicht mehr zu ertragen, also setze ich mich in ein Lokal. Das ist etwas umständlich, da die Stöcke aus der Hand gelegt und auch irgendwo angelehnt werden müssen – dabei natürlich niemandem im Weg stehen dürfen, und da der Rucksack auch abgenommen und irgendwo angelehnt werden muss. Ich habe die nächsten Wochen nicht mehr gezählt, wie oft die Stöcke klappernd auf den Boden rutschten, wie oft der Rucksack umgekippt ist.

4 Jack Vettriano, *1951 in Schottland, britischer Maler.

Am Nebentisch liest ein Mann El País, die Schlagzeile lautet: „La irrupción de la última derecha enturbia la victoria de Merkel“[5]. Na toll.

Dann die Frage, was man mit dem Rucksack macht, wenn man aufs Klo geht – aber ich sage mir gleich das erste Mal für alle Male: Den Rucksack, die wenigen Habseligkeiten eines Pilgers stiehlt keiner – und mache mir ab dann keine Sorgen mehr.

Irgendwann treibt es mich doch weiter, der Weg geht den Rand der Schale, in der San Sebastián liegt, wieder hoch. Und das ist schrecklich. An einem halb gebauten Hotelkomplex vorbei krieche ich in Serpentinen einen etwas vernachlässigten Pseudopark hinauf, sehr lange sehr steil. Ich lerne meine fünfte Lektion: **Wenn du eine Bank siehst, setz dich ein Weilchen, die nächste begegnet dir wahrscheinlich erst wieder in 123 km.**

Gefühlte Stunden später wird die Strecke dann mehr oder weniger eben, auch schiebt sich der Atlantik wieder in den Blick. Es geht rechts an einem rosa Hotel vorbei. Merkwürdig ist nur, dass der Weg sich mehr und mehr verweigert, von einem schmaler werdenden Pfad zu einer kaum sichtbaren Spur durch Disteln, Brennnesseln und Farne wird. Ich kämpfe mich durch, bis ich keuchend an einem Zaun lande. Aha, verlaufen. Also zurück, leichte Wut auf mich und auf – hm, alles, aber die Wut funktioniert wie ein Schuss Energie. Zurück an den Mülltonnen vor dem Hotel – aha, ich hätte genauer hinschauen müssen: links am Hotel vorbei! Cordula Rabe hatte zwar geschrieben. „...Hotel Leku, wo wir rechts auf der Straße weitergehen...“, aber man muss eben auch genau lesen und vor allem auch mitdenken!

Es geht durch eine kleine Siedlung von Reihenhäuschen, mitten an der links sich hinziehenden Mauer lässt mich plötzlich eine alte

5 „Das Eindringen der Ultrarechten trübt Merkels Sieg“.

Holzkommode innehalten, auf ihr große blaue Wasserflaschen, ein Stempelkissen + Stempel, daneben ein Stuhl, darüber in Gelb an die Wand gepinselt: Santiago 795 km und „ultreia“[6]. Außerdem liegt ein mehrsprachiger Zettel in Klarsichthülle aus: „Kein Geld bitte“ heißt es auf Deutsch, und ein weiterer Text, der den Pilger darüber informiert, dass dieses von jemandem gestiftet wurde, der selbst einmal gepilgert war. Mittlerweile werde ich seit Kilometern von meinen Schmerzen geplagt, ich sinke glücklich auf den Stuhl und freue mich voller Dankbarkeit über dieses kleine Freiluftzimmer. Den Stempel bekommt der Pilgerausweis natürlich, leider kann man auf ihm nur eine Muschel erkennen, sonst nichts. Schade.

Weiter geht es, gehe ich. Die baskische Landschaft hier ist etwas seltsam, rechts sieht man immer wieder den unendlichen Atlantik, aber man selbst befindet sich sehr weit oben darüber auf einer Art Platte, wie gesagt, wie Alpenvorland, grüne, saftige Wiesen, Weiden mit Kühen, wenige Häuser, Obstbäume. Die Menschen hier leben so nahe am Wasser, aber eben auf einem hohen Steilufer, das heißt, so einfach mal baden, wenn es heiß ist, das geht nicht. Dazwischen passiert man auch wunderschöne Abschnitte ohne jede Zivilisation, Birken, Heide, Einsamkeit, der Weg besteht aus uralten Pflastersteinen, man glaubt sich in einer Zeit vor dieser Zeit. Wie freue ich mich, als ich auf einem dieser Steine plötzlich einen kleinen gelben Pfeil entdecke – jemand hat auch hier an die Pilger[7] und ihr Bedürfnis nach Zuspruch gedacht.

Auch in der größten Einsamkeit ist man auf dem Camino eben nicht allein! Wieder begegnen mir Rotkehlchen, sie hüpfen eine Weile vor mir her, rechts und links im Unterholz, dann warten sie und beobachten mich. Das freut mich sehr, gerne nehme ich das als Zeichen – aber dann überlege ich, dass Rotkehlchen vielleicht nur besonders

---

6 Baskisch für „guten Weg“.

7 Ich schreibe dieses Buch vor allem für Frauen, dennoch mache ich es mir um des Leseflusses aber meist einfach und schreibe von „Pilger“ und „Pilgern“. Hoffentlich haben Sie Verständnis, liebe Leserin, lieber Leser!

neugierige und mutige Vögel sind. Egal. Auch hier wachsen die Blumen, die man von zuhause kennt, nur sind ihre Farben deutlich intensiver: Habichtskraut, Skabiosen, Flockenblume.

Leider dauert es bis zur nächsten Albergue noch lange, und leider verläuft der Weg wie gesagt parallel zum Steilufer und nicht ganz eben, er fällt ein wenig nach rechts ab. Das hat zur Folge, dass sich oberhalb meines linken äußeren Knöchels allmählich ein blauer Fleck entwickelt, dort, wo der Stiefel sich am Bein reibt. Fest entschlossen, mich nicht verdrießen zu lassen, versuche ich aber, das zu ignorieren.

Dann werde ich wieder durch ein Wäldchen geführt, dort gluckert aus einer Quelle, die in einen Schlauch mündet, sogar Trinkwasser. Etwas später fällt mein verblüffter Blick auf ein Paar Männerhalbschuhe, die am Wegrand zurückgelassen wurden. Erklären kann ich mir das nicht, sie sind noch in einem guten Zustand!

Dies ist mein zweiter Pilgertag und es entwickelt sich so eine Art innere Zweiteilung: Die Füße und Beine arbeiten stetig, aber der Kopf muss noch ankommen. Ich schaffe es noch nicht, meine Umgebung intensiv in mich aufzunehmen und gleichzeitig zu realisieren, was ich hier wirklich tue. Weder fühle ich mich hier richtig oder eben „angekommen“, noch habe ich Vertrauen in meine Kräfte. Keine Ahnung habe ich von den vor mir liegenden Kilometern, geschweige denn von der gesamten Strecke. Immerhin ist mir klar, dass nur Gehen hilft. Ich tue das grundsätzlich auch sehr, sehr gerne, aber die Anstrengung, die der Rucksack noch verstärkt, habe ich unterschätzt. Allein bin ich, isoliert und fremd. Ein kleines Menschlein, das die spanische Westküste entlang krabbelt. Für mich ist immerhin klar, dass ein Aufgeben nicht in Frage kommt, und diese Entscheidung liegt auch außerhalb meines Denkens. Mich erfüllt etwas, das mich vorantreibt. Ich weiß nicht, was es ist – oder vielleicht doch. Mit jedem Schritt lasse ich meinen Kummer, mein Leid, all die zermürbenden Anstrengungen der letzten Jahre ein klein wenig mehr hinter mir. Wenn man so will, werde ich sowohl vorwärts geschubst, als auch voran gezogen: von meiner Vision, an einem Ort anzukommen, der schon Unzähligen ihre hoffnungsvolle, sehnsüchtige Zuversicht gelohnt hat. Auch ich möchte befreit werden, einen Weg finden wieder ins Helle. Außerdem muss die Kerze angezündet werden.

Der Rucksack wird schwerer und schwerer, mich beschleicht die Befürchtung, diese Etappe tatsächlich nicht durchhalten zu können. Ich bitte oder bete um Beistand, und – ob man es glaubt oder nicht, plötzlich trägt jemand den Rucksack mit! Ich kann wirklich fast unbe-schwer-t weiter gehen! Jetzt bete ich ein Dankgebet.

Die nötige Versorgung mit Proviant hatte ich völlig versäumt, und der Weg zur nächsten Albergue zieht sich und zieht sich. Ich bin noch so ein Neuling, dass ich trotz meines Hungers die abweisend aussehende Bar, die ich passiere, aus Unsicherheit gar nicht erst betrete – und so lerne ich meine sechste Lektion: **Wenn du eine Bar siehst, geh hinein, du weißt nicht, wie lange es zur nächsten dauert!**

Also gut, weitergehen. Die Wasserflasche ist zum Glück noch gefüllt und scharfe Pfefferminzbonbons sind auch noch da, beides nehme ich unter einer Birke an einem Bauernhof zu mir, dessen Hühner und Schafe Freilauf im Garten haben. In der Menschenleere freue ich mich über diese Genossen, die ihre Freiheit ganz gelassen ausleben und mir darin bestimmt ein Beispiel sein sollen.

Schlimm ist dann immer das Wiederaufstehen, das Hochwuchten des Rucksacks, das nochmalige Bücken nach den Stöcken…

Aber es ist eine Freude, so viele unterschiedliche Gerüche wahrzunehmen, Kühe, Schafe, Pferde, Heu, Erde, Ziegen – und all die ländlichen Geräusche, wann habe ich all dieses das letzte Mal bewusst erlebt?

Allmählich nähert sich dann wieder dichtere Zivilisation, der erste Hinweis darauf ist meistens, dass es bergab geht – später habe ich es dann richtig begriffen, dass die spanische Atlantikküste praktisch ein einziges hohes Steilufer ist, in das sich die Flüsse, aus dem Osten kommend, Kerben gegraben haben. Und in diesen Kerben liegen an den Mündungen dieser Flüsse die Ortschaften – und dort kann man dann auch fischen, segeln, baden, angeln, Muscheln sammeln, surfen, flanieren, Eis essen – sonst die Küste entlang eben nicht (so zeigt es sich dem Pilger, Urlauber haben sicherlich andere Einblicke). Das heißt, auch die Herbergen liegen meist in diesen Kerben, sodass man sich zuerst immer hinunter mühen muss, und morgens dann wieder hinauf… Und im Norden ist das Land von Ausläufern der Pyrenäen überzogen, die für zusätzliche Steigungen sorgen, und später im Süden vom kantabrischen Gebirge – also, der Camino del Norte ist sehr anstrengend.

Der Weg senkt sich, dieses Mal vorbei an dem allerekelhaftesten Beispiel dafür, dass Spanier – oder Basken – Parkplatz mit Müllplatz verwechseln. Das war mir schon mehrfach aufgefallen, aber diese Müllhalde ist wirklich richtig widerlich, Abfall jeder Art türmt sich überall, quillt aus zerfetzten Tüten, ist ins Gras gekippt worden, häuft sich um Papierkörbe, bedeckt meterlang die Böschungen. Und das in Sichtweite von Häusern, das verstehe ich erst recht nicht.

Nach einigen hundert Metern verwandelt sich der Weg in eine steil nach unten führende Strecke, die wieder gepflastert ist mit wirklich ur-, uralten Kopfsteinen. Ich kann sie nur hinunterstolpern, dauernd rutsche ich aus, es gibt keine einzige ebene Fläche – wirklich ungewöhnlich malerisch, aber auch ungewöhnlich unwegsam, auch, weil alles wie gesagt so steil nach unten führt. Und es hat wieder angefangen zu regnen, das macht alles natürlich noch rutschiger. Dann erreiche ich endlich eine richtige Straße, an der gehe ich entlang, unter einer Autobahn durch, wieder steil hinauf, an der Ermitá de San Martín vorbei (die leider verschlossen ist, ich hätte gerne hineingesehen) , dann liegt links die Albergue von Orio.

Dieses Mal gibt es von vornherein ein Bett für mich, ich danke dem Himmel. Außerdem bietet die Herbergsmutter abends ein gemeinsamen Essen an, auch morgens ein Frühstück, das erhöht zwar den Preis, aber wie dankbar nehme ich das an! So verunsichert bin ich, mein Selbstbewusstsein hat über Jahre so viele Schläge bekommen, dass ich auf unerwartete Hilfsbereitschaft oder gar Fürsorge mit fast ungläubiger – ja, Demut reagiere.

Viele Stockbetten stehen in einem relativ kleinen Raum, und ich bin schon wieder so ziemlich der letzte Gast. Irgendwie scheinen sich viele auch zu kennen, ich fühle mich wie die Neue in der Klasse. Na gut. Das Essen gibt es dann in einem kleinen Extrahäuschen, auch da sitzen alle schon wieder und reden, wieder frage ich mich: Wo kommen die alle her? Den ganzen Tag war mir niemand begegnet.

Unsicher will ich mich auf den nächstbesten Platz setzen, was mir aber von einer Französin sofort unwirsch verwehrt wird. Gleich eilt die Herbergsmutter herbei und weist mir lieb einen anderen Platz zu. So kommt es, dass ich in einer sehr netten Gruppe lande, mir gegenüber Pilger aus Kanada, ein Asiate, neben mir Deutsche, und es entspinnt sich ein lebhaftes Gespräch über unsere bisherigen Erfahrungen. Wie gut tut es zu hören, dass die anderen auch Fußschmerzen haben, die Kopfsteinstrecken auch schrecklich und den Rucksack auch so schwer fanden! Ich habe ja noch Glück, dass meine Knie gut funktionieren! Na, aber meine Hüften…

Nachher entdecke ich, dass die Französin mit zwei Kumpaninnen unterwegs ist, alle drei echt verkniffen und grimmig – aber verführerische Aubade-Unterwäsche hängt am Bettpfosten! Man soll eben nicht immer vom Außen aufs Innere schließen – und umgekehrt auch nicht, wird mir mal wieder beigebracht.

Dann beginnt die Nachtruhe. Ein Geschnarche vom feinsten ertönt: lang, gründlich, mit Hingabe und entspannter Ausdauer. Das findet zwar nicht in meiner unmittelbaren Umgebung statt, aber wir schlafen (…) ja alle im selben Raum. Siebte Lektion: **Hör auf den Reiseführer und nimm Ohrstöpsel mit!**

Und dann die Schmerzen in den Fußsohlen, als hielte sie jemand ins Feuer. Die wieder von glühenden Nadeln zerstochenen Hüften.

III. Dienstag, 26.9.: Orio – Deba

In den Alberguen muss man früh aufstehen, sehr früh. Ich quäle meinen schmerzenden Körper aus dem Bett, anziehen etc. dann gehe ich nach draußen, um – völlig überrascht nur noch gebannt zu schauen: was für ein überwältigender Blick in die gestaffelten Anhöhen, die sich wie geheimnisvolle Riesenhüte aus dem Morgennebel erheben! Im Vordergrund stehen die schwarzen Silhouetten von Obstbäumen, plötzlich schießen durch den Nebel hellste Lichtnadeln auf mich zu! Ganz glücklich bin ich und bereue, zuhause Sonnenaufgänge immer zu verschlafen.

Beim Frühstück stellt sich heraus, dass der Kanadier Adrian eigentlich Engländer ist, sein Glück in Kanada gemacht hat und nun schon zum zweiten Mal tiefenentspannt vor sich hin pilgert. Seine Taktik ist, viele Pausen einzulegen, immer Wein dabei zu haben und eine richtige Siesta zu halten: Er zieht dafür seine Schuhe aus und hält am Wegesrand ein Schläfchen. Diese Art, den Camino zu gestalten, hat es offensichtlich dem Asiaten angetan, der allem Gesagten begeistert lachend zustimmt. Tja, zu dem Zeitpunkt bin ich noch der Meinung, es gebe ein richtiges und ein falsches Pilgern…

Nach dem Frühstück gibt es noch ein Gruppenfoto – über diese Erinnerung freue ich mich immer noch – und los gehe ich.

Zuerst muss ich ein Postamt finden, mein Rucksack ist viel zu schwer und Einiges will ich nach Hause schicken. DAS ist wahrscheinlich der Grund, warum die gut erhaltenen Herrenhalbschuhe gestern am Weg zurückgelassen worden waren, erkenne ich. Glücklicherweise begegnet mir ein junger Mann mit Briefen in der Hand, der mir bereitwillig den Weg zur Post zeigt. Dann muss ich wieder den Fluss überqueren – dieses Mal nicht auf einer Fähre, sondern einer Brücke – und am Südufer wieder in Richtung Mündung laufen. Noch diesseits der Brücke sehe ich den Kanadier und den Asiaten, man hat bereits eine Flasche Wein griffbereit – schon die erste Siesta? Der Weg führt dann also am anderen Ufer entlang, ich komme nach einigen Metern an einer Felsenwand vorbei, die aussieht wie Reptilienhaut, in Längsstreifen schuppig und metallen schimmernd, voller Bewunderung stehe ich eine Zeit davor. Dann geht es hinauf durch Höfe und Gärten, in denen die überreifen Tomaten und Paprikaschoten zerplatzt und faulig auf dem Boden liegen. Wieso?

Nachdem die übliche Steigung überwunden ist, gelange ich wieder auf eine Ebene, von der sich ein beeindruckender Blick weit über die Bucht von Zarautz und Getaria öffnet. Natürlich zerre ich mein Handy heraus, und dabei schaffe ich es irgendwie, dieses Handy völlig auszustellen. Gleich der erste Versuch, es mittels der Pin-Nummer wieder zu aktivieren, schlägt fehl. Der zweite auch. Meine Knie werden weich. Anrufen kann ich jetzt niemanden mehr. Gut, sage ich mir, erstmal nach Zarautz hinein, da wird es ja ein Internet-Café geben – und dann kann ich per mail jemanden bitten, bei mir zuhause diese Pin zu finden.

Dieses Problem lässt mich zügig hinuntersteigen, und die Fußschmerzen – sie stellen sich ziemlich genau immer nach der ersten Pilgerstunde ein – fallen gar nicht mehr auf, denn jetzt habe ich ein viel größeres Problem! In Zarautz finde ich die Touristeninformation, ja, ein Internetcafé gibt es, nicht weit von hier an einem Platz. Den finde ich auch, aber das Internetcafé nicht. Bin ich zu doof? Da, ein Handy -Shop. Nein, der ist das auch nicht, aber ich solle ein paar Meter weiter nach links gehen, da wäre es. Ein paar Meter weiter links – nee, da ist es nicht. Ich betrete ein kleines dunkles Lebensmittelgeschäft, um wieder zu fragen.“ Sí“, sagt die ältere Frau hinter dem Tresen, „está aquí“ (um das zu verstehen, reicht mein Spanisch glücklicherweise), und deutet auf ein kleines Abseits, in dem hinter alten Stellwänden zwei Computer stehen. Wie großartig ist das denn – genau die suche ich doch! Wieder stellt sich das leise Gefühl ein, ich wäre auf dem Camino in geheimnisvoller Hut. An einem dieser Computer bewältige ich dann tatsächlich alles Nötige. Die gesamte Prozedur kostet ungefähr 1,40 Euro. Wieder draußen frage ich mich besorgt, wie ich denn nun den Camino wieder finden soll – da fällt mein Blick auch schon auf einen gelben Pfeil – ja, jemand sorgt für mich, wieder habe ich das Gefühl.

Der Camino führt am Strand vorbei – Zarautz wird, so informiert mich mein Pilgerführer, das „Hawaii Spaniens" genannt, weil man hier besonders fantastisch surfen kann. Auch hier bestaune ich wieder den faszinierenden Vettriano-Effekt, leider lasse ich mir aber nicht genug Zeit zum Schauen. So am Anfang der Pilgertour bin ich so unsicher, wie gesagt, noch gar nicht richtig „angekommen" und hauptsächlich bestrebt, Kilometer zu bewältigen. Eine klare Vorstellung vom Unterfangen habe ich ja nicht, ich weiß nur, es ist eine sehr, sehr lange, sehr, sehr anstrengende Strecke – ob ich die schaffen werde, steht jedenfalls noch nicht fest.

Mit Rucksack und Wanderstöcken bewehrt stapfe ich Pilgerlein dann gemeinsam mit Touristen, Rentnern und Surfern mit ihrem Brett unterm Arm die Promenade entlang, die zwischen Felshängen und Straße links und Meer rechts der Küstenlinie bis nach Getaria folgt.

Dieses Städtchen ist wirklich verführerisch niedlich, vor allem die kleine Fußgängerzone, die auf die alte Kirche zuführt, wieder lauter Bars und Cafés, aus denen das pralle Leben quillt, auf den Theken lauter Tabletts mit Pinchos[8], jeder hat ein Getränk vor sich, alle haben gute Laune und sich viel mitzuteilen.

8 Aufgespießte, meistens mundgerecht kleine Tapas.

Wieder traue ich mich nicht hinein, allein schon wegen des Rucksacks. Aus einer dieser Bars höre ich aber genau die eine Zeile „ hey, mama, don't stress your mind"[9] und denke an Hape Kerkeling, dem auf seinem Camino doch auch immer wieder Zeichen gegeben worden waren[10]. Vielleicht ist es wirklich nicht schlimm, dass ich gerade kein funktionierendes Handy habe, und den Kindern (immerhin alle keine Teens mehr) geht es gut?

Ich betrete die Kirche San Salvador, die tatsächlich geöffnet ist. Sie ist ganz großartig, denn sie breitet sich auf einem Felsen ohne rechte Winkel aus, auch nicht plan (zum Altar geht es bergauf) – wie verwunschen. Das Licht fällt durch moderne blaue Glasfenster, die in ihren Wellen- und Wassermustern auch sehr suggestiv sind, ich sitze lange dort in diesem märchenhaften, schiefen Halbdunkel. Ob ich will oder nicht, die letzten Jahre breiten sich vor mir aus und ich muss weinen. Sehe aber lieber nicht allzu genau hinein in meine Erinnerungen und schaffe es, mich wieder zu beruhigen. Vielleicht trägt der stille Frieden, der in der Kirche herrscht, dazu bei.

Zurück durchs sprudelnde Leben, rechts dem gelben Pfeil nach um die Ecke – und dort befindet sich ein klares, helles, kleines Café, in das setzte ich mich, hole mir einen café con leche[11] (der mich wieder an Hape Kerkeling denken lässt), ein Croissant und schreibe erstmal Tagebuch. Ein Mann beobachtet mich, kommt dann an den Tisch und beginnt ein Gespräch mit der Frage, woher ich sei. Er ist Engländer, der hervorragend Deutsch spricht, aus Liebe hier gelandet ist, also auch Spanisch perfekt beherrscht, dazu noch sein gutes Französisch – Neid verzerrt mein Gesicht! Dann berichtet er mir sein Leben – er arbeitet bei einer Firma, die es in ganz Europa gibt, daher seine Sprachkenntnisse – und das seiner Kinder, die alle ganz großartige erfolgreiche Lebensläufe haben. Ich kenne ihn nicht, er kennt mich

9 Mach dir keine Sorgen, Mama.

10 Hape Kerkeling, Ich bin dann mal weg, Piper-Verlag, 2006.

11 Milchkaffee, den trank Hape Kerkeling auch immer.

nicht, wie seltsam, dass er mir so viel erzählt. Als seine Mittagspause beendet ist, verabschiedet er sich und geht.

Ok, so als Pilger ist man dann also auch Zuhörer. Nach mir und meiner Situation hat er nicht gefragt. Aber wieso sollte er sich denn auch für mein Unterfangen interessieren? Bis jetzt ist es zwar schon einige Male passiert, dass mir Entgegenkommende „buen camino“[12] wünschten – was jedes Mal mein Herz gewärmt hatte – aber das großartige Weltwunder bin ich außer für mich selbst nicht.

Weiter geht‘s, wieder – man ahnt es – eine längere Steigung hinauf. Und es wird so richtig schön heiß, kaum Schatten, die Anstrengung – mein Schweiß trieft.

Wer trottet da vor mir gemächlich den Weg entlang – Don Quijote und Sancho Pansa? – Nein, der Kanadier und der Asiate! Ich hatte sie das letzte Mal morgens in Orio am Fluss gesehen, konzentriert miteinander sprechend. Das Thema muss es in sich haben, denn sie sprechen immer noch genauso intensiv miteinander – d.h. der eine spricht, der andere lacht! So gemächlich sind sie unterwegs, dass ich sie überhole. „Buen camino“ wünschen wir uns, und das ist das letzte Mal, dass ich sie sehe.

Wie immer tut sich dann endlich wieder der Blick aufs Meer auf, und bald führt der Weg durch einen Eukalyptus-Wald. Es riecht herrlich, ich freue mich über diese Erfahrung. Wieder geht es bergab – klar, wieder geht es in ein Städtchen an einer Flussmündung – nach Zumaia.

Es ist früher Nachmittag und nichts los, bis auf Werftarbeiten und einen Jungen, der mit seinem Hund Frisbee spielt. Die Farben scheinen alle etwas blass, dann diese Leere, die geschlossenen Ladenzeilen

---

12 Spanisch für „guten Weg“, die typische Grußformel auf spanischen Pilgerwegen.

– die Kirche ist auch geschlossen –, ich beschließe weiterzugehen. Wie schon gesagt, als Anfänger ist man des naiven Glaubens, es gehe darum, die Strecke zu bewältigen, möglichst schnell und zielstrebig. Man weiß eben nicht: Wie viele Wochen werde ich brauchen? Werde ich es überhaupt schaffen? Werde ich wirklich Santiago erreichen? Man weiß auch noch nicht: Worauf kommt es wirklich an? Was bedeutet Pilgern wirklich? Ist der Tag denn nicht so lange wie möglich zum Pilgern zu nutzen?

Ich gehe also weiter. Wieder hinauf, aus dem Städtchen hinaus. Wieder eine Art Ebene, ein sich hinziehender Weg durch glühende, stechende Hitze, gleißendes Sonnenlicht. Irgendwelche Maisfelder, Wein wird auch angebaut. Alles nicht hoch genug, um Schatten zu spenden, missmutiger werdend mühe ich mich weiter. Dann endlich mal eine Bank, erleichtert seufzend setze ich mich. Jogger keuchen plötzlich an mir vorbei, ein Auto hält, ein Paar steigt aus – nicht um mich zu überfallen, um – spazieren zu gehen. Hier! In dieser gleißenden Hitze, in der es nichts gibt außer trockenen Feldern, dem staubigen Weg und stechender Sonne, keine Wolke, kein Baum – na denn!

Gut, ich erhebe mich mühsam und trotte weiter. An einem Campingplatz vorbei, der ist aber leer. Und dann – da vorne sehe ich doch wieder Zivilisation! Eine Kleinstmenge an zusammengedrängten Häusern, das Dorf Elorriaga, sogar mit einer geöffneten Bar! Erstmal im Schatten einer Mauer ein Wasser trinken. Zu essen wird hier leider nichts angeboten, das nehme ich fast persönlich und übel. Zwei kleine Kinder spielen mit einem Roller und untergehakt führt eine Frau einen uralten Mann ein wenig spazieren. Wir lächeln uns freundlich an.

Weiter geht es durch heißeste Einsamkeit. Als ich mir den Schweiß abwischen will, muss ich feststellen, dass das kleine Handtuch nicht mehr da ist! Na super, ich weiß dann auch gleich, wo es liegt: auf der Bank ungefähr drei Kilometer in meinem Rücken. Wie hieß mal noch die erste Lektion? … Und das Handtuch hatte ich auch noch geliehen bekommen.

Irgendetwas bewegt mich, rechts einen weit ins Land sich erstreckenden Sandweg hinaufzuschauen: von ganz hinten oben rast ein Hund zielstrebig auf mich zu, er fängt dann auch an zu bellen. Ich bekomme richtig Angst! Glücklicherweise bin ich nicht sein Ziel, er läuft an mir vorbei. Abwärts geht es dann wieder, über eine Autobahn – von der Brücke hinunter gucken kann ich mit meiner Höhenangst gar nicht, ich verstehe auch nicht, was denn bitte eine Autobahn auf dem Camino zu suchen hat?? Wieder muss ich mich bergauf schleppen, mühsam, eigentlich habe ich keine Lust mehr – und seit Kilometern ganz allein! Nie begegnet mir ab Elorriaga auch nur ein einziger Mensch, kein Pilger, niemand! Aber das Gute beim Bergaufgehen ist, dass in der vornübergebeugten Haltung der Schweiß direkt und gerade vom Gesicht hinuntertropft, so geht es auch ohne Handtuch. Allmählich werde ich nur noch von schlechter Laune und Bockigkeit getrieben. Leise vor mich hin schimpfend ächze ich im Schneckentempo hoch. Was wären die Alternativen? Zusammenklappen oder umkehren – da beides nicht in Frage kommt, muss ich mich eben weiterschleppen.

Der Camino führt dann in einen Wald mit matschigen, morastigen Wegen, in dem ich immer wieder ein Gatter öffnen und hinter mir schließen muss, im Matsch Fahrradspuren – wie haben die diese Strecke bitte bewältigt, so rutschig und schlammig, wie es hier ist? Dass bei dieser Hitze noch Schlamm existiert, seltsam. Unter einer alten Eiche mache ich erschöpft Rast und betrachte die schönen spanischen Kühe mit ihren hellen Mäulern, als hätten sie sie in Mehl getaucht. Sie betrachten mich zurück, denken wahrscheinlich irgendetwas wie: „die also auch…“. Dann muss man wieder diese schreckliche Autobahn überqueren, dann über eine stark befahrene Schnellstraße hoppeln, an deren gegenüberliegender Seite noch eine Steigung hinauf hecheln – um dann, wieder in einem Wäldchen, weiter an einem Bach entlang hoch zu stapfen. Ich gleite und rutsche im Matsch dauernd wieder zurück. Ernsthaft versuche ich, mich am neben mir lebhaft glucksenden Wasser zu freuen, am Schatten, daran, dass ich allein bin – aber eigentlich kann ich schon nicht mehr. Das ist leider egal, denn hier kann ich nicht bleiben. Wie lange noch bis zur nächsten Albergue? Keine Ahnung.

Irgendwann bezeugt eine professionell asphaltierte Kreuzung, dass die Zivilisation erneut eingesetzt hat, und plötzlich öffnet sich der Blick wieder über grüne Matten und den abendlich dunkel schimmernden Atlantik. Die Sonne geht in ihm unter, und der Himmel glimmt in wundervollstem warmem rosa Licht, es ist ganz still. Lautlos fällt die Dämmerung wie ein Zauber über das Land, das Licht wird immer sanfter, milder, sogar ein wenig melancholisch. Beglückt schaue ich der magischen Veränderung zu. Wie gut diese Schönheit tut. Und ohne dieses wunderbare Erlebnis wäre ich wahrscheinlich nicht imstande, meinen Frust, der sich gleich im Ort Itziar einstellen sollte, im Zaum zu halten und es hätte sich in mir so eine Wut auf alles und jeden entwickelt, dass ich mir meinen Camino zu einem Teil verdorben hätte.

In diesem Itziar – in dem es noch weiter und immer weiter bergauf geht – hat NICHTS geöffnet. Ich hätte eigentlich mal aufs Klo gemusst, gerne was getrunken und gegessen – nein, alles ist geschlossen, es gibt auch keinen lebenden Menschen weit und breit, kein Auto fährt, kein gar nichts, nur ein Laubfeuer schwelt auf der Wiese vor den Häusern.

Zähneknirschend muss ich weiter bergauf gehen – also, eigentlich ist es nur noch humpeln oder stolpern. Lang und länger zieht sich der Weg, nun doch wieder bergab, an Feldern entlang, wieder und wieder eine Kurve, wieder ein richtungsweisender gelber Pfeil, aber das magische Wort „Albergue“ kommt nicht. Stattdessen werde ich abermals an Viehweiden entlang geführt, also, dieser Schlamm übertrifft den von vorhin noch an Tiefe und glitschiger Matschigkeit, und er ist vor allem mit zahllosen Steinen gespickt. Ich zittere, rutsche, stolpere, gleite, wackele, schlottere hinunter, fast heulend, ich habe wirklich Angst, auszurutschen und mir etwas zu brechen (und dann ohne Handy…). Kurz vor oder schon in Deba sollte es einen Fahrstuhl geben, den finde ich natürlich nicht, also muss ich in diesem Ort auch noch ungefähr 3478 Treppen hinuntersteigen.

Deba gefällt mir, es liegt eingeklemmt so weit unterhalb des Landplateaus zwischen Steilufern, dass es dort schon stockdunkel ist. Trotzdem herrscht herrlichstes Leben, Kinder spielen auf dem zentralen Platz, den ich überqueren muss, wie immer sind die Bars voll, man geht einkaufen, schwatzt mit Bekannten, alle Läden stehen offen. Die Straßenlaternen werfen goldene Kegel auf uralte dunkle Mauern, geheimnisvolle Gassen verschwinden rechts und links im schwarzen Schatten. Die Albergue befindet sich im Bahnhof, und da ich befürchte, kein Bett mehr zu bekommen (mein Pasai Donibane-Trauma hat mich fundamental erwischt), will ich sie so schnell wie möglich erreichen, lasse also die Chance aus, im Supermarkt etwas zu essen und zu trinken zu kaufen. Glücklicherweise gibt es noch ein Bett für mich. Dieses Bett ist aber das obere eines Stockbetts, also muss ich da auch noch rauf!

Und dann nochmal los und einkaufen! In Flipflops humple ich also zurück in den Supermarkt. Mit meiner Beute hieve ich mich dann endlich aufs Bett, kaum fassend, dass ich wirklich und wahrhaftig heute keinen Schritt mehr zu gehen brauche und dass alles gut ist. Denke ich.

Der Raum ist groß und voll belegt. Allmählich tröpfeln die übrigen Gäste ein, zuerst ein älteres Paar – und ich schwöre, an dem schuldbewussten, zumindest sorgenvollen Gesicht der Frau erkenne ich, dass ihr Mann schnarchen wird. Die beiden haben das Stockbett neben mir, er oben, also auf meiner Höhe. Dann kommt ein Mann, dem ist das Bett unter mir zugeteilt worden, und ich sehe es an seiner Physiognomie – der wird auch schnarchen.

Also, so eine Nacht habe ich noch nie erlebt, wirklich noch nie. Kaum haben die beiden Männer sich hingelegt, schlafen sie auch schon, und dann geht es los: Grunzen, Ächzen, Trompeten, Schnaufen, Röcheln, Schmatzen, Gurgeln – phasenweise wie Rüsseltiere, die gerade Trüffel gefunden haben und triumphierend aufgrunzen. Phasenweise wie Rüsseltiere, die langsam zu Tode gemartert werden und mit letzter Kraft ihr Leben in fürchterlicher Agonie ausröcheln. Ich winde mir meine Daunenjacke und das Kissen um den Kopf, das nützt natürlich nichts. Wie war das mit der siebten Lektion... Versuche, mich damit zu beruhigen, dass ich als Witwe diese Qualen ja nur diese Nacht über mich ergehen lassen muss, anders als die Ehefrau(en?), muss dann irgendwann auch lachen – aber schlafen geht kaum, auch natürlich wieder wegen der unerträglichen Fuß- und Hüftschmerzen nicht, ich weiß nicht mehr, in welcher Position ich mich noch hinlegen soll. Wegen meiner Blödheit, nur weil ich Zumaia nicht so ansprechend fand und der irrigen Meinung gewesen war, als Pilger habe man den ganzen Tag zu nutzen, bin ich 30 Kilometer gegangen, gleich am 3. Tag, also wirklich, doofer geht es nicht.

IV. Mittwoch, 27.9.: Deba – Pobeña

Am nächsten Morgen weckt mich sehr frühe laute Aufbruchstimmung – wahrscheinlich ist es allen so wie mir gegangen, und jeder will nur noch aus diesem Schlafsaal/Wachsaal des Grauens fort. So kommt es, dass auch ich schon 7h30 vor der Herberge stehe. Angespornt von meinem Groll, meinem Frust und dem Horror vor der Steigung aus dem so sehr tief gelegenen Deba wieder heraus – die Strecke sieht auf der Karte im Führer aus, als verlaufe sie völlig verknäult und endlos -, beschließe ich spontan, den nebenan liegenden Bahnhof aufzusuchen. Wenn es einen Zug in Richtung Bilbao gibt, werde ich ihn nehmen. Der Bahnhof wuselt von Schülern, und als ich einen Fahrkartenautomaten finde, kann ich mit der Technik trotz der Anleitungen nicht umgehen. Während ich noch grübelnd rätsele, kommt auch schon ein junger Mann, der mich fragt, ob er mir helfen könne und mir dann eine Fahrkarte nach Bilbao ausdruckt – für 4,70. Ich danke ihm erfreut.

Man glaubt es nicht, wie befriedigt und erleichtert ich in diesem Zug sitze, der nach Bilbao fast zwei Stunden braucht. Nicht der leiseste Anflug von schlechtem Gewissen als sitzend transportierte Pilgerin peinigt mich, mir scheint, da sich alles so glatt gefügt hat, soll es auch so sein. Selbst ganz überrascht von meiner tatkräftigen Entschlossenheit sitze ich entspannt und völlig wunschlos da und lasse die bergige Landschaft an mir vorbeiziehen.

In Bilbao angekommen stehe ich dann etwas hilflos auf der Straße vor dem Bahnhof und versuche zu ergründen, wo ich genau bin und wie man von hier zum Guggenheim-Museum kommt. Schon spricht mich ein freundlicher älterer Herr an und beschreibt mir den Weg, der auch gar nicht so lang ist. Die Sonne scheint, die Geschäfte öffnen ganz gemächlich eins nach dem anderen, es geht hinunter – hätte ich mir auch denken können, das Museum liegt ja an der Ria de Bilbao – und da ist er auch schon, der Fluss. Ich fühle mich wie an der Seine, seltsam. Wahrscheinlich, weil Platanen das Ufer säumen und es zwischen Fahrbahn und Wasser noch eine tiefergelegte, breite Promenade gibt, auf der Menschen flanieren, joggen, die vielen Bänke besetzen, ins Büro streben, Hunde ausführen und Kinderwagen schieben. Glücklich wandere ich zwischen ihnen das Ufer entlang und sehe dann auch schon die schimmernden silbernen Riesenschalen, das Dach des Guggenheim Museums. Gegen 10h00 bin ich da, stelle mich kurz unter Bourgeois' Mother[13] – kann nicht schaden, sich Schutz zu holen, vielleicht spendet die Spinne ihn ja sogar – und verfolge, wie Nebel über das Wasserbecken vor Jeff Koons' Tulpen verströmt wird. Immer dicker und dichter quillt er über die Oberfläche, ein geheimnisvoller Effekt entsteht, als stülpe sich eine Art waberndes, gefräßiges Lebewesen über alles, extra für

13 Louise Bourgeois, 1911 – 2010, frz.-amerik. Bildhauerin, vor dem Guggenheim Museum steht ihre überdimensionale Spinnenskulptur, die sogenannte „Mother".

mich! Naja, und für die anderen Touristen… vielleicht passiert das jeden Tag um diese Zeit?

Hinein ins Museum gehe ich nicht, ich bin ja Pilger, aber in die Touristeninformation, denn ich brauche wieder einen Zugang ins Internet. Ja, es gibt das Centro Cultural (auf Baskisch azkuna zirkoa, aha), es befindet sich in einem sehr großen alten Gebäude, ich müsse nur die Straße dort entlang gehen.

Ich hatte das nicht genau verstanden und nehme die falsche Straße, laufe also immer tiefer ins Shopping-Zentrum Bilbaos hinein. Tja, auch hier die üblichen Ableger sämtlicher Modeladenketten dieser Welt – allerdings auch eine erstaunliche Zahl edler und schicker Herrenausstatter. Mir war schon früher aufgefallen, dass sich großstädtische Spanier richtig gekonnt und mit Stil anziehen. Sie lieben auch ihr After Shave, das sie als kleine appetitliche Duftschwaden hinter sich zurücklassen. Wie heimliche Geschenke.

Irgendwann lande ich dann doch am Centro Cultural, ein älterer, nüchtern verzierter imposanter Block mit Ecktürmen und Arkaden, drinnen wird gerade umgebaut, und die Bibliothek befindet sich im dritten Stock. Sobald ich aus dem Lift hinaustrete, bin ich wirklich tief beeindruckt von der Atmosphäre hier: In gedämpftem Licht herrscht wortlose, rücksichtsvollste Übereinkunft, still zu sein, man liest, schreibt, forscht, jeder ganz konzentriert und bei sich. Auch gibt es umsichtig eingerichtete Leseecken, mit tiefen, großen Kissen und Leselampen – dieses Spanien hätte ich nicht entdeckt, wenn ich nicht meine Pin-Nummer vergessen hätte! Niemand hatte mir diese geschickt, ich bleibe also weiter Handy-los.

Auf dem Rückweg fasse ich endlich Mut, betrete eines dieser kleinen Obst- und Gemüsegeschäfte und kaufe Äpfel und Bananen – beschwingt verlasse ich den Laden, mein wenig Spanisch hat funktioniert! Außerdem sind Spanier so hilfsbereit, dass man alle

Situationen gemeinsam meistert, darauf kann man sich eigentlich verlassen.

Mittlerweile ist es sonnigster und heißester Mittag geworden, und der Camino soll Kilometer an Bilbaos Industrieanlagen entlangführen. Die Vorstellung finde ich schrecklich, und vom Obst und dem Gelingen meiner neuen eigenen Gestaltung des Camino gestärkt, beschließe ich, wieder ein öffentliches Verkehrsmittel zu nehmen. So stelle ich mich an eine Bushaltestelle, die an der richtigen Straßenseite liegt.

Das ist dann aber eine falsche Buslinie, der Busfahrer bedeutet mir, ich solle rechts hinauf gehen, dort fahre der Bus entlang, den ich brauche. Gut, also Straße hoch. Dort finde ich keine Buslinie, ich betrete also einen Supermarkt und frage die Dame an der Kasse, ob es hier einen Bus nach Portugalete gebe. Sie weiß dazu gar nichts zu sagen, aber schon mischt sich ein junger Mann ein und weist mir freundlich und klar den Weg zur Metro, die würde mich geradewegs hinbringen. Schon wieder kommt mir jemand sofort zur Hilfe, wenn ich diese brauche! Dankbar und froh folge ich dem angegebenen Weg.

In der Metro sind die Ticketautomaten auch leicht zu bedienen, und so sitze ich bald und werde nach Portugalete befördert. Vor mir steht ein junges sehr rundes Mädchen in ihr Handy vertieft, ich bin völlig fasziniert, denn sie sieht haargenau aus wie Frida Kahlo von Botero gemalt. Am liebsten würde ich sie ja fotografieren, aber das lasse ich natürlich. Unter all diesen spannenden Eindrücken vergesse ich sozusagen mein Ich – bin nur noch faszinierte, angeregte Zuschauerin.

In Portugalete stehe ich dann an einer lauten, belebten Kreuzung vor einem Schaukasten, der einen Stadtplan der Gegend enthält, und finde mich nicht zurecht. Schon wieder kommt gleich ein hilfsbereiter, freundlicher Mann auf mich zu und zeigt mir die Richtung, die ich gehen muss!

Der Weg entpuppt sich als eine der Etappen, wie ich sie auf dem Jakobsweg nie erwartet hätte: wieder über eine Autobahn, durch Industrieanlagen, an Autowerkstätten, Fertigungshallen, leeren Betonklötzen vorbei – in glühender Hitze, ohne Schatten oder Grünanlagen.

Ich erreiche das Dorf oder besser den Vorort Gellarta. Er ist menschenleer, fast alles geschlossen, nur ab und zu ein haltender Bus, aus dem erschöpfte kleine Schülergruppen steigen, und zwei Bauarbeiter, die offensichtlich Kabel verlegen sollen, denen in dieser Hitze aber der Entschluss dazu schwerfällt. Sie stehen herum und wischen sich den Schweiß ab.

Ich habe Glück: Linkerhand entdecke ich ein geöffnetes Restaurant! Vor ihm sitzen an einem Tisch drei junge Spanier, die sich, wie alle Spanier, lebhaftest unterhalten. Froh halte ich an, Einkehren ist jetzt genau das Richtige, zumal die Außentische im Schatten stehen. Ich setze mich, werde aber nicht bedient, obwohl eine junge Asiatin meinen Tisch und mich mehrfach passiert, um das Bestellte an den Tisch der Spanier zu bringen. Gut, also gehe ich hinein und stelle mich wartend an den Tresen. Nach einiger Zeit bemüht sich die junge Asiatin dann doch noch aus der Küche heraus – aus der sie mich sehr wohl gesehen hat, unsere Blicke hatten sich schon gekreuzt – und fragt unwirsch, was ich wolle. Ja, hm, etwas essen und trinken würde ich gern. Augenrollen. „Menü oder Karte"? Neugierig frage ich, ob ich diese mal lesen könne – das ist offensichtlich das völlig Falsche, wütend knallt sie die vor mich auf den Tresen. Ohkee, also wohl lieber Menü, ist ja nicht wichtig. Ich bestelle noch ein Wasser dazu und gehe wieder hinaus.

Endlich kommt sie, ihr Weg führt wieder zu den Spaniern, und lässt im Vorbeigehen eine Plastikwasserflasche auf meinen Tisch fallen, ein Glas ist zum Menü wohl nicht vorgesehen. Später kommt sie wieder und schleudert das Besteck in meine Richtung, glücklicherweise wenigstens ohne mich mit ihrem übelgelaunten Blick zu erdolchen.

Vielleicht wurde sie von den Mitarbeitern im Stich gelassen, oder hat Bauchweh, oder Liebeskummer? Oder eine Aversion gegen Pilger, die ja nie viel Geld dalassen?

Aber: Dieses Essen ist das Beste auf dem ganzen Camino (was ich zu diesem Zeitpunkt noch nicht weiß), drei Gänge, jeder pikant und das Wok-Gemüse knackig und genau richtig gewürzt, großartig! Als ich dafür 7,60 bezahle – ich muss dazu wieder hineingehen – , danke ich ihr für das tolle Essen so gut ich auf Spanisch kann und mit einem großen Lächeln – und ich bekomme sogar ein kleines zurück!

Gestärkt gehe ich weiter, sehr lange noch durch Vorstadthäuser, dann eine Asphaltstrecke entlang, die offensichtlich mal eine Eisenbahnstrecke gewesen war und jetzt als Naherholungsgebiet dient – einige Rennradfahrer benutzen sie – ganze Familien auf Rennrädern, die Kleinen laut angespornt von den Großen. In dieser Hitze! Es gibt extra eine Rad- und eine Fußgängerspur. Sie schlängelt sich recht steil natürlich: bergauf. Dann wieder Wohnhäuser, richtige nordeuropäische Reihenhäuser, das ist seltsam. In einer Straßenkehre finde ich eine Bank, ich lasse mich nieder (fünfte Lektion), benutze den Rucksack als Kissen und lege erstmal meine heftig schmerzenden Füße hoch.

Und schlafe ein. Wo hört eigentlich der Pilger auf, wo fängt der Penner an? Eigentlich unfassbar, dass eine ältere deutsche Frühpensionärin sich am helllichten Tag auf einer öffentlichen Bank schlafenlegt! Und dass ich das auch noch bin!

Irgendwann wache ich wieder auf, schaue etwas beschämt umher, würge mich dann ächzend hoch, wuchte den Rucksack mühsam auf den Rücken und trotte weiter. Auf der folgenden Strecke durch einige Bauernhöfe hindurch treffe ich das erste Mal auf Katzen, sogar viele. Eine kleine weiße hat es sich offensichtlich im dornigen Gestrüpp gemütlich gemacht – ich schaue genauer hin: Sie ist tot! Hat sie etwa jemand dort absichtlich hin drapiert? Anders ist diese

Position eigentlich nicht möglich. Ist das ein Beispiel für willkürliche Grausamkeit? Lieber nicht darüber nachdenken.

Durch Schrebergärten führt der Weg, an großen Schilfflächen vorbei, allmählich verwandelt sich die Landschaft unverkennbar in ein Ufer, Parkplätze, Bootsverleih, dann Bars, Surfschulen, Ferienapartments – und endlich die Bucht von la Arena, endlich ist der Atlantik wieder erreicht.

Auf einem Steg aus Holzplanken geht es durch die flachen Dünen diese Bucht entlang, an Strandurlaubern vorbei, hinter Flanierenden her, über einen hier mündenden Fluss, an dessen Ufern sich weitere Strandurlauber vergnügen, dann wieder Parkplätze, dann ungefähr 14 Häuser, davon gefühlte 14 Restaurants, die sich kaum unterscheiden. Der winzige Ort Pobeña, in dem sich die Albergue befinden soll – zeigt jedenfalls ein Schild an, aber ich finde sie nicht. Dabei ist der Ort wie gesagt winzig.

Gefühlte 27mal mache ich die Runde, bis ich schließlich irgendwann doch erkenne, dass der Garten mit den von vielen Menschen besetzten Plastiksitzgruppen nicht zu einem Restaurant, sondern zu der Albergue gehört. Ich gehe hinein und muss am Rezeptionstisch warten. Dort versperren schon zwei junge deutsche Männer den Weg, denen ein zugewachsener, hm, Schrat mit ganz eigenem Spanisch zur Seite steht, in ihren Verhandlungen mit den beiden älteren Männern, die hier herrschen. Dieser Schrat ist wirklich auffallend, unter seinen langen, wirr ins Gesicht hängenden Haaren schauen freundliche blaue Augen, und aus dem langen, wirren Bart strahlt ein breites Lächeln hervor. Bekleidet ist er lediglich mit tief hängenden, stetig rutschenden Shorts.

Die beiden jungen Männer wollen dann über Airbnb etwas finden, aha, die Albergue ist also belegt. Ich bin wieder kurz vorm Kollabieren, da stellt sich heraus, dass ich in einem Zelt schlafen könne, wenn ich wolle. Klar!

Man führt mich hinters Haus, da steht es, das Gute, zwischen anderen gleicher Art, deutlich betagt, aber der Reißverschluss funktioniert noch. Einer der wieder mal sehr freundlichen Hospitaleros bringt mir dann noch eine zusätzliche Decke, damit das Liegen etwas weicher wird.

Also, erstmal Kleidung waschen, das ist dringend nötig. Zwar ist es schon spät am Nachmittag, aber die Wäscheleine hängt in der Sonne. Beim Waschen lerne ich den Schrat näher kennen, ein jüngerer Deutscher, der tatsächlich in Osnabrück gestartet ist! Von dort bis nach Trier, dann ist er erst wieder in Frankreich weiter gepilgert. Er ist seit Monaten unterwegs, das erklärt natürlich seinen haarigen Zustand. Er erzählt, dass das Pilgern in Deutschland noch sehr schwierig sei, es gebe praktisch keine Herbergen. Aber man könne in jedem Kirchenbüro klingeln, es gebe dann immer „Strenggläubige", die einem Obdach gewährten. Auch habe er zwei Nächte im Wald verbracht. Ich bin richtig beeindruckt!

Später liege ich im Zelt und freue mich gerade ausgiebig des Nichtstuns, als jemand vor dem Eingang meines Zeltes einen fröhlich-gelben flattrigen Plastiksarg aufbaut. Wie sich herausstellt, ist es die Französin Camille, die ihr eigenes Einmannzelt dabei hat. Es ist wirklich genauso groß und genauso geformt wie ein Sarg, also aufs ökonomischste geplant. Für eine Pilgertour genau das Richtige, wird mir klar, denn das wiegt bestimmt kaum etwas. Muss man sich merken!

Noch später setze ich mich mit meinem Tagebuch an einen der Tische vor dem Haus. Camille kommt dazu und breitet ihr Essen aus. Mal wieder habe ich vergessen, etwas zu essen zu besorgen, und ich hätte wohl in eins der 14 Restaurants gehen müssen, die ich aber alle etwas teuer finde – wenn nicht ein weiterer Pilger an unseren Tisch gekommen wäre. Camille kennt ihn schon, es ist ein Deutscher, der seit Jahren in Frankreich lebt und also beide Sprachen fließend beherrscht. Mein Neid erhebt schon wieder sein hässliches

Haupt… Dieser Mann hat für sich zu viel Risotto gekocht und bietet uns nun davon an – es schmeckt fantastisch, kann ich nur sagen. Er findet dieses Pilgerbrimborium lächerlich und verweigert die Muschel am Rucksack. Auch eine Compostela will er sich nicht holen. Coole Pilger gibt es also auch, aber ich bin sehr stolz auf meine Muschel und freue mich auch schon auf meine Compostela[14] – so ich denn irgendwann mal tatsächlich in Santiago ankommen sollte. Der junge Mann klärt mich erstmal darüber auf, dass Eukalyptuswälder ein ökologisches Verbrechen seien, sie gehören überhaupt nicht nach Spanien und entzögen dem Boden viel zu viel Wasser. Außerdem verdrängen sie die indigenen Pflanzen. Das ist ja richtig bestürzend – und ich hatte ihren Duft doch so genossen!

Irgendwann sitze ich mit meinem Tagebuch wieder allein am Tisch, bin aber guten Mutes, denn ein wenig habe ich in der Welt des Pilgerns Fuß gefasst, vor allem bin ich von den anderen wie dazugehörig behandelt worden. Das ist ein schönes Gefühl: Ich bin nun nicht mehr die Neue in der Klasse.

Dann stürmt ein weiterer, sehr junger Pilger an meinem Tisch vorbei, in Flipflops und Badeshorts, in der Hand ein Handtuch. Ich lächele ihn an, es stellt sich heraus, dass er Tscheche ist und noch schnell schwimmen gehen möchte – obwohl es schon stark dunkelt. Gut, dass wir darüber sprechen, denn er ist eilig auf dem Weg ins Landesinnere gewesen.

Nachts wache ich auf, weil der Schrat im Nachbarzelt mit seinem Vater telefoniert.

Ja Papa, und dann gehst du auf Posteingang.

…

---

14 Die offizielle gedruckte Bestätigung, die jeder Pilger, der die letzten 100 Kilometer nach Santiago zu Fuß bewältigt hat, dort für seine Pilgerung ausgehändigt bekommt.

Guck mal links, da gibt es eine Liste, da steht Posteingang.

…

Nein, links. Du musst links gucken. Da steht dann oben Posteingang.

…

So, und jetzt klickst du das an. Und dann muss da die mail von … kommen.

…

Ja, das musst du anklicken. Posteingang, das klickst du an.

…

Ok, also dann lies mal die Absender, da muss der Name …kommen.

…

Die sind fett gedruckt, die Absender, das musst du da doch sehen.

…

Ist das da nicht?

…

Ok, dann geh wieder zurück.

…

Zurück im Programm Papa.

…

Du musst den gebogenen Pfeil links oben anklicken.

…

Ja, den gebogenen Pfeil links oben.

…

Dann geh mal auf gesendet.

…

Ja, also, das steht unter Posteingang Papa, du musst dahin gucken, wo du Posteingang gefunden hast.

….

Da steht dann auch gesendet.

…

So, da müsste meine mail an …. kommen.

…

Nee, Papa, ich glaub, wir lassen das jetzt, ich bin nicht mehr so entspannt, und du bist jetzt auch müde.

…

Nee Papa, lass man, das wird heute nichts mehr.

…

Ja, den Pfeil musst du drücken.

….

Nee Papa, wir machen morgen weiter, du versuchst das morgen nochmal, wenn du ausgeruht bist.

…

Also, bei den gesendeten mails muss meine an …. in der Liste sein.

…

Unter gesendet, genau.

…

Ok, wir brechen das jetzt ab, Papa, das bringt nichts mehr. Nee Papa, lass das man jetzt.

…

Nee, lass das jetzt, wir versuchen das morgen noch mal.

…

Nee, morgen, ok Papa?

…

Ja, unter gesendet, da muss das stehen.

…

Ich will gar nicht zuhören, aber Ignorieren ist unmöglich, das Gespräch findet ja praktisch direkt neben mir statt. Irgendwie muss ich auch lachen. Dann schlafe ich doch wieder ein und wache erst Stunden später wieder auf, dieses Mal vor Kälte. Ziehe meinen Anorak an, Hosen und Socken, dann schlafe ich weiter. Meine Wäsche, die natürlich nicht trocken geworden ist, habe ich zum Teil mit in den Schlafsack genommen, ich hoffe, wenigstens die Socken so trocknen zu können.

V. Donnerstag, 28.9.: Pobeña – Castro Urdiales

Morgens ist dann alles, wirklich ALLES im Zelt nass vom Tau, aber wenigstens habe ich geschlafen.

Dass es morgens ist, erkenne ich an der allgemeinen Aufbruchshektik – wieso die eigentlich immer sein muss, habe ich immer noch nicht verstanden. Tageslicht herrscht jedenfalls noch nicht, denn auch Pobeña liegt ja auf der Höhe des Meeresspiegels, d.h. im Osten von einem hohen Landrücken geschützt, der den Sonnenaufgang, den man darüber schon ahnen kann, noch versperrt.

Auch ich ziehe mich richtig an, packe meine Sachen zusammen, reihe mich in die Schlange vor den Klos und Waschbecken, und gehe dann erstmal in die nächste Bar zum Frühstücken – nun hatte auch ich begriffen, wie das geht und warum man das macht…

Diese Bar ist knackvoll mit lebhaften Einheimischen auf dem Weg zu den jeweiligen Arbeitsstellen, schon morgens tobt das ungebremste Kommunizieren. Irgendwann halte ich meinen Milchkaffee und den Teller mit einem Croissant – so riesig, dass ich dazu Messer und Gabel bekomme – in Händen und finde einen Platz draußen. Neben mir steht eine Gruppe Uniformierter, ebenfalls nicht gerade wortkarg. Erst halte ich sie für Polizisten, dann stellt sich heraus, dass es Müllmänner sind. Ich beobachte sie mehr oder weniger unfreiwillig und werde jäh von einem Blitz der Erkenntnis getroffen: Diese Männer stehen, wie Männer so oft, breitbeinig da und wippen auf ihren auswärts gestellten Füßen immer wieder etwas vor und zurück. Dazu ziehen sie laut die Nase hoch, der eine oder der andere spuckt aus, es wird auch gründlich gehustet. Einige haben die Arme vor der herausgestreckten Brust verschränkt. Und sie reden sehr laut miteinander. Also, hier meine Erkenntnis: Dies ist ein instinktives Verhalten noch aus der menschlichen Urzeit, das dazu dient, sein Revier abzustecken und Rivalen einzuschüchtern. Warum sollte man sonst mehr Raum beanspruchen als nötig, lauter sein als nötig? Frauen verhalten sich nicht so, aber Frauen brauchten damals auch kein Jagdrevier abzustecken, „das ist doch der Beweis“, denke ich, „oder?“

Im Dunklen mache ich mich auf den Weg.

Wieder führt die Strecke selbstverständlich ein Steilufer HINAUF. Von oben ist der Blick auf das noch dunkle Meer unter dem vom Sonnenaufgang zartrosa und gelb gefärbten Samthimmel einfach überwältigend. Und es sieht so aus, als ob sich eigentlich unter der Meeresoberfläche etwas heranrollend bewegt, das das Wasser zu den Walzen hebt, in denen schon die ersten Surfer wie schwarze kleine Tiere auf ihren Brettern liegen. Herkömmliche Wellen sind das nicht. Durchsichtige orangefarbene Schleier ziehen langsam über den Horizont, es ist völlig nebensächlich, dass meine Kleidung noch nass ist, denn es würde alles schon wieder trocknen im Laufe dieses wundervollen Weges die Steilküste entlang. Und auch ein Rotkehlchen ist wieder da, das erst vor mir her hüpft, dann mich aus niedrigen Zweigen heraus interessiert betrachtet.

Pobeña ist offensichtlich ein sehr beliebter Ort zum Übernachten – kein Wunder, kann man im Meer nahe der Albergue ja gut baden – jetzt gehe ich das erste Mal in einem sich langsam auseinanderziehenden Pulk von Pilgern. Ein älterer Mann humpelt unverdrossen vor mir her, sein eines Bein ist kürzer als das andere – hoffentlich bereitet ihm das nicht noch mehr Schmerzen als „normal“!

Die jungen Pilger überholen mich allmählich einer nach dem anderen. Mir scheinen sie den Camino vor allem als sportliche Herausforderung zu sehen, der sie sich mit viel Energie, Tempo und Ehrgeiz stellen. Ich freue mich am Alleinsein, am Gehen, an der Freiheit, die ich erlebe: kein Haushalt, keine Behördengänge, keine rechteckigen weißen Umschläge, deren Inhalte mir seit Jahren fast immer Mühe, Frust und Kummer gebracht haben. Nur mein Rucksack, der Weg und ich. Ich darf mich wirklich völlig auf jeden meiner erlebten Augenblicke konzentrieren!

Erst geht es länger die Steilküste entlang, dann muss man das erste Mal unter einer Autobahnbrücke hindurch steil abwärts in ein kleines Dorf hinuntersteigen. Das ist nicht schön, lauter Müll und trostloses Gestrüpp, auch etwas unheimlich, ich rechne schon mit verblichenen Knochen, womöglich sogar menschlichen, die hier als Zeugen irgendwelcher Verbrechen oder Unglücke allmählich versteinern. Glücklicherweise bleibt alles harmlos.

Die eigentliche Strecke führt dann bei Ontón weiter ins Landesinnere, ich entscheide mich aber für die alte Bundesstraße parallel zur Autobahn, da ich so schneller wieder am Meer lande. Es geht um eine Kurve, in der fällt ein undurchdringliches, haushohes Knäuel auf: tatsächlich eine Hausruine, völlig überwuchert von Efeu, wie in einen grobgestrickten Riesenschal eingemummt. Sicher, die Lage in der steilen Kurve war bestimmt nicht die gemütlichste, aber der Blick ging in Richtung Atlantik, und die Bucht, die sich auftut, hat etwas Heimeliges, auch etwas von einem Geheimnis. Und wahrscheinlich hatte dieses Haus dort schon lange gestanden, bevor die Straße ausgebaut wurde. Warum wurde es verlassen?

Wie viele Generationen hatten in dem Haus gelebt, nachdem jemand es mit seinen eigenen Händen gebaut hatte, aus Steinen, extra gesammelt, sorgfältig ausgewählt, mit Bedacht zurechtgehauen, dann aufeinandergelegt? Türen waren aus Holz gefertigt worden, Fensteröffnungen freigelassen, eine Feuerstelle eingebaut, an der eine

Mutter in Töpfen gerührt hatte – wie viele Mütter über wie viele Jahre? Möbel waren hineingestellt worden, einfache hölzerne, darunter sicherlich eine Wiege – bestimmt gab es ein Regal, in das Teller gesteckt wurden, eines mit hölzernen Knäufen für Henkeltassen – am Feuer hatte im Winter sicherlich jemand gesessen und Spielzeug für das Kind geschnitzt. Wieviel Liebe hatte hinter diesen Mauern geblüht, wieviel Kummer hatten sie geborgen, wie viele Träume?

Am Ende gewinnt immer die Natur, denke ich, denn sie kann warten.

Später, vor allem in Asturien, führt der Weg dann an soo vielen leerstehenden Häusern vorbei, mit Glück sind sie noch in solch einem Zustand, dass sie zum Kauf angeboten werden, aber die meisten sind verlassen, verwaist, verfallen. Zuhause werde ich später lesen, dass auch heute wegen der wirtschaftlichen Misere wieder mehrere 10 000 Spanier jährlich auswandern.

Die versteckte Bucht von Mioño liegt mit ihrer langen, gekrümmten Steinmole einsam da, vielleicht auch schon verlassen? Diese verwitterte Mole ist ganz verwaist und die kleine Bar über der niedrigen, reglosen, stummen Häuserreihe ist geschlossen. Es scheint, als habe sich das Meer auch schon länger zurückgezogen, denn große Teile des Ufersands sind mittlerweile bewachsen. Der Fluss hat hier seine Kraft verloren.

Aufwärts führt der Weg, wieder oberhalb des Atlantiks entlang, und allmählich verwandelt sich die Landschaft in die Outskirts einer nagelneuen weitläufigen Siedlung zahlreicher Apartmenthäuser mit direktem Blick aufs Wasser, viele noch im Bau. Jetzt begegnen mir auch immer mehr Spanier, alle mit Hund – entweder ein winzig kleiner oder gleich ein Kampfhund, so scheint es.

Diese brandneue Siedlung geht in den Osten Castro Urdiales‘ über, und bald wandere ich eine Promenade entlang, von der man den

Blick auf ein Kastell und eine Kirche am anderen Ende der Bucht hat, auch auf einen kleinen Hafen. Wenn Zarautz das Hawaii Spaniens ist, dann ist Castro Urdiales das spanische Florida: Sorgfältig und modisch gekleidete Seniorinnen und Senioren lustwandeln diese mit Blumenkübeln geschmückte Flanierstrecke so langsam hin und her wie nur möglich, einige haben es sich auf den zahlreichen Bänken gemütlich gemacht und freuen sich an der Sonne, andere halten sich am und sogar im Wasser auf.

In diesem Ort liegt die nächste Albergue, was mich richtig erleichtert, denn mittlerweile habe ich wirklich unerträgliche Schmerzen über dem linken Knöchel. Um es gleich zu sagen, die Albergue liegt am entgegengesetzten Ende des Städtchens, schon wieder hoch über dem Meeresspiegel, und die Strecke zieht sich viel länger hin, als man glaubt – so lang, dass ich sogar mehrfach in Geschäften frage, ob ich überhaupt auf dem richtigen Weg bin.

Endlich erkenne ich das Gebäude an seinem kleinen Garten voller kleiner Zelte und der Wäscheleine. Es ist geschlossen und würde erst in zwei Stunden öffnen.

Nach kurzem Schock finde ich das großartig, denn auch ein Außenwaschbecken ist vorhanden – so kann ich in aller Ruhe waschen, sämtliche Wäscheklammern stehen mir ganz allein zur Verfügung, und es ist so früh am Tag, dass alles noch trocknen würde. Dann rücke ich eine Bank in den Schatten, der von einem rotbelaubten Baum (Blutbuche?) gespendet wird, ziehe Schuhe und Strümpfe aus, lehne mich zurück an meinen Rucksack und entspanne.

Endlich habe ich Zeit zum Reflektieren. Ich betrachte die Palmen, die zwischen den umliegenden im Sonnenofen schmorenden weißen Häusern herausragen, und realisiere das erste Mal bewusst, dass ich in Spanien bin. Dass dieses Land ein Recht darauf hat, auch unabhängig vom Jakobsweg wahrgenommen zu werden, dass es schön ist, vielseitig, sein eigenes Leben führt, dass ich sein Gast bin. Wie nett das ist: Dieses Land lässt mich einfach so hindurchgehen, einfach so trete ich seine Wege entlang, ohne dass mich irgendetwas hindert oder aufhält. Friedlich steht es offen. Ich kann mir den Weg räumlich und zeitlich frei einteilen, was für eine Chance! Hoffentlich kann ich mich ihrer würdig erweisen, denke ich und nehme mir vor, so bewusst wie möglich weiter zu pilgern.

Andere Pilger kommen vorbei, aber kaum einer bleibt. Als sie merken, dass die Albergue noch nicht geöffnet hat, ziehen die meisten weiter. Jetzt halte ich es aus, hier und jetzt eine eigene Version des Camino zu gestalten. Nein, es besteht kein Zwang, jeden Tag bis zum Umfallen zu pilgern, kein Zwang, die Zeit optimal auszunutzen, kein Zwang, sich zu kasteien. Pausen, auch lange, auch bequeme sind erlaubt, alles ist erlaubt, was den Pilgernden weiterbringt: Und das Entscheidende ist, sich auf den Weg einzulassen. Nicht immer so viel wollen, nicht immer die volle Konzentration auf „da vorne" richten, sich nicht immer weiterpeitschen.

Was bringt den Pilger weiter? Klar, jeder Schritt – aber das Eigentliche ist die innere Offenheit, der Mut, sich auf den Weg einzulassen, ohne bestimmen zu wollen. Nein, der Weg bestimmt, er führt dich, du brauchst dich nicht zu kümmern. Lass dich auf ihn ein, sieh, was er dir zeigt, höre, was er dir erzählt, rieche und schmecke, was er dir bereithält, fühle, was dich auf ihm berührt. Du brauchst nicht zu urteilen, nur zu erfahren. Du brauchst ihn nicht zu bewältigen, nur zu erleben. Du brauchst nicht handelnd tätig zu werden, du brauchst nur zu sein.

Eine junge Frau und ein älterer Mann beenden ihre Etappe dann auch im Garten, noch eine junge Frau, sie unterhalten sich, es sind Deutsche. Bald unterhalten wir uns alle, und das Gespräch ist von Anfang an sowohl ernst als auch kameradschaftlich: Obwohl wir uns alle das erste Mal sehen, sprechen wir miteinander offen über den persönlichen Sinn des Pilgerns, die Werte, um die es uns geht, die jeweiligen Hoffnungen, die wir an unseren Camino knüpfen, über die Erfahrungen, die wir bereits gewonnen haben. Die junge Frau, Olivia[15], hat z.B. schon ein paar Schuhe verschenkt, auch eine Isomatte, denn sie hat erkannt, dass sie sie gar nicht braucht, auch Makeup will sie loswerden. Während des Gesprächs setzt sie ihre Sonnenbrille nicht ab, was ich schade finde, denn Olivia ist so eine besondere, schöne Frau, ich würde gern ihr „wirkliches" Gesicht sehen. Sie spricht über die Schwierigkeit, den wahrhaften Sinn des eigenen Lebens zu erkennen, die Kraft, die es kostet, sich im Alltag gegen den mainstream zu behaupten, ihren Widerwillen gegen ihren Job am Computer – sie findet diese Art des Arbeitens so erschreckend un-mensch-lich – und die ihr abhanden gekommene intuitive Sicherheit, was die eigenen Bedürfnisse angeht. Auf der Suche nach dieser Sicherheit pilgert sie.

Auch sind wir alle vier uns in der Erkenntnis einig, dass es nicht ums möglichst schnelle Bewältigen der Strecke geht, sondern darum, den eigenen Gehrhythmus zu finden, dass völlige Erschöpfung nur blind und taub macht, anstatt sehend oder und begreifend.

Die andere junge Frau und der ältere Mann sind Vater und Tochter, das finde ich eine beeindruckende Kombination – und beide sind völlig entspannt miteinander, etwas, das mich sehr berührt. Meine Altersgenossen und ich hätten uns nicht vorstellen können, eine solche Unternehmung mit einem Elternteil durchzuführen, aber jüngere Menschen, das habe ich schon lange beobachtet, haben ein viel freundschaftlicheres, entspannteres und kooperativeres Verhältnis zu ihren Eltern als wir damals. Auch die jüngeren Väter heute sind die Rolle des pater familias endlich los, scheint mir, es ist nicht mehr wichtig, der Vertreter der Obrigkeit im Privaten zu sein, erzwungene Autorität durch Unnahbarkeit zu stützen.

Später gehe ich in Flipflops am Wasser ins Städtchen zurück, ich brauche ja immer noch einen Zugang zum Internet. Der junge Hos-

15 Olivia heißt wirklich Olivia, die meisten anderen Namen habe ich geändert.

pitalero hat mir einen direkten Weg die Ensenada de Castro entlang beschrieben, so kann ich ein langes Stück Weg im Wasser gehen – diese weiche Kühle lässt meine Füße wieder aufleben, und wie der Knöchel sich erst freut! Ich bin glücklich, habe Zeit, wate entspannt um Felsen herum, die aus dem Sand ins Wasser – oder umgekehrt – ragen, brauche keinen Rucksack zu schleppen, habe keinen Zeitdruck, und das Bett heute Nacht ist gesichert.

Allmählich geht die Bucht in ein kleines altes Fischerviertel über, und in einem Blumenkasten an einem der eher etwas verwahrlosten Häuser entdecke ich lauter Gauchheil[16] – das ist ja wunderbar! Als ich noch einen Garten besessen hatte, hatte ich in meiner abgrundtiefen Unwissenheit mit anderem Unkraut auch ein kleines Gauchheil ausgerissen – es kam nie wieder. Und hier wächst es unverdrossen und gehegt vor sich hin! Der Garten. Diese immer wieder neue Freude an Knospen, Blüten, Früchten. Regentropfen auf den Blättern des Frauenmantel. Wie hoch der Fingerhut manchmal wuchs. Immer noch und noch eine Blüte. Lieber nicht weiter denken an den Garten, den es für mich nicht mehr gibt.

Schnell gehe ich weiter in Richtung der alten Kathedrale – aber auch sie ist leider wieder geschlossen. Auf einem Platz vor ihr sitzen vergnügte Menschen an Cafétischen und genießen den Nachmittag, ich gehe weiter durch das alte Viertel. Die Gassen werden eng, dunkel, verlottert, nur wenige Menschen begegnen mir, die mich etwas misstrauisch ansehen– irgendwie stelle ich mir Neapel so vor.

Im Touristenbüro werde ich in das hiesige Centro Cultural geschickt. Auch das wird wieder eine so friedvolle Begegnung in einem stillen Raum mit einem hilfsbereiten, flüsternden Spanier, der mir sofort einen Platz an einem Laptop weist, einfach so! Und tatsächlich, die Pin war da.

---

16 Eine unauffällige Blume, deren Name darauf hinweist, dass man früher glaubte, sie könne Geisteskranke heilen. („Gauch“ ist ein altes Wort für „Kuckuck“ oder „Tor“.)

Eigentlich schade, denn diese Ausflüge in die abseitige Stille hatten mir gefallen. Und, auch klar, ohne Handy ist man freier als mit…

Draußen brütet lähmende Hitze. Langsam schlendere ich eine Geschäftsstraße entlang, entdecke eine Bar, in der nur Frauen sitzen und gehe hinein. Der zumo de papaya[17] ist so eiskalt, dass mir ein Blitz durch die rechte Stirn fährt und ich fast vom Stuhl falle. In dieser Bar läuft natürlich der Fernsehapparat, nach 3,5 Sekunden ist sonnenklar, dass es sich um eine Soap handelt und dass die Handelnden so vollkommen die abgegriffensten Klischees verkörpern, dass man auch ohne Spanisch auskommt. Frisur, Kleidung und Kulisse reicht, um den jeweiligen Typus sofort zu identifizieren, wie bei einem Stummfilm: die bedrängte junge Schöne, die mütterlich Sorgende, der schmierig Zwielichtige, der ruchlose Kapitalist, der wackere junge Liebende, die skrupellose Nebenbuhlerin usw usw.

Dann ein anderer Kanal, Pop-Videos. Ein junger Latino nach dem anderen. Ich überlege, ob die Reihenfolge dieser Videos auch durchgestylt ist, denn die Typen, die hier offensichtlich mit Methode kreiert worden sind, unterscheiden sich klar: entweder Schwiegermutters Liebling oder der Soft-Punk oder die unbeschwerte Boy-Group oder der schwermütige lonesome cowboy – ausschließlich ganz junge männliche Sänger, und alle haben ihn einfach drauf: den Verführer-Blick. Unter der Föntolle schmachten dunkle Augen, und sie können gleichzeitig die Augenbrauen hochziehen und die Stirn furchen, und dann auch noch singen – ganz klar, hier ist Ricky Martin das Vorbild.

Mir macht das Spaß, und vielleicht erklärt das TV-Programm auch, dass in dieser Bar nur Frauen sitzen. Oder andersrum: Die Frauen haben den Kanal ausgewählt.

---

17 Papaya-Saft.

In einer Apotheke kaufe ich Ohrstöpsel (siebte Lektion), wie sich später herausstellt, sollte man dabei auf keinen Fall am Geld sparen, was ich leider tue!

Zurück schlendere ich wieder die Bucht entlang, dann setze ich mich in den Sand und beobachte das Wasser. Kleine Wellen spielen um die Felsen Fangen und balgen sich vergnügt wie junge Füchse. Dieser Frieden hält natürlich nicht lange, plötzlich eilen Halbstarkenwellen hinter den Felsen hervor, die den Kleinen erstmal zeigen, wer hier die Chefs sind! Grob und rücksichtslos werfen sie sich auf die Spielenden, scheuchen sie umher, verschlucken sie, begraben sie unter sich. Einige wehren sich und entkommen heimlich, aber die meisten werden einfach ausgelöscht.

Auf dem Rückweg treffe ich Tochter und Vater vom Nachmittag und wir essen zusammen zu Abend, ein Pilgermenü – mein erstes. Salat, ein Stück Fleisch am Knochen, dazu halb gebratene grob geschnittene Kartoffelschnitze, danach Vanilleeis mit einem Hauch Erdbeersauce. Und ein Getränk, das Ganze für 10 Euro. Teuer oder nicht?

Wir unterhalten uns über unsere Reiseerfahrungen, und der Vater erzählt, dass er mit seiner Familie mal ein Jahr lang ein Gutshaus in Schottland gehütet hat. Jeden einzelnen Tag hatte es geregnet, sie fanden es trotzdem toll. Und ich denke: was für eine irre Erfahrung! Wieder einmal entdecke ich, wie viel man aus seinem Leben machen kann, wenn man nur offen ist und ein bisschen Mut hat. Das will ich mir merken. Die Tochter war an einem Scheideweg in ihrem beruflichen Werden angekommen und geht nun den Camino, um sich darüber klar zu werden, welche Werte ihr wirklich wichtig sind – danach will sie sich neu orientieren und entscheiden.

Der Herbergsraum steht voller Betten, alle sind belegt – und in dieser Nacht schnarcht niemand. Ich wache nachts auf und bin richtig gerührt von dem Frieden, der hier herrscht: mindestens 30 Menschen, die sich gar nicht kennen, haben solch Vertrauen und fühlen sich so sicher, dass sie in diesem fremden Raum ganz tief und ruhig schlafen.

Kantabrien

VI: Freitag, 29.9.: Castro Urdiales – Helgueras

Morgens gegen 8h00 pilgere ich los. Auf dem Tresen steht ein Tablett mit belegten Sandwiches, offensichtlich von einer Bar gestiftet, die sie am Abend vorher übrig behalten hatte. Ich freue mich und nehme mir eins mit. Auf der Außentreppe sitzt ein Asiate und raucht – plötzlich fällt mir auf, dass er der erste Raucher ist, den ich seit Irún sehe.

Der Weg führt natürlich aufwärts, das versteht sich schon von selbst. Dann gehe ich durch morgendlich zauberhaft stille Dörflein, manchmal kräht ein Hahn, sonst schläft noch alles, sogar die Wachhunde. Nach vielleicht vier Kilometern ist das Dorf Cerdigo erreicht, in der Mitte liegt ein kleiner eingefriedeter Sportplatz, daneben hat eine Bar schon geöffnet. Seitlich befindet sich eine überdachte Terrasse, deren Holzstreben von üppiger Bougainvillea überwuchert sind. Gusseiserne weiße, verschnörkelte Stühle und Tische stehen herum, von denen man einen geradezu unwirklich romantischen Blick auf den noch spiegelglatten Atlantik hat. Eine perfekte Liebesfilmkulisse, so früh am Morgen und auf nüchternen Magen fast zu intensiv – wie Crèmetorte zum Frühstück, denke ich und genieße die Pause und den Blick hier aus vollem Herzen.

Danach werde ich durch wunderschöne Landschaft geführt, kleine Kiefern, Heidekraut, Sonnenflecken spielen auf den flechtenbewachsenen weißen Felsen, die im kargen Bewuchs liegen wie freundlich verteilte, verbeulte Clubsessel. Zwischen Steineichen funkelt das Meer, verwunschen zeitlos. Pan könnte hinter einem der Steine hervorspringen, es würde keinen wundern. Vor mir kommen drei Pilger nur langsam voran, weil sie ununterbrochen Selfies machen, und zwar jeder jedes Mal – genau da, wo ich den Blick gerne ungestört genießen würde. Fast verdirbt mir das diese Strecke, aber glücklicherweise fällt mir noch rechtzeitig ein, dass ich meine Laune ja selbst in der Hand habe – und so schaffe ich es, gelassen zu bleiben.

Weiter geht es dann in die Nähe der Autobahn. Meine Laune fällt nun doch, denn darauf habe ich überhaupt keine Lust, und auf die kommende verknäuelte und verschlungene Strecke auch nicht. Neben mir fährt ein Auto, es überholt mich, nur, um weiter vorne anzuhalten. Der Fahrer steigt aus, setzt sich auf den Tisch einer hölzernen Picknickgelegenheit und wartet offensichtlich auf mich. Oh je, mein Magen wird ganz kalt und ich fange an zu zittern.

Ich erreiche diesen Tisch, er spricht mich sehr freundlich an, um mir zu sagen, dass ich dort lang gehen solle (er zeigt nach links oben), meine Richtung sei die falsche. Ich atme befreit aus, danke ihm und folge seinem Tipp, der völlig richtig ist. Später überlege ich, ob er das vielleicht öfter macht, irgendwie schien er mir in dieser Situation routiniert. Er bleibt auch sitzen, wahrscheinlich ist das eine Stelle, an der die meisten Pilger in die Irre gehen, und er will den Kommenden ebenfalls helfen.

Diese Route führt mich bald in den kleinen Ort Islares, lauter neu angelegte Viertel, vieles noch im Bau. So nüchtern ist es hier, und die Strecke, die Cordula Rabe in ihrem Führer als weitere vorgibt, verläuft wie gesagt, so verschlungen und unökonomisch, dass mein Drang, einen Bus zu nehmen, immer größer wird. Ich finde aber keine Bushaltestelle. Am Ende dieses Örtchens liegt ein Campingplatz, und auf einer Bank vor der Rezeption sitzt Olivia! Ich hatte sie seit unserem Gespräch gestern nicht mehr gesehen, freue mich sehr, sie hier zu finden und sinke erstmal neben ihr nieder. Dann erzähle ich ihr von meinem Busplan und gehe in die Rezeption, um nach einer Buslinie zu fragen.

Ja, es gebe einen, entweder in 10 Minuten oder in drei Stunden, er fahre von der Haltestelle im Zentrum ab. Wir hasten also im Schweinsgalopp zurück in dieses „Zentrum“, das nur an der Kirche und dem Platz davor identifizierbar ist – und stellen uns erst an die Haltestelle in die falsche Richtung, was wir zum Glück aber noch merken.

Im Bus erzählen wir uns unsere Geschichten, also die Auslöser und Gründe für unseren jeweiligen Camino. Danach streichele ich ihren Arm und sie streichelt meinen, wir sind beide sehr, sehr betroffen, aber jede von uns ist auch guten Mutes, dass sie auf diesem Weg in irgendeiner Weise Hilfe, Rettung, Erlösung, Heilung finden wird.

Olivia hat Multiple Sklerose, und es war sogar passiert, dass sie bei einem der Schübe plötzlich nicht mehr sehen konnte – daher sind ihre Augen so empfindlich, und daher natürlich die Sonnenbrille. Silvester hatte sie im Krankenhaus verbracht, aber sie erzählt von ihrer Krankheit völlig gelassen und sachlich, ich hatte ihr auch überhaupt nichts angemerkt.

Sie hat einen Blog begonnen, den sie „ MS Blog (www.skurile-melrose.de)“ nennt, sie will damit den Blick auf diese Krankheit und den konventionellen Umgang mit ihr ändern. „Man kann nicht die Tatsachen ändern, sondern nur den Blickwinkel“, sagt sie. Später erzählt sie auch von ihrer Hoffnung, einmal eine Familie zu gründen. Olivias Mut, ihre Zuversicht, ihr Glauben an die eigene Kraft imponieren mir unglaublich. Ich kann nur sagen, ich glaube auch an Olivias Kraft!

Die Endstation dieses Busses ist Laredo, und dort hält er genau an einer Bar, in die wir erst einmal gehen und zwei zumo de naranja natural[1] bestellen. Vom Bus aus hatten wir schon eine verwunschene kleine Bucht gesehen, in die will Olivia zurückkehren, um dort zu baden. Ich verstehe das gut, denn das Wetter ist herrlich. Allerdings habe ich eine Abneigung gegen das wieder-zurück-Gehen oder Umkehren, und so verabschieden wir uns herzlich voneinander.

---

1 Orangensaft

Ebenfalls vom Bus aus hatte ich im Westen Dünen gesehen, und auf die trotte ich nun voller Vorfreude zu.

Und lande an einem der zauberhaftesten, überraschendsten Bilderbuchstrände des gesamten Caminos: sanfte spärlich bewachsene kleine Dünen, dann weißer Pudersandstrand, durchsichtiges, türkisfarbenes Wasser, Babywellen plätschern verträumt ans Ufer, und goldenes Sonnenlicht erfüllt diese Zauberbucht mit wohltuendster Wärme. Fast traue ich diesem Traum nicht, das ist ja das Paradies! Ich ziehe die Schuhe aus, und tatsächlich: Der warme Sand ist Wirklichkeit, das freundliche Wasser auch – mein Knöchel atmet auf und alles ist wundervoll.

Diesen Tag genießen auch andere, vor allem Ältere, auch offensichtlich Großeltern mit Enkeln, und die Bucht entlang sind auch wieder Ferienapartmenthäuser gebaut worden. Ich finde alles großartig, die spielenden Kinder, den alten Mann in seinem Klappstuhl mit Strohhut und Zeitung, das alte Paar, er mit hochgekrempelten Hosenbeinen, sie mit gerafftem Rock, beide im Wasser stehend gen Horizont blickend, das andere alte Paar, das in Badezeug Hand und Hand vor mir her spaziert, die drei alten Frauen, die sich mit den Füßen im Wasser lebhaft unterhalten – diese Idylle ist wie ein altmodisches Märchen, und dazu gehört auch der Blick auf einen hohen, sich schroff aus dem Meer erhebenden Berg, den Monte Buciero, der vor mir im Westen die Bucht beendet. Wie es sich gehört, liegt am Ufer die Ruine einer alten Festung, dicke Mauern mit kleinen finsteren Löchern – Fenster? Schießscharten?

Im Sand finde ich eine kleine Jakobsmuschel, das ist natürlich noch mehr Glück!

Am Ende der Sandzunge el Puntal angekommen, stelle ich fest, dass zwischen ihr und diesem Berg ein Fluss mündet. Ich folge also dem diesseitigen Ufer und sehe auf dem Wasser auch die Fähre ans andere Ufer streben. Aber ich entdecke hier keinen Landungssteg!

Hm. Nur weißer, feiner Sand. Und einige hölzerne Planken, die mitten in diesem Sand enden. Auf meine Frage antwortet eine Frau, dass hier, ja genau hier – sie zeigt auf das sandige Ufer vorne – die Fähre landen würde.

Ich warte also hier im warmen Sand sitzend und freue mich des Lebens: Sonne, Strand, gleich eine Fahrt mit einer Fähre über schimmerndes Wasser – ich bin glücklich!

Tatsächlich, die zurücktuckernde Fähre drosselt ihre ohnehin geringe Geschwindigkeit und wird erst durch den flachen Strand gebremst. Eine schmale Gangway wird herabgelassen und die geht man einfach hinauf. Am niedlichsten finde ich den gelben Pfeil am Führerhäuschen.

Einige Minuten später lande ich in Santoña. Hier habe ich nun die Möglichkeit, den Pilgerweg durch das Umrunden des oben beschriebenen Monte Buciero zu verlängern, das will ich aber nicht, ehrlich gesagt: auf keinen Fall. Auf Flipflops gehe ich durch das Städtchen, der Weg führt auch mehr oder weniger gerade hindurch und wieder hinaus. Postkartenständer, Kleidungsständer, Eisdielen, Cafés, Bars, Schmuckgeschäfte, all das, was zu einem Badeörtchen gehört, findet sich auch hier.

Ich gehe erstmal eine Weile, denke, je weiter entfernt vom Wasser, desto wahrscheinlicher, dass ich eine Bar finde, die wenig touristisch ist. Das stimmt auch, ich finde sie und werde, zwar erst nach langem Warten – offensichtlich hatten all die Männer an der Bar das erste Recht – aber sehr nett bedient und alles ist gut. Im TV hier ein Riesentamtam um neue Plastikurnen, die in Katalonien angeschafft wurden. Ach ja, am Sonntag würde dort ja wohl die offensichtlich nicht legitimierte Unabhängigkeitswahl abgehalten werden. Die Berichterstattung ist sowohl von ungläubigem Staunen geprägt als auch sensationslüstern – als würden diese Plastikbehälter gleich explodieren.

Irgendwann raffe ich mich wieder auf und weiter geht's, an einfachen Wohnblocks vorbei aus Santoña hinaus. Und dann kommt sie: die endlose Mauer der Gefängnisanlage. Sie scheint wirklich endlos, der Pilgerweg führt direkt an ihr vorbei, in prallster Sonne, ohne eine Unterbrechung, gefühlt kilometerlang. Außer mir und der glatten hohen Mauer ist hier nichts.

Nach langer Zeit, die ich schweißtriefend neben der in der Sonne glühenden steinernen Wand entlang gegangen bin, sehe ich links eine junge, sehr hübsche, sorgfältig gekleidete Farbige am Handy telefonieren, sie steht vor einem kleinen Gebäude, auf dem steht: Centro de Espera[2].

Oh je. Auf einmal wird mir dieser zynische Gegensatz erst völlig bewusst: Der Pilger, vielleicht der freieste Mensch auf Erden, wird nur durch eine Mauer von einer Welt getrennt, in der Freiheit nicht existiert. In Gedanken wünsche ich ihr und ihrem Anliegen Kraft und Glück.

Die Hitze wird allmählich eine immer größere Herausforderung, und als ich wieder am Atlantik lande, beschließe ich, dieses Mal nicht im Wasser der Playa de Berria, zu gehen, sondern die Straße entlang, denn dort spenden Platanen Schatten. Diese Wahl finde ich sehr unbefriedigend, aber sie ist wahrscheinlich klug. Dann endlich ein Wäldchen, in das der gelbe Pfeil zeigt – noch mehr Schatten, endlich Rettung!

Nein, Rettung wird hier nicht gewährt, denn es geht nach wenigen Bäumen die Punta del Brusco hinauf: Dieser Berg oder diese Landzunge trennt die Playa de Berria von der Bucht bei Helgueras und Noja.

2 „Zentrum des Wartens"(aber espera heißt auch „Hoffnung").

Erstens hört der schattenspendende Wald auf, zweitens wird es dann auf einem sehr engen Pfad durch Heidekraut und Farn immer steiler und mühsamer – und dann darf man auch auf keinen Fall nach rechts schauen, dann wird einem nämlich vor Höhenangst schlecht. Auf diesem Pfad finden sich dann auch noch Fahrradspuren, ich glaube es nicht!

Verkrampft halte ich den Blick immer auf den halben Meter vor mir und erkläre mir, dass es ja leider keine Alternative gibt, dass man hier schon nicht so einfach runterfallen wird, dass das Heidekraut meinen Sturz auffangen würde, dass auch dieser Berg ein Ende hat und dass ich es ja gleich geschafft haben werde. Tja, nur muss der schmale Weg auf der anderen Seite wieder hinunter gekrochen werden! Ich falle nicht hin und nicht hinunter, was ich aber erst sicher weiß, als ich diese Gefahr überstanden habe.

Auf der anderen Seite wähle ich wieder nicht den Weg am Wasser in der prallsten Sonne, sondern den an Feldern und Hecken vorbei, dort spenden Bäume und diese Hecken wenigstens ab und zu Schatten.

Außerdem scheint er mir etwas kürzer, und mir tut natürlich schon länger wieder alles Mögliche weh. Immer wieder geben die Hecken Blicke auf diesen Strand frei, er ist noch ganz naturbelassen, keine Bebauung, keine richtige Infrastruktur, viel Platz auch zum Spielen für Kinder. Wieder fallen mir Ferien mit den Kindern ein, damals, als wir eine heile Familie waren. Eine ganz normale Familie, Vater, Mutter, Kinder. Sonnencreme, Sonnenhüte, Ballspiele. Das völlige Vertrauen in die väterliche Hand, die sie in der Brandung sicher halten würde. Damals. In einem anderen Leben. Schnell konzentriere ich mich auf meine schmerzenden Füße.

Eine Ortschaft beginnt und links taucht bald ein zweistöckiges blaues, etwas heruntergekommenes Gebäude mit einer angrenzenden Bar auf: eine Albergue. Diese Bar hat geöffnet, in ihr ist aber überhaupt nichts los. Dort bekomme ich einen Schlüssel und muss dann um das Haus herum in den ersten Stock gehen. Vor der Etagentür dampfen schon diverse Wanderstiefelpaare aus, auf der Wäscheleine hängen auch die üblichen Kleidungsstücke. Alles klar, hier bin ich richtig. Drinnen gibt es dieses Mal keinen einzelnen großen Raum, sondern einige kleinere Zimmer. Ich nehme gleich das erste mit drei Stockbetten. Drei sind schon belegt von zwei schlafenden jungen Menschen und eins von einem dunkelbraun gebrannten, nicht mehr so jungen Mann in Goldkette und Shorts, der ist wach.

Es stellt sich heraus, dass er Deutscher ist und … heißt. Ich nenne ihn hier mal Jürgen. Er ist aus Santander noch einmal zurückgekommen, weil er von hier aus wegen großer Schmerzen den Bus bis dorthin genommen hatte, jetzt sind diese Schmerzen aber weg und nun will er diese Etappe doch noch zu Fuß bewältigen.

Also, Jürgen war schon den Camino Françes gegangen und klärt mich erstmal richtig auf: Dieser Camino del Norte wäre ja gar nichts im Vergleich zum Camino Françes.

Allein schon der ständige Wechsel der Landschaften, dann all die Kirchen und Klöster, die einem auf Schritt und Tritt begegneten, die wären ja alle der Pilger wegen errichtet worden – der französische Pilgerweg habe eine ganz andere Spiritualität, könne man mit hier gar nicht vergleichen.

Ach ja, das sei ja der, den Hape Kerkeling[3] beschrieben habe, weiß ich beizusteuern, das Buch habe mich sehr beeindruckt und unter anderem auch zu meinem Pilgern animiert. Ja, also, das sei ja total umstritten, der mache dauernd die Hospitaleros schlecht, das wäre nicht in Ordnung , – hm, daran konnte ich mich gar nicht erinnern, und dass man in anderen Unterkünften schlafe als den Herbergen, das sei doch egal, finde ich. Naja, die Herbergen auf jenem Weg

3 Hape Kerkeling, Ich bin dann mal weg.

seien mit diesen hier auch nicht zu vergleichen, vor allem in der Nähe von Santiago, da gebe es eine umgebaute Kirche, in der stünden 700 Betten! Mir verschlägt es die Sprache, das ist ja wirklich unfassbar! Und alle diese 700 Pilger brechen dann zur selben Zeit auf, das stelle ich mir dann, ehrlich gesagt, eher weniger spirituell vor.

Und ich finde die Landschaft auf dem Camino del Norte auch sehr, sehr abwechslungsreich, allein der Tag heute: griechische Kargheit, idyllische Badebuchten, jede auf ihre Weise besonders, die Sandzunge, der felsige Monte Buciero, die gefährlich steile Punta del Brusco…

Als das junge Mädchen im Zimmer aufwacht und mich bei einer Frage siezt, weist Jürgen sie zurecht: „Wann lernst du das endlich? Hier auf dem Camino duzen sich alle!" Er ist aber locker und grinst dabei, sie nimmt es auch nicht übel. Ich schließe daraus, dass die drei zusammen unterwegs sind, und will mir diesen Rat merken. Dann geht Jürgen erstmal los das Dorf erkunden.

Ich raffe mich auch auf und schlendere an den Strand. Auf eine geradezu unwirkliche Weise ist er so nordseedänisch: ein Priel, Dünen, Strandhafer, breit, wenige Menschen und allmählich immer grauer werdender Himmel. Allerdings ist dieser Abschnitt auch gesprenkelt von schwarzen Felsen aller Art und Größe, das ist nicht dänisch.

Es wird kälter und ich kehre in die Bar der Albergue zurück, dort bestelle ich ein Glas Rotwein – die Flasche wird aus dem Kühlschrank geholt! Dann setze ich mich mit meinem Tagebuch an eine Mauer und schreibe. Wer kommt vorbei? Der junge Tscheche, auch hier wieder mit Handtuch über der Schulter, zielstrebig eilt er gen Meer, dieses Mal in die richtige Richtung.

Hinter mir plaudern zwei junge Pilger angeregt, vertieft und bestens gelaunt. Das Mädchen beendet diese Situation irgendwann, und später geht der männliche Part an meinem Tisch vorbei. Wir kommen auch ins Gespräch, es ist Olaf vom Bodensee, und er erzählt, er sei an einem Punkt in seiner Arbeitsbiografie angelangt, an dem er etwas ändern wolle. Er verdiene gut und sein Job biete auch viel spannende Verantwortung, aber das Geldverdienen sei einfach nicht alles. Welche Freiheit diese jungen Menschen sich nehmen, das finde ich bemerkenswert und viel mutiger, als wir damals waren.

Inzwischen ist es noch kühler geworden, und wir gehen nach drinnen an die Bar. Er würde auch gerne mal eine Familie gründen, fährt Olaf fort, wie zwar anstrengend, aber schön das sei, sehe er bei seiner Schwester. Sie habe Multiple Sklerose, aber eine Familie mit zwei Kindern. Ich denke an Olivia und dass ich ihr diese Mutmachinformation gerne weitererzählen würde! Wenn ich mich richtig erinnere, dann überlegt er, sein Wissen auf medizintechnischem Gebiet in Zukunft mehr in den Dienst der Allgemeinheit zu stellen.

Eine ältere, etwas flattrige französische Pilgerin hat sich ein Herz gefasst und stellt sich nun neben uns an den Tresen. Sie wird von ihren Freunden, einem älteren französischen Ehepaar an einem Tisch, angefeuert, wagt es also und bestellt ein Glas Sangria. Jetzt geht's hinter der Theke zur Sache: rote Flüssigkeit, dann gelbe, dann Schnaps aus einer grünen Flasche, dann Sirup aus einer blauen Flasche, dann wird geschüttelt, dann kommt Brausepulver dazu – oder sowas, dann aus einem Streuer geheimnisvolle Gewürze, dann wird gerührt – die Französin verstummt, ihre Augen treten aus den Höhlen und sie muss sich an der Theke festhalten. Als sie verzagt um Aufhören bitten will, lacht der Mann hinter der Theke nur und braut weiter. Ich bin völlig fasziniert von dieser überraschenden Hexerei hinter dem Tresen. Und vor allem: Sangria hatte ich mir ganz anders vorgestellt! Die Französin sich offensichtlich auch.

Dunkel ist es geworden und Olaf schlägt mir vor, doch mit den anderen Pilgern zusammen in dieser Bar das Pilgermenü zu essen.

Eine sehr gute Idee, denn übers Essen hatte ich mir mal wieder zu wenig Gedanken gemacht.

Auf zitternden Knien schwankt die Französin mit ihrem Getränk der unheimlichen Art an die mittlerweile hergerichtete Table d'Hôte. Dort sitzen ihre beiden Freunde schon und begrüßen sie erwartungsvoll (sie teilt ihren Apéritif mit ihnen), und Olaf und ich setzen uns dazu, seine Gesprächspartnerin von vorhin kommt – Andrea aus Berlin – und noch ein Mann, der Australier Andrew.

Beim Essen sprechen wir über unsere unterschiedlichen Routen, jemand hatte in San Sebastián begonnen, jemand in Bilbao, die Auffassung wird vertreten, dass alles zu Fuß bewältigt werden müsse. Ich aber hatte z.B. schon öffentliche Verkehrsmittel genutzt – und in diesem Zusammenhang sagt der Australier Andrew: „There is no right or wrong on the camino"[4].

Diese Aussage vergesse ich nicht, und sie führt mit dazu, dass ich ab jetzt immer mehr versuche, mein ständiges Urteilen abzustellen und mich verstärkt bemühe, nicht immer zu allem eine Haltung zu entwickeln, sondern die Dinge geschehen zu lassen. Wenn Adrian aus Kanada seinen Weg durch viele Siestas und den Genuss von mitgeführtem Wein gestaltet, dann ist das so. Weder gut noch schlecht.

Später in der Albergue treffe ich wieder auf den Tschechen, der hat kein Bett mehr abbekommen und es sich im „Fernsehzimmer" auf der altersschwachen Couch gemütlich gemacht. Er ist ganz fidel, denn so schläft er allein im Zimmer und muss kein Schnarchen ertragen. Diese Anspruchslosigkeit und Unbekümmertheit der jungen Leute auf dem Camino hatte ich schon mehrfach beobachtet und auch sie beeindruckt mich. Auch sind die Rollenklischees auffällig verblasst, das gefällt mir auch. Im Umgang miteinander sind die jungen Frauen und die jungen Männer sehr kameradschaftlich, und

4 „Beim Pilgern, auf dem Pilgerweg gibt es kein richtig oder falsch".

wenn man so will, „begegnen sie sich auf Augenhöhe". Auch gleichen sie sich in ihren praktischen Fähigkeiten und ihrer Selbstständigkeit. Wie gesagt, welche Freiheit, verglichen mit der Sozialisation meiner Generation!

Der Tscheche ist also von schnarchenden Zimmergenossen befreit – ich aber nicht. Jürgen ist äußerst beschwingt aus dem Dorf zurückgekehrt und hat noch eine Flasche Wein dabei. Ich weiß schon, was das bedeutet, und so ist es auch. Kaum hat er sich hingelegt, geht es auch schon los, in seiner weinseligen Entspanntheit fängt er sofort an zu schnarchen – hingebungsvoll und ausdauernd. Und meine Ohrstöpsel nützen nichts. Achte Lektion: **Spare nicht an der Qualität deiner Ohrstöpsel!**

Was ich auch mal wissen möchte, ist, wieso eigentlich alle Pilger nachts immer sämtliche Fenster der Schlafräume hermetisch verschließen? Angst vor Insekten? Dafür sind der entstehende Dunst und die Stickigkeit ein sehr hoher Preis.

Nachts entdecke ich übrigens die leere Flasche im Papierkorb unterm Waschbecken und überlege kurz, ob ich morgens mal schnell einen Kurzvortrag übers Mülltrennen halten soll, beschließe dann aber, es zu lassen. Auf dem Camino habe ich nämlich auch schon begriffen, dass die Welt sehr gut ohne meine Einmischerei auskommt!

Das beste Beispiel waren zwei alte französische Pilger gewesen, die stolpernd und müde gerade dann die Touristeninformation in Castro Urdiales erreichten, als ich dort nach dem hiesigen Centro Cultural fragte. Die beiden waren sehr erschöpft und schon seit Wochen und Wochen unterwegs, sie hatten ihren Camino noch nördlich von Arles gestartet. Nun wollten sie so schnell wie möglich einkehren und fragten nach der Albergue. Mischte ich mich nicht tatsächlich ein und schlug ihnen vor, den schöneren Alternativweg am Wasser entlang zu gehen, den ich gerade kennengelernt hatte?!

Wie dämlich kann man bitte sein? Die beiden hatten nichts anderes als zwei Betten im Sinn, und das so bald wie nur möglich.

Wie gesagt, auch das ist mir eine der wesentlichen Lehren auf meinem Camino: Hör auf mit deiner Einmischerei und spar dir deine Besserwisserhilfe, die Welt kommt wunderbar ohne aus.

VII: Samstag, 30.9.: Helgueras – Galizano

Gestern hatten Olaf und Andrea noch verabredet, morgens schwimmen zu gehen – heute regnet es.

Im Halbdunkel gehe ich los, jetzt gibt es mal ganz neue Schmerzen, dieses Mal in beiden Fußgelenken. Das Gehen in den Flipflops hat zwar dem Knöchel gut getan, aber eben den Fußgelenken nicht. Ob sie gebrochen sind? Der Schmerz jedenfalls fühlt sich danach an, finde ich. Trotzdem gehe ich ganz frohgemut los, denn die nächste Ortschaft ist in Sichtweite, Noja, und dort will ich frühstücken. Offensichtlich sind die Spanier Lebenskünstler, denn an einem Samstag, noch dazu an einem verregneten, stehen sie nicht früh auf – oder gehen wenigstens nicht raus, auch nicht mit ihren Hunden. So lande ich bald in einer Bar und kann mir den Tisch aussuchen. Mittlerweile bin ich schon routiniert im Bestellen von café con leche, Croissant und zumo de naranja natural. Diese Kombination wird übrigens manchmal als Frühstück angeboten, und sie kostet selten mehr als 2,50.

Der weitere Weg führt durch wohlanständige Wohnviertel, freundliche, offensichtlich florierende Bauernhöfe, Felder, Wäldchen, alles liegt im Regen. Auch das Rotkehlchen ist wieder da und tut so, als seien wir Kollegen – dabei ist es natürlich nicht dasselbe wie gestern und vorgestern, das ist mir klar. Auf einer Koppel steht eine alte Pferdestatue, aus beigem Sandstein gemeißelt, deren Rücken vom Regen schon dunkel gefärbt worden ist. Marmorgrau läuft die Nässe die Flanken hinunter, wie eine dunkle, ausgefranste Decke. Als ich noch überlege, warum jemand ausgerechnet hier eine Pferdeskulptur aufgestellt hat, bewegt sie sich plötzlich! Das ist wie Magie: Für den Bruchteil einer Sekunde denke ich, ich halluziniere.

Der Regen führt dazu, dass die Wege allmählich immer matschiger werden, man sieht auch nicht mehr viel, alles ist von grauen Schleiern verhangen. Natürlich verlaufe ich mich. Mich hatte schon gewundert, dass weiter oben ein Traktor stehen geblieben war, als ich vorbei ging – jetzt wurde mir klar, der Fahrer hatte wohl überlegt, ob er mich korrigieren sollte, war aber dafür zu weit weg gewesen. Oder ich hatte sein Agieren nicht erkannt. Wieder hüpft ein Rotkehlchen durch die Hecke neben mir, welch willkommener Kamerad! Die Nacktschnecken hier sind übrigens viel, viel länger und dicker als in Schleswig-Holstein, viele auch so grau-beige, wie ausgeblichen, wirklich unappetitlich.

Ein Pilger überholt mich, echt kernig, stramme nackte Waden, Tarnfleckjacke, grimmiger Schritt: Er zeigt dem Regen, dass der ihn mal … kann. Eigentlich sieht er gar nicht aus wie ein Pilger, eher so, als strebe er zur Fremdenlegion. Wanderstöcke und Regencape hat er auch nicht nötig. Irgendwann erreiche ich San Miguel de Meruelo, und – herrlich! eine Bar, sie hat auch geöffnet. Wer steht davor und raucht? Der Strammwadenpilger. Wir grüßen uns, ich gehe rein und freue mich sehr über einen café con leche und ein Stück Tortilla. Was mir leidtut, ist, dass ich so nass bin und meine Schuhe so schmutzig sind, aber ändern lässt sich das ja nun nicht. Leider lässt sich auch der Regen nicht ändern, in den ich wieder hinaus muss.

Weiter gehe ich, zwinge mich stur zu einem Schritt nach dem anderen. Ich denke, eigentlich ist das auch nicht in Ordnung, dass mein armer Körper zu dieser tagelangen, ungewohnten, immer und immer nochmal wiederholten Anstrengung gezwungen wird, nur weil ich das will. Und er macht eigentlich widerspruchslos mit – dass die Füße und Hüften wehtun, sind Zeichen, die ich aber einfach überhöre, gnadenlos zwinge ich ihn weiter. Ich beginne allen Ernstes, mich bei meinen Füßen, Knöcheln, Waden, Knien, Oberschenkeln, Hüften in aller Form zu bedanken und ihnen für ihre Loyalität höchste Anerkennung auszusprechen. Ich verspreche ihnen, dass sie heute noch auf jeden Fall Ruhe bekommen würden, so richtig schöne, lange, ausgiebige Ruhe. Das ist jedenfalls mein Plan, hoffentlich entpuppt er sich nicht als Wahnvorstellung.

Dieses erwachte Bewusstsein für meinen Körper als Partner – nur zusammen würden wir diesen Weg schaffen können – führt dazu, dass ich schon im ersten Ortsteil von Güemes in der dortigen Bar abermals einkehre. Ab jetzt soll es mein Körper besser bei mir haben. Diese Bar ist sehr schick und neu, mit Glasveranda und hellen Tischen, Wänden und blinkendem Fußboden, auf dem ich leider schon wieder Nässe verteile.

Wie schön, dass sich während meines Aufenthalts der Regen verzieht!

Etwas abseits von Güemes liegt die Albergue, von der gestern alle schwärmten, „eine der stimmungsvollsten am Nordweg", laut Cordula Rabe. Ich kann nur sagen, dass ich außerhalb von San Miguel de Maruelo an einer neuen, kleinen, schlichten aber sehr gemütlichen Albergue vorbeikomme, sie liegt in einem freundlichen, weitgestreckten Tal und bietet von ihrer Außenterrasse einen vermutlich wirklich schönen Rundumblick – wenn es nicht regnet. Den angepriesenen Albergue-Knaller lasse ich bewusst aus, dort würde es ganz sicher voll sein, außerdem gefällt mir nicht, dass der Weg, um auch jeden dorthin zu verführen, extra eine beulenförmige Kurve macht. Also gehe ich direkt nach Güemes hinein, finde mich aber nicht so richtig zurecht, ist vielleicht irgendwas mit den Himmelsrichtungen im Handy passiert? Ich bekomme die Deckung mit der Karte nicht hin.

Unsicher und mit sinkender Laune gehe ich einfach irgendwo weiter, bis ich in einem Vorgarten eine alte schwarz gekleidete Frau mit Blumentöpfen hantieren sehe, die frage ich. Ich muss laut rufen, sie ist schon sehr alt. Dann kommt sie an den Gartenzaun, ich wiederhole meine Frage, sie setzt zur Antwort an, die personifizierte liebenswürdige Hilfsbereitschaft. Da sie kaum noch Zähne hat, fällt es mir sehr schwer, sie zu verstehen, sie wiederholt ihre Beschreibung aber ungefähr 15 Mal, lächelnd, zeigend, mich am Ärmel fassend, das ist so rührend, fast hätte ich geweint. Mich rettet der Zwang, aller-, allergenauestens hinzuhören, denn ihr Spanisch ist kaum zu verstehen, und ich traue meinem noch immer nicht so richtig. Verstehen tue ich „carretera“ und camping und „casa buena“ und „izquierda“[5] – irgendwann verabschiede ich mich so nett ich nur kann von ihr, wir lächeln und winken uns noch einmal zu, sie wünscht mir buen camino, ich ihr un buen fin de semana[6].

Es stellt sich heraus, dass ihre Beschreibung absolut akkurat gewesen ist, ich finde den Weg Richtung Galizano.

Er führt bald eine lange asphaltierte Straße entlang, das ist unangenehm zu gehen, aber ungefährlich, denn es fahren kaum Autos an mir vorbei. In der Ferne, am Horizont kann man dann Santander ahnen, das beflügelt natürlich. Sonst ist die Landschaft geradezu deutsch, unter dem grauen Himmel wechseln sich Felder und kleine Weiler ab. Im Hof eines der Häuser, an denen ich vorbeiziehe, liegen einige Hundehaufen – ich hatte ja schon den Eindruck gehabt, dass der Spanier nicht so gerne im Regen draußen ist und auch schon die üblichen Hundehalter vermisst. Das also ist des Rätsels Lösung…

Allmählich werden meine Schmerzen schlimmer, es fühlt sich an, als sei mein rechter Fuß sowohl zerquetscht worden als auch gebrochen, wenn nicht bald eine Schlafmöglichkeit käme, dann hätte ich meine Füße und Beine angelogen und würde vielleicht zusammenbrechen.

---

5 Landstraße, schönes Haus, links.

6 Ein schönes Wochenende.

Endlich, Galizano beginnt! Bemannte Motorräder heulen an mir vorbei, oben an einer Ampel stehen etliche Polizisten, nicht, dass hier womöglich ein nationaler Event stattfindet und es deswegen keine Betten mehr gibt! Wieder ohrenbetäubend vorbeistiebende Motorradgruppen, eine üble Vorahnung lässt mich geradezu straucheln. Rechts führt eine kleine Straße ins Ruhige, in die biege ich ab. Und: Dort oben, jenseits der Kirche, liegt ein Hotel, La Vijanera.

Wenige Minuten später sitze ich in einem großen Zimmer auf einem riesigen weichen Bett, nebenan eine Badewanne und Dusche nur für mich ganz allein, um mich herum nichts als Sauberkeit, Stille, Ruhe, Frieden. Ich bin so froh! Und dann das Bewusstsein, dass heute Nacht kein Schnarchen zu hören sein wird und dass ich nicht früh aufzustehen brauche!

Nach einer heißen Dusche gleite ich auf dem Bett in einen Spätmittagsschlaf.

Gegen 18h00 wache ich wieder auf und beschließe, den Ort anzusehen. Da es kühl ist, ziehe ich den mitgebrachten Anorak an, dazu aber wieder die Flipflops, meine Füße brauchen dringend Schuh-Abwechslung.

Als erstes gehe ich zur Kirche, in der Mitte des Torbogens sitzt eine Madonna mit dem kleinen Jesus auf dem Schoß. Wie so oft bei ganz alten dieser Darstellungen sehen sich die Mutter und der Sohn sehr ähnlich, sowohl, was die Gesichtszüge, das Gewand als auch die Haltung angeht. Diese Maria trägt keine Krone, sondern eher einen Reif um den Kopf, mit der linken Hand hält sie ihr Kind fest, in der rechten die Weltkugel. Ihr Gesichtsausdruck ist sehr berührend, denn ihre Augen sind geschlossen, ihr sehr dunkler Mund mit herabgezogenen Mundwinkeln steht ein klein wenig offen, als könne sie ihren Schmerz nicht mehr in sich halten, als dringe er aus ihr heraus. Welcher Schmerz? Der der Mutter, die weiß, dass ihr Kind früh sterben, getötet werden wird. Mich erinnert sie unwillkürlich an

Michelangelos Pietá: Auch im Gesicht seiner Maria, die den Körper ihres mittlerweile zu Tode gemarterten Sohnes auf dem Schoß hält, drückt sich Schmerz aus, nur noch ein viel, viel tieferer: Während die Maria in Galizano den Schmerz erst nur ahnt, ist die Maria in Rom von ihm überwältigt und fast zu einer Anklage geworden – so meine Überlegung. Die aber vermutlich niemanden außer mir interessiert.

Ich umrunde die Kirche, dann lande ich in der einzigen offenen Bar, sie ist nur ungefähr 7,5 Quadratmeter groß, dafür läuft in ihr auf zwei Riesenbildschirmen Fußball. Drinnen sitzen zwei alte Männer, der eine sieht aus wie Hermann Bahr oder Joseph Roth, der andere wie eine Mischung aus Thomas Mann und George Clooney. Laut singen sie ganz vergnügt etwas, vielleicht die Haushymne?

Der Fußball, der läuft, ist definitiv eine untere Liga, eher Lokalderby, aber die Spieler laufen auf wie zum Stierkampf, die Trainer auch: geballte Hände in den Hosentaschen, geduckter Kopf, finsterster Blick, gefurchte Stirn. Offensichtlich geht es um Leben und Tod. Ich schaue zu. Was die beiden Alten und der Barkeeper wohl denken? Da kommt plötzlich eine ältere Frau in Anorak und Flipflops in die Bar, bestellt einen Rotwein und guckt das Lokalderby?

Zurück im Hotel esse ich etwas, dazu läuft natürlich auch der Fernseher, aber kein Sport. Diese Sendung heißt „vive tu vida“[7]: ein alternder Flamenco-Sänger darf nochmal alles sagen, was er auf dem Herzen hat. Dazu natürlich 1234 Einblendungen und Weggefährten, die das Wort ergreifen. Tja, wenn ich etwas vom Flamencosingen und mehr Spanisch verstünde.

Später im Bett schalte ich natürlich den Fernseher auch noch mal an, schließlich möchte ich mein Spanisch verbessern!

---

7 Lebe dein Leben.

Ungelogen, auf mindestens sieben Kanälen sitzt ein Mann oder eine Frau vor einem Tisch mit einem Kartenstapel und schaut professionell in spirituelle Tiefen. Dann ruft jemand an (es sind immer Frauenstimmen) und die Weissagerin oder der Weissager erwacht zu verständnisvollem Mitgefühl, deckt irgendwelche Karten auf und liest aus diesen das jeweils angebrachte Rettungsrezept. Das kann irgendwie nicht sein, oder? Wer bitte guckt sich das an – und welche Kriterien gibt es, sich jeweils für einen dieser Kanäle zu entscheiden?? Ob schon mal eine Frau bei allen angerufen und die Prophezeiungen verglichen hat? Oder so lange unterschiedliche Nummern gewählt hat, bis die Weissagung genauso ausfiel, wie sie es sich erhoffte?

Meine erste Pilgerwoche ist vergangen. Unterschätzt hatte ich die Schmerzen, aber auch die Kraft, die die Landschaft gibt, die das Bewusstsein gibt, nicht allein zu sein. Die Erfahrung, immer von irgendwoher Hilfe zu bekommen, wenn sie nötig ist. Meine anfängliche Unsicherheit ist dabei, einem Gottvertrauen zu weichen. Mir geht es gut, alles ist gerade gut. Voller Dankbarkeit schlafe ich ein.

VIII. Sonntag, 1.10.2017: Galizano – Santillana del Mar

Von alleine wache ich spät auf und fühle mich so richtig erholt.

Unten im Restaurant stellt sich heraus, dass das Frühstück im Preis nicht inbegriffen ist. Hm. Ich bestelle also nur einen café con leche und setze mich mit der Tasse an einen der großen leeren Tische. Etwas essen werde ich dann erst, nachdem ich eine Strecke bewältigt habe, überlege ich, sehe das sozusagen als die Karotte, die mich als Esel antreiben wird. Da stellt der Verantwortliche hinter der Theke mir plötzlich einen Teller mit einem großen Stück gelben Kuchens hin, lächelt mich an und tätschelt mir im Weggehen leicht die Schulter. Überhaupt nicht mehr gewohnt, dass jemand mir etwas Gutes tut, kämpfe ich mit Tränen.

Unter grauem Himmel und in kühler Luft gehe ich los. Der Weg führt die Küste entlang, ein wilder, schroffer und steiler Abschnitt, in diesem Wetter auch ungemütlich und abweisend. Zwar gibt es immer wieder sandige Buchten, aber dort hinunter zu gelangen erfordert Geschicklichkeit und Trittsicherheit. Das hindert allerdings die Insassen einiger Campingbusse und Bullies nicht, sie haben ihr Lager hier oben aufgeschlagen. Es sind alles Surfer, die sich natürlich von so einer Kleinigkeit wie steile Unwegsamkeit nicht am Ausüben ihrer Leidenschaft hindern lassen: Etliche treiben dort unten, wie schwarze Vierbeinspinnen an Surfbretter geklebt, auf den Wellenkämmen auf und ab.

Mich erinnert diese felsige, karge Küste an Schottland, dazu passt auch der wie gesagt graue Himmel – Spanien hatte ich mir anders vorgestellt. Im Laufe meines Weges stellt sich heraus, dass es auch hier oben gefährlich wird: Egal, von wo ich ein Foto machen möchte, jedes Mal drängen sich Scharen von Ausflüglern und auch geführten Pilgergruppen an diesen Stellen unvorsichtig nahe an den Abgrund – wir wollen eben alle das Gleiche. Wäre ich früher aufgestanden…

Santander und seine Ausläufer rücken immer näher, welch ein Glück für die Bewohner, dass ihre Stadt so nah am Meer liegt und es dort viele Buchten gibt. Mein Blick schweift auch über lange, einladende Strände.

Allmählich senkt sich dann der Weg, sogar bis ganz an einen dieser Strände hinunter! Hier formieren sich die heute zahlreicheren Pilger zu einem Gänsemarsch, einer nach dem anderen stapft durch den nassen Sand, erklimmt eine Düne, klettert sie hinunter, stapft wieder durch den Sand, erklimmt wieder eine Düne, klettert sie wieder hinunter, erklimmt die nächst Düne…

Neben uns spielt sich tapferes Strandleben ab, schließlich ist Sonntag und die spanischen Familien lassen sich diese Möglichkeit, ihn gemeinsam am Meer zu verbringen, vom ungemütlichen Wetter nicht nehmen.

Vor mir her geht ein spanischer Pilger, der trotz des mühsamen Sandweges andauernd am Handy telefoniert, ich bewundere ihn, denn bei dieser Anstrengung hätte ich die Luft dazu gar nicht. Irgendwann sind ihm offensichtlich die Gesprächspartner ausgegangen, also spricht er mich an. Es ist Jordí – aha, ein Katalane – und er bringt die Rede gleich auf die heute geplante Unabhängigkeitswahl in Katalonien. Was ich dächte. Hm, ich kann mir immer noch nicht vorstellen, dass diese wirklich durchgezogen werden würde. Würde jetzt ein langer Vortrag über Katalonien und sein uraltes Recht auf Unabhängigkeit kommen? Schon befürchte ich, langatmig belehrt zu werden – und das bei meinem schütteren Spanisch.

Was sagt Jordí kurz und knapp?

Dass es doch im Jahre 2017 wohl ein Witz sei, eine neue Grenze etablieren zu wollen, man solle doch froh sein über jede, die fällt!

Abgesehen von den innigen Demonstrationen der Katalanen für ihre Unabhängigkeit hat es in ganz Spanien auch Demonstrationen gegeben für ein vereintes Spanien, auch in Katalonien waren Tausende gegen das Unabhängigkeitsbestreben auf die Straße gegangen.

Zu dem Zeitpunkt ahne ich nichts von der Dimension, die das Geschehen um diese Wahl noch annehmen würde, aber das ist so ein Moment im Leben, an den man sich dann immer erinnern wird, so, wie man ja z.B. auch nicht vergisst, wo man Nine Eleven war.

Dieser Weg durch den feuchten, schweren Sand zieht und zieht sich, mit dem Rucksack auf dem Rücken richtig unangenehm! Mittlerweile sind wir drei Pilger, die sich zum Glück durch die gemeinsame Anstrengung gegenseitig motivieren. Endlich, nachdem wir schon befürchtet hatten, eine Abzweigung übersehen zu haben, kommen wir doch an, am Ableger der Fähre, die uns nach downtown Santander bringen wird.

Na, und da auf der Mole sitzt Andrew, der Australier, und dort treffe ich auch Jürgen wieder, auch Olaf und Andrea sind nicht weit.

Die Pilger aus Helgueras hatten alle in der berühmten Albergue in Güemes übernachtet und schwärmen von der Geselligkeit dort, auch hatte der Hospitalero ihnen einen gewinnbringenden Vortrag gehalten, leider weiß ich nicht mehr, worüber, aber er war es offensichtlich wert. Auf der Fähre sitze ich neben Jürgen, der, was Santander betrifft, ein alter Hase ist, denn er ist ja vor einigen Tagen bereits dort gewesen. Wir nähern uns dem eng großstädtisch bebauten Ufer, und mir wird erklärt, dass die Gebäude und die Gestaltung der Promenaden etc. mit Deutschland gar nicht zu vergleichen seien, die Elbphilharmonie wäre nichts dagegen! Das könnten die Deutschen einfach nicht, diese Klasse! Auch wisse er eine gute Bar, da wolle er gleich hin. Als ich ihn frage, wo denn der Busbahnhof sei, weiß er das auch und sagt, der sei nicht weit weg von dieser Bar – also beschließe ich, die mit ihm aufzusuchen, Hunger und Durst habe ich.

Angekommen rast er los, da er viel größer ist als ich, komme ich, angestrengt neben ihm her hoppelnd, richtig ins Schwitzen. Die Bar, die er weiß, ist wirklich klasse, ein echter Geheimtipp, aber offensichtlich nicht für Einheimische. Sie ist groß, laut und ungemütlich, wie sich das für eine echte spanische Bar auch gehört, und sie ist gepfropft voll mit Spaniern jeden Alters. Ich liebe das. Während ich noch an der Bar stehe, um ein bocadillo[8] und ein Glas Wein zu bestellen, hat Jürgen es sich schon am Tisch gemütlich gemacht – mit Wein. Wie er das so schnell geschafft hat, ist mir ein Rätsel. Später, nachdem er mir den nahegelegenen Busbahnhof gezeigt hat, verabschieden wir uns ganz freundschaftlich, er will sich einen schö-

8 Belegtes Brötchen, eher aber ein großzügiger Abschnitt einer Baguette.

nen Tag in Santander machen, ich einen Bus nehmen. Warum? Auf Großstadt habe ich keine Lust, das Wetter ist ungemütlich, ich bin heute schon etliche Kilometer gepilgert und will vor allem jeder Art von Getümmel entfliehen.

Da der Bus erst in zwei Stunden abfahren wird, mühe ich mich die Straße hoch in Richtung Albergue, dort möchte ich gern einen Stempel ergattern. Ob man es glaubt oder nicht, ich irre immer wieder und wieder durch dieselben Straßen, finde aber die Albergue nicht! Ein Engländer, dem es genauso geht, und ich tun uns schließlich zusammen, und endlich stehen wir doch vor ihr. Man identifiziert sie kaum als Albergue, und in dem schmalen, alten, hohen Haus muss man etliche Treppen hochsteigen, um zu ihr zu gelangen.

An dem Rezeptionstisch lasse ich dem Engländer den Vortritt, denn er will hier übernachten. Nachdem die Formalitäten erledigt sind, geht die Hospitalera mit ihm nach hinten, um ihm die Schlafräume zu zeigen. Zu mir Wartender gesellt sich eine Angestellte, sie beginnt ebenfalls zu warten. Die Hospitalera kehrt zurück, sieht diese Angestellte und es entspinnt sich erstmal ein ausgiebiges Gespräch. Ich sitze währenddessen da mit meinem aufgeschlagenen Pilgerpass. Sitze und sitze. Groll steigt in mir hoch. Ich versuche, mich zu beruhigen mit der Überlegung, „das ist eben die spanische entspannte Art, hör auf mit deiner ewigen deutschen Ungeduld, du hast doch Zeit und vielleicht ist das Gespräch wichtig." Das nützt wenig, leider, mein Zähneknirschen wird bald nicht mehr zu überhören sein! Irgendwann stehe ich dann wieder draußen. Mit diesem Stempel. Gut, dass ich so viel Zeit habe, bis der Bus fährt!

Im unterirdischen, dunklen Busbahnhof treffe ich die beiden jungen Leute wieder, die mit mir im selben Zimmer wie Jürgen übernachtet hatten, ihre Ferien sind zu Ende und sie auf dem Weg zurück nach Deutschland. Mir wird klar, dass ja lange nicht alle Pilger den gesamten Weg sozusagen in einem Stück gehen können oder wollen. Andrea aus Berlin war auch kurz vor ihrer Rückreise, ihr Medizin-Examen wartete. Also kann man auch „nur mal so" pilgern, immerhin ist es eine günstige und ungewöhnliche, sicherlich auch auf eine besondere Weise gewinnbringende Art, durch Spanien zu reisen.

Ich hatte schon beobachtet, wie anspruchslos und gleichzeitig bester Laune die jungen Leute auf dem Camino sind. Das bewundere ich, es gibt mir auch neue Zuversicht in die Zukunft unserer Welt, vielleicht ist diese Spirale aus immer noch höherem Gehalt, noch mehr Besitz, noch mehr Bequemlichkeit, noch mehr Status durchbrochen und das Interesse daran hat in der neuen Generation schon wieder abgenommen? Wenn ich an meine Kinder und ihre Freunde denke, scheint mir meine Theorie ganz plausibel.

Eines allerdings muss ich sagen: Zugenommen hat der sportliche Ehrgeiz. Ich hatte schon überlegt, was wohl passieren würde, wenn ein Führer über den Camino del Norte veröffentlicht würde, der z.B. angibt, die Strecke (ungefähr 820 km) wäre gut in sagen wir 20 Tagen zu schaffen. Ich wette einen hohen Betrag, es gäbe einige, die sich provozieren ließen, diesen „Rekord" brechen zu wollen…

Der Bus nach Santillana del Mar kommt.

Unter trübem Himmel verläuft die Fahrt durch ungemütliche Landschaft, triste, seelenlos wirkende Orte, vor deren Bars direkt an der Durchfahrtstraße höchstens ein einzelner Gast sitzt. In kahlen Hinterhöfen stehen Wäscheständer, liegen vergessene Bälle, angekettete Hunde. Zwischen Wohnblocks mit verrammelten Fenstern sieht man eingefriedete, verlassene Spielplätze ohne jedes Grün und ohne ein einziges Kind.

Eine graue Landschaft entwickelt sich, karge Brachen, aus denen nur die zahllosen, sperrigen, plump-staksigen Pampasgrasbüschel herausragen, die wohl eigentlich gar nicht nach Kantabrien gehören. Dazwischen Möbelfabriken zweifelhafter Auftragslage, gebrauchte-Reifen-Handel, verfallende Autosalons, Müllberge, Ruinen, kärglichste Zivilisation – ich bin kurz davor, alles in Frage zu stellen: Wenn das die Alternative ist, in einem Schnellbus durch solche Öde zu fahren, was soll dann dieser Camino, der scheinheilig durch eine Natur führt, die anscheinend nur noch Augenwischerei ist? Heuchelt der Pilgerweg eine Welt vor, die es schon lange nicht mehr gibt? Was mache ich hier eigentlich, was bilde ich mir ein zu schaffen? Ist meine Reise lachhaft, naiv, sentimental, völlig jenseits der Realität??

Es beginnt wieder zu regnen.

In Santillana del Mar steige ich aus und lande gleich in kleinen Sträßchen, durch die man vor lauter Souvenirständen kaum hindurchkommt. Im Führer hatte es schon geheißen, Santillanas „mittelalterliches Gepräge lockt Touristen in Scharen an". Was mich in solchen Orten immer wieder wundert, ist die Einförmigkeit der angebotenen Artikel – aus der jeweiligen Kollektion ist kaum zu erkennen, wo man ist – außer auf den Postkarten natürlich. In der Touristeninformation erfahre ich den Weg zur nächsten Albergue, ich soll nur gleich die Straße nach Osten gehen.

Sie führt mich vor ein ehemaliges Nonnenkloster, in dem ich an der Rezeption von zwei jungen Leuten sehr freundlich begrüßt werde. Als erstes schenken sie mir aus einem Krug Wasser, in dem Zitronenschnitze schwimmen, ein großes Glas ein. Die Nacht kostet 12 Euro, und es stellt sich heraus, dass es sich hier um ein noch im Werden befindliches Projekt handelt: Eine Gruppe junger Leute hat dieses Kloster im Mai übernommen und nicht nur zu einer Albergue gemacht, es gibt hier auch schon einen kleinen Laden mit regionalen Bioprodukten – die auch in einem angrenzenden Café auf der Speisekarte stehen – und ihren Schlafgästen bieten sie regionale Küche an. Außerdem überlegen sie, wie sie kulturelle Veranstaltungen integrieren können. Der nette Carlos führt mich auf Socken auf schönstem alten Holzfußboden herum und erzählt mir das alles. Schlafen werde ich in einer ehemaligen Klosterzelle, klein, aber sehr anheimelnd, ein Stockbett befindet sich darin und ein Waschbecken,

Waschräume liegen auf demselben Gang gegenüber. Der Blick aus dem Fenster geht in den ehemaligen Klostergarten mit Hängematten und Sitzecken.

Plötzlich bin ich wieder froh, nichts steht in Frage, mein Weg ist beschützt, alles hat sehr wohl seinen Sinn. Man sieht oder erkennt ihn einfach nicht immer, und nicht immer sofort.

Im großen Aufenthaltsraum mit einer Fensterfront zum Garten stehen ein Regal mit CDs und eine Musikanlage, kunsthistorische Bücher und Bildbände über die Altamira-Höhle[9] und ihre Entdeckung liegen auf niedrigen Tischen, und auf einem alten Ledersessel schlafen ineinander verschlungen zwei kleine Katzen.

Nachdem ich mich etabliert habe, erkunde ich das Örtchen. Wenn es nicht so touristisch ausgebeutet wäre, wäre seine besondere Atmosphäre viel eindringlicher: Jahrhunderte alte, meist enge, steinerne Straßen, gesäumt von ebenso alten, dunklen, herrschaftlichen Stein-

9 In der Nähe Santillanas gefundene Höhlen voller Steinzeitmalerei.

häusern. Der erste Stock dieser Häuser ist teilweise auf Arkaden gebaut, das leuchtet mir ein, denn in deren Schatten kann man der Hitze entkommen. Auch die typischen Veranden aus dunklem Holz sind hier schon zu sehen, und immer wieder öffnen sich die Gassen zu größeren Plätzen, deren steinerne Strenge etwas Ewiges ausstrahlt. Ich besichtige die Kirche der heiligen Juliana und den Kreuzgang. Ein Kapitell ist von steinernen Ornamenten verziert, die etwas aussehen wie verschlungene Seile. Was mich berührt, ist, dass der Steinmetz sich verschätzt hat, eine Stelle sieht aus wie ein Strickfehler. Aber was für eine Kunst! Wie hat er das wohl geschafft? Ob er sich aus richtigen Seilen erst das Muster hingelegt hat?

Auf der Plaza Mayor lockt ein Café mit einem Plakat für Sidra[10] und eine andere lokale Spezialität, das interessiert mich und ich setze mich draußen an einen Tisch. Der Kellner gibt mir mit einem Blick zu verstehen, dass er mich wahrgenommen hat und kommt und geht immer wieder und wieder an meinem Tisch vorbei. Bedient, kassiert, säubert Tische, rechnet ab – bedient werde ich nicht. Ich warte. Wiederholte Male kommt er an meinem Tisch vorbei, nichts passiert. Als gäbe es mich nicht.

Schließlich stehe ich auf und gehe. Stinksauer sehe ich mich noch einmal um, der Kellner blickt mir mit ausdruckslosem Gesicht nach. Ich bin so richtig wütend. Ehrlich gesagt, auch gekränkt.

Als ich die Albergue erreiche, setzen sich die Pilger gerade an zwei große Tische, denn hier wird ein Pilgermenü angeboten. Glücklicherweise gibt es noch einen Platz für mich, und so lande ich an einem Tisch mit einem französischen Paar, der Neuseeländerin Lizbeth und dem Franzosen Jean.

Das französische Paar hat sich erst einmal nur eine Woche auf den Camino gewagt und wird morgen nach Hause zurückkehren. Und

10 Cider, Cidre, Apfelwein.

Lizbeth? Sie trägt einen Gips um den linken Arm! Wie sich herausstellt, war sie heute Morgen kurz hinter Galizano auf der regennassen belaubten Straße ausgerutscht und weil sie die Schlaufen ihrer Wanderstöcke um die Handgelenke geschlungen hatte, wurde sie diese nicht los – und gebrochen war der Arm!! Aber, kaum hatte sie hilflos dagelegen, hatte ein vorbeifahrendes Auto mit zwei Spaniern gehalten, die sie sofort ins Krankenhaus nach Santander fuhren. Da es noch so früh gewesen war, war dort nichts los gewesen, und sie war gleich behandelt worden. Sie lacht. Ich bin sprachlos – sowohl wegen ihres beeindruckenden Gleichmuts als auch wegen des Sturzes an sich, als auch wegen der Hilfe, die ihr sofort geschickt worden war, so sehe ich das.

Lizbeth ist einfach großartig. Sie ist mit ihrem Sohn Josh (24) unterwegs, der sitzt am Nebentisch und ist schon in bestgelaunte Unterhaltung mit anderen jungen Pilgern abgetaucht. Lizbeth braucht keine Hilfe, auch beim Essen mit Messer und Gabel nicht. Also, dafür, dass sie den Gips noch nicht einmal einen Tag trägt, ist sie unglaublich gelassen, macht überhaupt kein Aufhebens, hantiert geschickt und geduldig. In heiterster Laune nimmt sie an unseren Gesprächen teil, und sie lacht so ansteckend!

Worüber lachen wir? Über alles Mögliche, auch über Jean im sportlichen Neonoutfit zu meiner Rechten. Er ist älter, dürr, mit einer de Gaulle-Nase und sitzt in einer seltsamen Haltung am Tisch: Sein Rücken ist wie ein Haken nach vorn gebeugt, und seine Hände liegen mit nach innen gekrümmten Fingern neben dem Teller. Darüber lachen wir natürlich nicht, aber wie sich herausstellt, ist Jean von nicht zu bremsendem Mitteilungsdrang erfüllt und unterhält uns mit detailliertester Aufzählung all der Fahrradtouren, die er in seinem Leben schon vollbracht hat – jede mögliche Strecke hin und her über die Alpen, hin und her über die Pyrenäen, kreuz und quer durch Spanien – er weiß noch jede Distanz, alle bewältigten Höhenmeter, je länger/höher, desto besser. Natürlich ist er auch hierher auf dem Rad gelangt, er ist heute schon ca 234 Kilometer gefahren.

Oder so. Auch das ist noch nicht zum Lachen, aber als er dann sein Handy herausholt und uns Fotos von Pilzen zeigt, die er am Wegesrand gefunden hat – mit diesem Foto hüpft er dann wie ein Käfer auf Sprungfedern an den Nebentisch, die jungen Pilger dort sollen es auch genießen – , und als er dann wieder an unserem Tisch das nächste Foto zückt, auf dem ein Omelett zu sehen ist, das er mit diesen Pilzen zubereitet hatte – und dann mit diesem Foto begeistert wieder an den Nebentisch hüpft, das finden wir komisch, zumal er dort keinerlei Rücksicht nimmt auf das laufende Gespräch, sondern sich sofort zwischen zwei Essende drängt und mit seinem Handy in deren Tellern herumfuchtelt. Ausführlich und mit jeweils genauester Kilometerzahl geht es dann wieder an seine Radrekorde, er ist mindestens schon 400 000 km gefahren in seinem Leben, und er werde nie aufhören, er sei eben ein Sportsmann! Stolz blickt er uns alle an, und wir blicken alle sprachlos vor Bewunderung zurück. Wieder holt er sein Handy heraus, ich schiele drauf: Als Hintergrund lächelt ein junges blondes Mädchen im Bikini in Modelpose von einer Düne herab. Ich natürlich gleich: „Jean, qui est-ce??"[11] Er macht sofort das Handy aus. „Une copine de feeßbuuk"[12], antwortet der Schwerenöter, und darüber müssen wir wieder lachen. Jean schmunzelt vergnügt.

Die netten jungen Leute, die die Albergue leiten, bringen uns dann noch geröstete Kastanien an den Tisch – die lässt sich Lizbeth aber doch von uns schälen – und nun weiß ich, warum ich vorhin auf der Plaza Mayor nicht bedient wurde: Dann hätte ich diesen heiteren und lustigen Abend verpasst!

Auf dem Weg in unsere Betten umarmen Lizbeth und ich uns, als wir uns „gute Nacht" wünschen, das passiert einfach so, vielleicht, weil sie der Abend auch Einiges hat vergessen lassen, weil auch sie froh ist, trotz allem gelacht zu haben? Ich hatte schon seit einiger

11 Wer ist das?

12 Eine facebook-Bekanntschaft.

Zeit gemerkt, dass sich mein Humor wieder erholte, und mich schon sehr darüber gefreut, dass es ihm bei mir wieder besser ging. Humor: vielleicht der wichtigste Pilgerkamerad von allen.

Übrigens, Jeans Handhaltung ist vielleicht nicht so ganz genau gewesen wie beschrieben, aber sein Rücken war wirklich geformt wie über ein Rennrad gebeugt, ehrlich! Ja wohl auch kein Wunder.

IX. Montag, 2.10.: Santillana del Mar – Comillas

Nach dem Frühstück, das diese Albergue ebenfalls anbietet, gehe ich wieder los, wieder unter grauem Himmel. Meine Mitpilger vom letzten Abend treffe ich nicht, vielleicht bin ich ja wieder zu spät aufgestanden, schade.

Im Ort sehe ich im Vorbeigehen den badelustigen Tschechen, er hat offensichtlich Anschluss gefunden und ist nicht mehr allein unterwegs. An einer anderen Albergue – in Santillana del Mar gibt es drei – werde ich aus dem Augenwinkel Zeuge, wie Pilger mit einem jungen Paar mit Hund sprechen, das inmitten seiner Habseligkeiten an eine Mauer gelehnt auf der Straße sitzt. Ich denke flüchtig darüber nach, worüber wohl gesprochen wird, wollen die Pilger das junge Paar auch zum Pilgern bewegen? Sind es Obdachlose? Haben sie die Pilger angeschnorrt? Das letzte kann ich mir am wenigsten vorstellen. Das Gespräch macht jedenfalls den Anschein, als kenne man sich.

Es beginnt zu nieseln, das heißt, wieder senken sich trübe Schleier auf alles ringsherum, es ist kaum möglich, einen deutlichen Eindruck von der Landschaft zu bekommen, durch die der Weg führt. Wenige kleine Dörfer, viel Wald, wenig Verkehr, viele Felder, einige Bauernhöfe. Eine Tankstelle. Einige isoliert gelegene Ferienhäuser, schick und umbaut von Terrassen, in dem stärker werdenden Regen wirken sie eher wie unbewohnte Musterhäuser. Irgendwann tut sich doch ein Blick auf in ein langgezogenes, sich sanft neigendes Tal, bei Sonnenschein wäre es sicherlich sehr lieblich und fotogen.

Die Strecke verläuft an den eingezäunten Weiden weniger kleiner Herden vorbei. Es fällt auf, dass hier meist nur fünf bis sieben Kühe zueinander gehören, es sind wunderschöne Tiere mit langen, anmutig auseinanderschwingenden Hörnern, samtigem hellbraunem Fell und großen dunklen Augen. Ein Pferd ist an einem Bein angekettet: wieso? Ein Zaun hält es doch vom Fliehen ab.

Ich erreiche Cigüenza, das, da es in einer Senke liegt, heute durchströmt wird von eiligen, rot-schlammigen Regensturzbächen, außer Traktorfahrern ist niemand unterwegs. Kein Wunder, denn diese Bäche sind gar nicht so einfach zu durchwaten. In diesem Dorf mischen sich dürftige Häuser mit überdimensionalen, fast protzigen Anwesen, Minilandschlösser, die an die riesigen Herrenhäuser in „Vom Winde verweht“ erinnern und alle unbewohnt zu sein scheinen. Nach einer Linkskurve tauchen plötzlich hinter einer dichten Hecke zwei hohe, eckige, wuchtige Türme auf: Mal wieder denke ich, ich habe eine Halluzination, es wirkt, als würde ein Elefant zwischen Hühnern liegen. Beim Näherkommen entpuppt sich diese Mischung aus Nôtre Dame und Ritterburg als Kirche. Diese Kirche und die stattlichen Kleinpaläste sind gebaut worden vom Geld nach Südamerika ausgewanderter Einheimischer, die später reich zurückkehrten oder zumindest große Summen in die Heimat schickten. Und jetzt schlafen sie hier leer vor sich hin. Und die Kirche ist natürlich verschlossen.

Am Ende dieses Dorfes steigt der Weg rechts hoch, an Häuserruinen vorbei, die so vermüllt und verwahrlost sind, dass ich sekündlich damit rechne, von ausschwärmenden Rattenscharen überfallen zu werden. Diese Besitzer hatten offensichtlich keine wohlhabend zurückgekehrten Vorfahren. Wie die Emigranten wohl so reich geworden sind? Ich kann mir gar nicht vorstellen, wie das mit rechten Dingen zugegangen sein soll, und muss an Columbus und seine grauenvollen Methoden denken.

Der Weg führt weiter durch winzige Dörfer und Felder, es regnet und regnet. In Cóbreces, so hoffe ich, wird es Bars und Alberguen geben. So ist es auch, gleich am Ortseingang liegt sie schon, die erste Albergue! Freudig eile ich an die Tür: aus familiären Gründen geschlossen. Nur etwas enttäuscht kehre ich wieder auf die Straße zurück, denn laut Pilgerhandbuch soll es noch eine geben. Es entwickelt sich dann allerdings der Eindruck, das ganze Städtchen sei geschlossen, niemand ist unterwegs, keine Geschäfte gibt es, kein gar nichts.

An einer riesigen Kirche komme ich vorbei, deren schöner rosa Putz leider schon abblättert, dahinter erspähe ich so etwas wie eine öffentliche Unterkunft! Ja, da ist „so etwas“, ich biege in die Zufahrt ab, dort wird mir aber beschieden, dass es sich um eine Art Schullandheim handelt, Pilgern steht es nicht zur Verfügung.

Hinunter führt die Straße, ich vermute hoffnungsvoll, jetzt würde ich gleich auf dem zentralen Platz landen, wo das Cóbrecer Leben sich abspielt.

Erstmal passiere ich die nächste Albergue, sie liegt direkt am Weg. Tja, auch diese ist geschlossen. Es gibt auch keinen zentralen Platz, keine Geschäfte, keine Bars – ein Restaurant, das hat aber ebenfalls geschlossen. Kein Leben spielt sich in Cóbreces ab, gar keins. Müde und niedergeschlagen trotte ich weiter, aber habe dann doch noch Glück: Da vorne rechts duckt sich ein winziger Laden zwischen dunkle Häuser, vor ihm steht ein Plastikstuhl. Und drinnen – da sieht es aus, als liege dieses Unternehmen in den letzten Zügen seiner Geschäftsaufgabe: die Regale fast alle fast leer, kaum Beleuchtung – aber auf dem Tresen lauter Zeitungen! Seltsam, ernährt sich der Cóbrecer Einwohner hauptsächlich geistig? Ich finde im Rest des Warenangebots eine Tüte salzige Nussmischung und eine Saftflasche, damit setze ich mich draußen auf den Stuhl, nasser kann ich eh nicht werden. Diese Pause ist wirklich nötig, Füße und natürlich Hüften schmerzen entsetzlich. Während ich in diesem einsamen stetigen Regen sitze, kommt sogar noch ein Pilger vorbei, wir grüßen uns freundlich.

Da sich weder die Landschaft noch das Wetter ändert, beschließe ich nach weiteren Kilometern, eine Abkürzung zu nehmen, die CA131. In dem roten Regencape werden die Autos mich schon nicht übersehen. Lange folge ich der asphaltierten Straße durch einen Wald, kaum ein Auto fährt vorbei. Irgendwann stehen dann ganz neu gebaute Häuser rechts und links, vermutlich wieder Feriendomizile, das müssen die Outskirts von Comillas sein. Richtig, es öffnet sich auch eine Meeresbucht. In dem grauen Regen, der ungemütlichen Kühle und eingefasst von dunklen, schartigen Felsen macht sie leider einen abweisenden und verdrossenen Eindruck. Es hatte geheißen, noch fünf Kilometer bis Comillas, mir kommt es vor wie zehn, und die Albergue befindet sich schon wieder am entgegengesetzten Ortsende! Wenn mir ein netter Mann nicht die richtige Richtung gewiesen hätte, hätte ich sie vielleicht gar nicht gefunden.

Immerhin hat es doch noch aufgehört zu regnen und die Sonne ist erschienen. Vor dieser Albergue, dem ehemaligen Dorfgefängnis, warten schon einige Personen, und zwar hat es sich auf der einzigen Bank ein junger Mann mit Man's Bun[13] und Dreitagebart gemütlich gemacht: Er lagert ausgestreckt auf seinem Schlafsack, in der einen Hand einen Joint, in der anderen eine Dose Bier. Unter der Bank liegt einer seiner Turnschuhe und steht eine offene Weinflasche. Immerhin hat er so viel Platz gelassen, dass wenigstens seine Freundin auf dieser Bank auch noch sitzen kann. Er nimmt abwechselnd einen Zug Joint, einen Schluck Bier und einen Schluck Rotwein. Zu beiden gehört ein schwarz-weißer Hund, der frei herumläuft.

13 Die obere Haarhälfte ist länger und zu einem Knoten zusammengebunden, das untere Haar ist ganz kurz.

Ihnen gegenüber lehnt an einer niedrigen Mauer ein älterer, dickerer, müder, schnurrbärtiger Mann, der etwas stumpf vor sich hin glotzt. Ich lege mich auf den angrenzenden Rasen auf mein Cape. Sofort schwänzelt der Hund heran und stöbert mit seiner Schnauze an mir und meinen Sachen herum. Da ihn niemand zurückruft, versuche ich, ihn auf Deutsch zu vertreiben – das versteht er natürlich nicht, und schließlich schiebe ich ihn weg. Nun könnte ich mich, sogar mit Recht, über diese gleichgültigen Hundebesitzer aufregen, aber es ist gemütlicher, wenn ich das lasse.

Später kommt eine ältere Spanierin mit einigen Einkaufstüten angeschleppt, sie gehört zum Schnurrbärtigen und hat sich offensichtlich um die Vorbereitung des Abendessens gekümmert. Es entspinnt sich ein Gespräch zwischen den beiden Frauen, denen ich so nahe bin, dass ich nicht anders kann als zuzuhören. Die auf der Bank sitzt, hat einen circa einen Meter langen dicken Rastazopf, der ihr über die Schulter hängt, und sie isst zum Joint und zum Bier Baguettefetzen, die sie mit Schokoladenstücken belegt. Jedenfalls erfahre ich beim Zuhören, dass sie Spanierin ist, dass sie und der liegende junge Mann schon lange pilgern, ohne einen Zeitplan zu haben und dass sie viel zu viel mitgenommen haben. Die ältere Spanierin ist da erfahrener, denn sie und ihr Mann sind schon häufiger gepilgert, ich meine sogar, sie sagt, sie gingen jedes Jahr auf den Camino. Auf die Frage der Älteren erzählt die Jüngere, ihren Rastazopf züchte sie schon seit 2012. Ich finde, er sieht aus wie meterlanges Gewölle, das gerade dabei ist, sich in Torf zu verwandeln, und frage mich, was die Ältere an ihm wohl so toll findet. Zwischendurch jammert ihr liegender Freund, ihm tue der Fuß so weh – was seine Freundin zu Augenrollen bewegt, und grinsend massiert sie ihm seinen Fuß so rigoros, dass er aufjault.

Die beiden sind das Paar, das ich heute Morgen in Santillana del Mar an der Mauer lehnen sah. Wie sind die bitte so schnell gewesen, dass sie jetzt hier schon liegen bzw. sitzen?

Die Herbergsmutter kommt, und wie können uns anmelden. Die junge Spanierin fragt, ob sie den Hund mit hineinnehmen könnten. Die Albergue besteht praktisch aus zwei Gebäuden, die durch einen überdachten Flur getrennt sind. Nur, wenn wir anderen Pilger damit einverstanden wären und wenn der Hund ausschließlich in diesem Zwischenraum gehalten werden würde, antwortet die Hospitalera. Daraufhin dreht die junge Spanierin sich mit blasiert-genervtem Blick zu uns um und fragt, ob wir etwas dagegen hätten. Nein, beeilen wir uns alle zu sagen, die Lösung mit dem Zwischenraum höre sich doch sinnvoll an. Das junge Paar geht in den ersten Stock, um sich dort Betten zu suchen. Ich frage mich noch, wie sie das eigentlich handhaben wollen, den Hund im Erdgeschoss lassen, während sie oben schlafen?

Gleich unten im ersten Raum links wähle ich mein Bett, breite mein Zeug aus und gehe dann erstmal hinunter an den Hafen. Glücklicherweise ist es mittlerweile richtig sonnig und heiß geworden, und ich freue mich auf ein Glas Wein. Außerdem will ich meinen Pilgerführer in der Sonne trocknen, er ist in dem heutigen Regen so nass geworden, dass die Seiten zusammenkleben.

Das Glas Wein, eher eine Art bitterer Likör, der aber gut schmeckt, bekomme ich auch, mit Blick auf Fischkutter und glitzerndes Wasser, einen Leuchtturm, Promenade und Angler.

Ich versuche, in einer ausliegenden spanischen Tageszeitung den Kommentar zu Katalonien zu lesen. Der Verfasser vertritt die Auffassung, dass es undemokratisch sei, gegen demokratische Gesetze anzustacheln. Wahrscheinlich gibt es eine andere Tageszeitung, die den Freiheitsdrang Kataloniens verteidigt, und eigentlich bin ich froh, dass ich mir keine Meinung zu bilden brauche.

Heiß scheint die Sonne auf meine Bank und müde wie ich bin, schlafe ich auf ihr ein – wie gesagt, wo hört der Pilger auf, wo fängt der Penner an? Und wie gesagt, dass ich als brave deutsche Pensionärin in aller Öffentlichkeit auf einer Bank liegend einschlafe – man man man.

Comillas ist ein seltsames Städtchen, denn über einer konventionellen Seeörtchen-Bebauung thronen überdimensionale herrschaftliche Villen, die aussehen wie schottische Landschlösser, und ein imposantes, langgestrecktes Universitätsgebäude.

Ich finde einen Supermarkt, dort kaufe ich Käse, Tomaten und Obst, hieve mich damit wieder ungefähr 333 Stufen hoch in die Albergue und dort in die Küche. Ein ganz junger Mann sitzt hier schon am Tisch und hat seine Lebensmittel ausgebreitet. Ich setze mich zu ihm, es ist Henrik aus Deutschland, der demnächst seinen ersten richtigen Job anfangen wird und jetzt noch mal ein bisschen Camino genießen möchte. Wir teilen uns unsere Lebensmittel und unterhalten uns ganz freundschaftlich. Es stellt sich heraus, dass er mir auf der Abkürzung gefolgt war: „Warst du das mit dem roten Regencape? – Dem bin ich nachgegangen, ich war so fertig, dass ich einfach nur noch irgendjemandem folgen konnte“.

Dann erzählt Henrik mir, dass er bei Laredo tatsächlich den Monte Buciero umrundet hat, und er ist immer noch völlig hingerissen von der atemberaubend schönen Landschaft, die ihm dort begegnete. Er zeigt mir Fotos von hellblauem, glasklarem Wasser, durch das man bis auf den felsigen Grund sehen kann, schildert farbige Fische, exotische Schmetterlinge – natürlich bereue ich sofort, dass ich den Umweg nicht auch gemacht habe. Als er mir dann aber die steilen Abhänge und den schmalen Pfad beschreibt, bin ich doch erleichtert, dass ich mit meiner Höhenangst nicht in die Lage kam, dort entlangschlottern zu müssen.

Abschließend bereitet Henrik sich mit Sorgfalt und Ausdauer noch ein sagenhaft appetitliches Sandwich zu: Butter, frisch geschnittene Wurstscheiben, frisch geschnittene Käsescheiben, frisch geschnittene Tomatenscheiben und Salatblätter. Das will er heute am späteren

Abend noch essen, einstweilen deponiert er es in Servietten eingewickelt neben seinem Bett.

Dann schlendern wir durch die Straßen und finden einen bequemen Mauervorsprung oberhalb des Kirchplatzes, von wo wir einen guten Blick haben auf das gemütliche Vorabend-Treiben hier in der Altstadt: Die Einwohner promenieren die Geschäfte entlang, grüßen sich, halten Schwätzchen, Kinder spielen, vor der Bar sitzen Gäste und genießen den Feierabend. Mir gefallen diese fast schwarzen Holzveranden an den Häusern so gut, und über die alten roten Ziegeldächer spaziert eine schwarze Katze hin und her, gegen den Abendhimmel wie eine Kinderbuchillustration.

Später kehrt Henrik zurück zur Albergue, ich strebe in die Kirche, denn dort findet eine Abendandacht statt, die möchte ich gerne erleben.

Als auch ich wieder auf meinem Bett sitze, höre ich Henriks Stimme vom nächsten unteren Stockbett – er teilt mir mit, dass sein liebevoll und sorgfältig hergerichtetes Sandwich von dem schwarzweißen Hund gefressen wurde. Das verschlägt mir erstmal die Sprache.

Meine entschiedene Haltung, dass er das den Hundebesitzern sagen solle, teilt er nicht, denn das Sandwich sei ja nun weg und man könne eh nichts mehr machen. Ich finde das schon, denn man könnte ja z.B. dadurch vielleicht erreichen, dass der Hund in Zukunft besser beaufsichtigt werden würde.

Und dann werde ich plötzlich abgelenkt, denn: Lizbeth kommt herein! Wir freuen uns sehr, uns zu sehen, und sie hat etwas Interessantes dabei: Ein Spray gegen Ungeziefer, damit sprüht sie erstmal das ganze Bett und die Wand am Bett ab. Dass so ein Spray eine gute Idee ist, begreife ich erst später. Leider sieht sie etwas erschöpft und angestrengt aus, obwohl sie wegen ihres Gipsarmes die Strecke mit dem Bus gefahren ist.

Sie erzählt, dass sie wahrscheinlich doch noch einmal nach Santander zurückkehren müsse, denn mit ihrem Arm sei nicht alles in Ordnung. Da sie Krankenschwester ist, kann sie ihre Lage und den Armbruch zuverlässig einschätzen und macht sich nichts vor.

Nachts wache ich auf, aber niemand schnarcht. Was hat mich dann geweckt?

Über mir im ersten Stock ertönt rhythmisches – hm, Klopfen? Rumsen? Erst denke ich, die eigentlich meist an die positivere von zwei oder mehr Möglichkeiten glaubt, es sei vielleicht der Hund, der sich freut, seine beiden Menschen wiedergefunden zu haben und jetzt mit seinem wedelnden Schweif an den Bettrahmen schlägt – nein, das ist es nicht.

Und das ältere spanische Ehepaar ist es wohl auch nicht, das sind alterprobte Pilger und Albergue-Gäste, auf deren täglichem Programm mit Sicherheit nichts anderes steht als: Pilgern, Essen, Schlafen.

Außer den Hundepilgern ist kein weiteres Paar eingekehrt.

Ich bin froh, dass ich wenigstens nicht im selben Raum schlafe.

X. Dienstag, 3.10.: Comillas – Colombres

An diesem Morgen stehe ich richtig früh auf, ich möchte so viel Strecke wie möglich zwischen mich und die Hundebesitzer bringen. Natürlich regnet es wieder, zum Glück ist es aber nicht kalt.

Ich verlasse Comillas auf einer Straße, die zwischen langgestreckten eleganten Gebäuden, dem Palacio de Sobrellano und der Universität, verläuft, und bald ist das Naturschutzgebiet Oyambre erreicht, was erst gar nicht offensichtlich ist. Aber dann führt eine Brücke über die Ria de la Rabia. Ein Eisvogel sitzt auf dem Brückengeländer und ist genauso überrascht wie ich, dass da plötzlich noch jemand ist – fort ist er, wie ein Geschoss aus türkisfarbenem Stanniolpapier. Es herrscht gerade Ebbe, d.h. ich schaue auf geheimnisvoll in der Ferne verschwindende, silbern schimmernde Wasserschlieren, die sich zwischen grauen Watten ihren Weg bahnen, dunkle Baumbüschel wachsen ins Ufer hinein, Silberreiher und Möwen suchen Nahrung. Ein Schlauchboot liegt im flachen Wasser, vielleicht dient es Naturschützern?

Ich muss links die langsam steigende Anhöhe hinaufgehen, außer mir ist wieder kein Mensch unterwegs. Gut, dass man dann doch immer wieder gelbe Pfeile findet, so fühlt man sich nicht so verlassen. Im Dorf El Tejo gibt es eine Bar, die hat aber leider nicht geöffnet. Lange stehe ich im Dorfkern und überlege, ob nicht die Hauptstraße vielleicht eine Abkürzung sein könnte. Aus einem offenen Fenster pfeift jemand eine heitere Melodie, das würde ich ja gern als ein Zeichen verstehen, kann das aber überhaupt nicht deuten. Ich gehe auf die Hauptstraße, entgegen der Anweisung von Cordula Rabe. Kaum bin ich auf dieser Straße gelandet, hält neben mir ein Auto, der Fahrer kurbelt das Fenster herunter und schickt mich freundlich wieder zurück. Meine Idee, dass ich hier auf einer Abkürzung sei, wehrt er entschieden ab, das sei diese Straße nicht, im Gegenteil. Ich danke ihm und kehre um, auf den angegebenen Weg.

Durch etwas eintönige Landschaft trotte ich, grün, agrarisch, bewaldet, außer kleinsten Weilern menschenleer. Es entwickelt sich ein Golfplatz, durch den der Weg führt, natürlich ist der auch leer, bei diesem Wetter! Es geht auch mal wieder hügelan, allmählich werde ich betrübter, denn alles ist so leer, so verregnet, so grau, so freudlos. Aber dann passiere ich die Ruine einer Kapelle. In ihrer kläglichen Verlassenheit und mit dem kleinen geschwungenen Giebel, in dessen jetzt leerer Mitte einst die Glocke hing, erinnert sie mich an mexikanische Western – und aus dem Sims der Glockentürmchenfassade wächst ganz tapfer und fidel eine kleine, krumme Kiefer in die Höhe!

Das ist ein Zeichen, denke ich einsames Menschlein – da sonst niemand mit mir spricht, spricht eben die Umgebung zu mir: Auch die unwirtlichsten Umstände oder scheinbar aussichtslose Bedingungen bergen doch immer Kräfte, aus denen Besonderes entstehen kann. Es braucht (Wage-) Mut und Gottvertrauen. „Siehst du“, denke ich, „so ist dein Pilgerweg auch!“

Und dann hört es auch auf zu regnen, ich erreiche eine Anhöhe und der Weg führt eine kleine Strecke durch völlig zauberische Landschaft, wie Schleswig-Holstein im Frühling! Knicks, satte Wiesen, heiterer blauer Himmel, Pferde weiden auf saftigen Koppeln, Spatzen stieben lauthals zwitschernd durch die Hecken, es blühen Habichtskraut, Klee, Skabiosen – so ein Heimweh überkommt mich plötzlich, dass ich fast anfange zu weinen.

Allmählich neigt sich die Landschaft, ich schaue auf San Vicente de la Barquera hinab, gehe an zwei wie ausgesetzt isoliert stehenden Wohnblocks vorbei und nähere mich endlich der Brücke über den Fluss. Ich kann nicht mehr, wirklich nicht, bin 12 km ohne Frühstück gegangen und mir tut alles weh. Am diesseitigen Ende der Brücke befinden sich Bänke, und ich falle auf die nieder, von der man einen Blick flussaufwärts hat – auch hier Ebbe, auch hier schimmernde Priele, geheimnisvolle Steingruppen, die aus dem grauen Schlamm ragen. Flächen, die aussehen, als wären sie mit Moos bewachsene Rücken urzeitlicher Tiere, die sich gleich erheben werden – mir gefällt das! Gut, dass ich meine Resteinkäufe von gestern dabei habe, ich frühstücke erstmal. Hier kommen nun auch andere Pilger vorbei, die gucken mich verwundert an – wie kann man denn so knapp vor der Ortschaft noch eine Pause machen? Die angekündigten Picos de Europa[14] sind übrigens nicht sichtbar.

Nachdem wieder etwas Energie in mir gekeimt ist, stehe ich auf und biege in die jenseits der Brücke am Fluss entlangführende Kleinstadtstraße ein. Da ich dadurch vom eigentlichen Pilgerweg abweiche, beschließe ich, gleich die nächstgelegene Bar zu nehmen, denn ich muss ja all diese Meter wieder zurückgehen. Ich finde auch eine: nur zwei Tische draußen, im dunklen Innenraum stehen auch nur drei Tische, ein kurzer Tresen mit einem Tablett, auf dem sich Croissants

14 Berühmte, schneebedeckte, über 2000 Meter hohe Gipfel im Kantabrischen Gebirge.

türmen. Einheimische sitzen beim Kaffee und unterhalten sich mit der Wirtin.

Ich lasse mich draußen an einem der Tische nieder und bin sehr einverstanden mit der Welt und dem Pilgern: café con leche, zumo de naranja natural, croissant – mir geht es gut! Lange sitze ich einfach da und sammle Kraft für den bevorstehenden Anstieg. Als ich endlich aufbreche, kommt genau in diese Bar – der Strammwadenpilger mit einem Kumpan! Wir grüßen uns ganz erfreut und wünschen uns „buen camino!".

San Vicente de la Barquera ist sicherlich einen Besuch wert, aber ich bin Pilgerin und möchte auch meine Kräfte hüten, also kehre ich an den Ortsausgang zurück, an die Verkehrsinsel, von der der Camino weitergeht. Wie immer muss ich mich nach dem Abstieg auf Meeresspiegelhöhe wieder hochschleppen. Oben eröffnet sich wenigstens ein schöner Blick zurück auf das Örtchen, und es geht erstmal auch recht harmlos weiter.

Bei diesem weiten Blick über die Landschaft frage ich mich, ob es nicht eine direktere Streckenführung geben könnte. Das ist aber eine völlig unangebrachte Überlegung, denn Pilgern heißt eben nicht „so schnell wie möglich ankommen". Strapazen gehören dazu, wird mir klar, ich bin nicht zum Vergnügen hier.

Ein weiteres Mal muss ich die Autobahn überqueren, dann durch La Acebosa hindurch und wieder eine lange, steile Steigung bergauf. Ich kämpfe mit einem Heulanfall, der aber auch nichts nützen würde, also muss es ohne gehen. Irgendwann bin ich dann auf der Höhe angelangt, auf der es erst einmal weitergeht, und der Ausblick über dieses Kantabrien ist wunderschön! Auch hier wieder Felder und kleine Wäldchen, aber die Landschaft schwingt so besonders leicht in die Ferne, die Farben sind sanft und die Bauernhäuser zwar eher bescheiden, aber aus den Grundstücken spricht so eine Freundlichkeit, woran liegt das? Die Gärten, hier auch voller Blumen und mit vereinzelten Gartenmöbeln, liegen näher am Haus, ich erinnere auch kein Hundegebell, die Häuser haben Balkone – daraus schließe ich, dass die Menschen hier auch so gerne in die Weite schauen und sich Zeit dafür nehmen.

Aber diese Menschen begegnen mir nicht. Niemand. Nicht einmal Autos auf den Straßen, so ganz allein finde ich das doch seltsam hier. Mittlerweile bin ich auch wieder müder geworden und überlege, dass es noch ungefähr 440 km bis nach Santiago sind.

Wie soll ich das eigentlich schaffen? Will ich das? Ja, das will ich, aber was dieses Pilgern auch so schwer macht, ist, dass ich einfach keine Vorstellung habe von dem, was mich noch erwartet – weder kenne ich die Landschaft, die ja womöglich zu noch einer größeren Herausforderung werden wird, noch habe ich eine Vorstellung von den Unterkünften, auf die ich angewiesen bin. Werden die Schmerzen aufhören oder schlimmer werden? Werde ich gesund bleiben? Werde ich stürzen? Das Gute ist, dass ich keinen Zeitdruck habe, trotzdem scheint mich etwas zu treiben: „Ich möchte fertig werden, bevor mir etwas passiert", so ungefähr kann man das ausdrücken. Oder: „Was ich hab, das hab ich, also lieber mehr Kilometer als weniger pro Tag".

Ich denke nach und versuche, mir ehrlich über meinen inneren Zustand klar zu werden. Ich erkenne: Tief innen glaube ich daran, dass ich auf diesem Weg behütet bin und behütet sein werde. Was ich tun kann: gehen und durchhalten, das tue ich, alles Weitere gebe ich in oder an eine höhere Macht. Ich habe Gottvertrauen, wirklich. Und mein Camino bestärkt mich darin, das erkenne ich jetzt.

Ich gehe also weiter und komme in Serdio an. Auch dieses Dorf ist leer, das gibt es doch nicht!

Endlich, links eine Bar, La Gloria heißt sie, davor sitzen ein paar Menschen, also ist sie „in Betrieb"! Erleichtert öffne ich die Tür –

und pralle fast wieder zurück, umgeworfen von dem ohrenbetäubenden Stimmengewirr und der schrillen Feierei, die brodelnd durch den Raum wogt. Aha! Das also ist das Geheimnis der leeren Landschaft! Ich muss richtig grinsen, wie witzig ist das bitte: Mitten am Dienstagnachmittag wird hier geschwoft, dass die Schwarte kracht! Mühsam bahne ich mir gefühlte Stunden lang einen Weg an die Bar, die in Dreierreihen eng umlagert ist, und warte dort ganz entspannt, bis man Zeit auch für mich hat. Die Wirtsleute schwitzen, so arbeiten sie, Bier zapfen, Gläser füllen, Bestellungen nach hinten in die Küche rufen, Gläser spülen, Flaschen entkorken, Dosen aus dem Kühlschrank holen – dabei unterhält man sich schreiend mit ungefähr 17 Gästen gleichzeitig, die alle gleichzeitig zurückschreien, alle lachen, dazwischen wuseln noch Kinder hin und her – klasse die Stimmung hier!

Während ich noch warte, pflügt plötzlich von hinten eine große schlanke Frau kriegerisch durch die Barbelagerung, wird gerade noch vom Tresen abgebremst, wo sie stracks befiehlt: „Un pincho con queso y una cerveza grande“[15]. Das ist ja mal doll!! Sie ist zweifellos keine Einheimische, auch keine Spanierin, und von dieser Selbstbehauptung könnte ich mir mal die berühmte Scheibe abschneiden – anstatt immer so brav zu warten, bis ich endlich irgendwann mal bedient werde! Hut ab vor der Selbstverständlichkeit, mit der sie nicht nur ein Bier, sondern auch noch ein großes bestellt! Mit ihrer Beute verschwindet sie dann zielstrebig nach draußen. Schließlich bekomme auch ich mein Getränk, mit dem ich mich ebenfalls zurück auf die Terrasse kämpfe. Drinnen kocht das Leben unverdrossen weiter. Nachdem Kraft und Mut gesammelt sind, mache ich mich wieder auf den Weg.

Meine Laune schwingt wieder fröhlich oben, und die Strecke führt jetzt auch langsam bergab. An einem Steinbruch geht es vorbei – oder so etwas Ähnlichem, diese etwas verlotterte Industrieanlage

15 Ein aufgespießtes Stück Tortilla und ein großes Bier.

finde ich leider etwas unheimlich, und von unten kommt mir auch so ein merkwürdiger Mann entgegen, beunruhigend. Was will der bitte hier in dieser Einsamkeit? Er kommt näher, und ich erkenne, der Arme sieht sehr erschöpft und etwas abgerissen aus. Aber er grüßt ganz freundlich – wir wünschen uns „buen camino“. Ach so: Er ist einer der Pilger, von denen ich schon gehört hatte, die nicht nur hin, sondern auch zurück pilgern! Alle Achtung!

Irgendwann erreiche ich eine Straße, es geht nach rechts einen Fluss, den Rio Nansa, entlang. In seiner Biegung befindet sich ein Rastplatz mit Bänken und kleinem Kinderspielplatz, dort lege ich mich mal wieder auf eine der Bänke und freue mich, dass es immer noch nicht wieder regnet. Ich weiß, dass ich gleich eine Brücke überqueren muss und dann – ja, da ich gerade fast wieder auf Meeresspiegelniveau bin – dann muss die nächste saftige Steigung bewältigt werden. Lieber erstmal eine Pause machen, in der Area Recreativa – der Name sagt mir, dass es sich hier um eine Fläche handelt, in der man sich wieder neu erschaffen kann – oder so. Genau das Richtige für mich.

Nach der Brücke und der Steigung führt der Weg erst den Rand einer industriell geprägten Ortschaft und dann an Eisenbahnschienen entlang, die nun etliche Kilometer neben mir her laufen. Immerhin ist es eben, aber dafür vom vielen Regen so richtig matschig.

Dann gelange ich hinunter nach Unquera, die Haupteinfallstraße ist mit Werkstätten und Großhandlungen gesäumt, sogar ein Outdoor-Geschäft passiere ich. Die vielen Menschen, Autos und das Alltagsgewusel überfordern mich schon fast, so still und leer war Kantabrien. Am Rio Deva locken einige Cafés und Flaniermöglichkeiten, aber ich überquere ihn und bin nun in Asturien. Die nächste Albergue liegt in Colombres, und da will ich schnurstracks hin. Es gibt auch Pfeile, denen ich folge, aber an einer Stelle bin ich mir nicht mehr sicher. Es pfeift wieder jemand fröhlich aus einem geöffneten Fenster, auf dieses Zeichen reagiere ich aber wieder nicht und nehme die falsche Richtung. Natürlich verlaufe ich mich richtig, und wieder habe ich diese Schwierigkeiten mit den Himmelsrichtungen auf dem Handy. Also kehre ich um, und da, wo ich das Pfeifen hörte, da befindet sich auch der Pfeil, der mir den Verlauf des Camino weist, natürlich bergauf. Beim nächsten Pfeifen werde ich aber reagieren und noch genauer hinsehen, schwöre ich mir. Man muss die Zeichen auch erkennen!

Gefühlte Stunden schleppe ich mich bergauf, der noch regennasse Weg ist mit einer Art Marmor gepflastert, ich habe dauernd Angst auszurutschen. Endlich die Albergue! Viele Pilger haben sich bereits eingefunden, denn es ist schon später Nachmittag. Ich werde in einen Raum gewiesen, trete durch die Tür und stocke: Aus einem Bett glotzt mich der ältere bärtige Spanier von gestern mürrisch-verdrossen an! Ich kann ihn aber eigentlich nicht geweckt haben, denn es herrscht rundum lebhaftes, lautes Treiben. Auf mein Grüßen reagiert er nicht. Neben ihm – diese Albergue hat zwei Stockbetten so eng zusammengestellt, dass es aussieht wie Ehebetten, also neben ihm schläft seine Frau. Mir bleibt nur noch ein oberes Bett, später stelle ich fest, dass unter mir Josh schlafen wird. Ich frage ihn nach seiner Mutter. „She had to go back to Santander, to have her arm x-rayed once more, something's wrong with it."[16] Ich äußere meine Bestürzung, er ganz ungerührt: "Oh, she's tough. She'll make it."[17] Ich finde diesen Sohn auch etwas „tough", sage das aber nicht.

Später gehe ich in die Ortschaft, finde eine Bar und setze mich mit einem Glas Wein an einen Tisch draußen. Wer kommt vorbei? Der Strammwadenpilger mit mittlerweile schon zwei Kumpanen! Wir begrüßen uns wieder erfreut, und er fragt mich, ob ich mit ihnen essen wolle. Das ist ja richtig nett, ja, das würde ich gerne. Leider gibt es kein offenes Lokal mehr, und auch meine Bar bietet nichts zu essen an, und so müssen die drei einen Supermarkt suchen, unsere

---

16 Sie musste nach Santander zurückkehren, etwas stimmte mit ihrem Arm nicht.

17 Sie ist hart im Nehmen, sie schafft das schon.

Verabredung wird nichts. Später treffe ich sie auf dem Rasen vor der Albergue, und wir sprechen noch ein bisschen miteinander.

Auf der Veranda der Albergue sitzt eine ältere Frau, zu der geselle ich mich und wir kommen ins Gespräch. Sie ist Französin und zutiefst betrübt, denn ihr Knie ist so dick geworden, dass sie ihren Camino abbrechen muss. Ihr Mann ist schon unterwegs, um sie abzuholen, er wird im Ganzen zehn Stunden fahren! Sie erzählt, dass die wichtigste Erkenntnis, die sie durch ihr Pilgern gewonnen habe, die sei, dass man viel zu viel besitze – wenn sie an ihr Zuhause denke, was sich da alles an Überflüssigem, Unnötigem, eigentlich Sinnlosem befinde – wie sie damit umgehen wolle, das würde sie sich noch genau überlegen. Dieses Dilemma habe ich mit dem Auszug aus dem Haus in eine kleine Wohnung bewältigt, denke ich. Mir wird deutlicher bewusst, welch Leichtigkeit und Freiheit es bedeutet, seinen Besitz auf das Nötige zu beschränken, und sei es durch Zwang.

Todmüde klettere ich später ins Bett, kann aber nicht schlafen. Josh, andere Neuseeländer, Amerikaner und Deutsche haben draußen auf dem Rasen solchen Spaß, dass es zu einer richtigen Party wird. Jeder holt immer wieder noch eine Flasche Wein aus seinem Vorrat (das Gewicht im Rucksack würde mich ja sofort in die Knie zwingen), mit dem Smartphone wird laute Musik beigesteuert, die Stimmen, das Lachen, alles wird immer raumgreifender. Ich rechne damit, dass um 22h00 Ruhe einkehren wird, das ist eigentlich die Regel. Aber nicht in Colombres. Also vergrabe ich meinen Kopf wieder in Kissen und Anorak, irgendwie fände ich es auch blöd, als Meckertante die Stimmung zu stören. Das spanische Ehepaar schläft. Später wird sich noch herausstellen, dass die Ehebett-Anordnung den Vorteil hat, dass der Schnarcher von seiner Partnerin jedes Mal angestubst wird – so hält sich wenigstens das Schnarchen des Amerikaners, der im Bett über dem Spanier liegt, in Grenzen.

Asturien

XI. Mittwoch, 4.10.: Colombres – Ribadesella

Colombres ist ein merkwürdiger Ort, er liegt auf einer Anhöhe mit üblichem Ortskern, überraschend stattlichem Park, einigen Americano-Villen, weiten Outskirts, aber mir erschließt sich nicht, was genau der Ursprung dieser Siedlung ist. Weder gibt es hier einen Fluss – geschweige denn den Atlantik – noch sehe ich irgendwo Unternehmen oder Fabriken oder andere Arbeitsplatzangebote. Dadurch hat Colombres für mich etwas Geheimnisvolles, als wäre seine wahre Wirklichkeit nur Eingeweihten sichtbar.

Der lange Weg führt stetig hinunter, im Morgengrauen oder besser Morgenrosa fangen die umliegenden Anhöhen an, langsam aufzuwachen, die Stimmung ist freundlich und sanft, um mich herum alles ganz still. Unten, an der Schnellstraße angelangt, geht es am Bahnhof von Colombres vorbei – es sieht aus, als sei der letzte Zug hier noch mit einer Dampflok vorne dran vorbeigeschnauft – dann kommt irgendwann eine Bar, das erfreut mein Pilgerherz und ich kehre erstmal für mein übliches Frühstück ein.

Endlich wieder TV, ich erfahre, dass Piqué sich Ärger eingehandelt hat. Als wahrer Katalane hat er natürlich für die Unabhängigkeit gestimmt, und nun hat ein Mannschaftskamerad der spanischen Nationalmannschaft ihm offensichtlich nahegelegt, diese zu verlassen – oder so ungefähr. Mir dämmert, was mit einer möglichen katalanischen Unabhängigkeit alles zusammenhängt. Jedenfalls hatte Piqué das wohl nicht gedämmert, aber der Trainer oder der Rest der Mannschaft hat glücklicherweise beschwichtigt, und nun trainieren sie ganz einträchtig für das Länderspiel gegen Albanien übermorgen. Die Idee, dass Katalonien eine eigene Nationalmannschaft ins Leben ruft, ist ja völlig absurd. Ob sich die Katalanen das alles vor der Wahl wirklich überlegt hatten?

Der spanische König hat nun das Wort ergriffen, und zwar für ein vereintes, demokratisches und gesetzestreues Spanien. Er trägt einen Bart, eingeblendet werden auch Treffen mit Rajoy, da ist Felipe aber noch bartlos – oder schon wieder? Das ist typisch für das spanische Fernsehen, es wiederholt immer und immer wieder dasselbe Potpourri aus Bildern, Kurzfilmen und Nachrichten, ganz selbstverständlich ist auch etliches älteres Material darunter. Mir ist das sehr recht, denn unten läuft meist der Text mit, so verstehe ich viel mehr. Puigdemont und sein beleibter Mitstreiter erscheinen auf dem Weg ins spanische Parlament – ich könnte schwören, dass aus den Gesichtern der beiden Männer vor allem schlechtes Gewissen spricht, modifiziert von Trotz. Und Rajoy taucht eigentlich erst jetzt auf, nachdem es den Eklat mit der spanischen Polizei gab, die in Katalonien mit furchtbarer Härte gegen die Wahlhelfer und Wähler vorgegangen ist. Nun gibt es Bilder, in denen das Hotel angegriffen wird, in dem diese Polizisten untergebracht worden waren. Beim Abreisen wurden die Beamten ebenfalls angegriffen. Das war gestern, heute gibt es Bilder von Menschen in Katalonien, die diesen Polizisten mit Blumen und Geschenken dafür danken, dass sie – wahrscheinlich Schlimmeres verhindert haben, denke ich mir, Alles verstehe ich eben leider nicht. Rajoy scheint mir nicht genau zu wissen, was er nun eigentlich tun soll, seine Körpersprache ist verhalten und lahm, sein Blick gleitet immer wieder ins Leere, sein Sprechen klingt eher monoton als energisch.

Weiter geht es durch ein Dorf, ein kleiner Garten wird fast gesprengt von einem darin liegenden Fischerboot mit einem Jesusbild an die Kajütenwand gemalt, wie eine überdimensionale Oblate.

Ich muss wieder unter der Autobahn entlang, das mag ich überhaupt nicht. Im engen Tal unter dem Viadukt liegt ein wunderschönes altes Holzhaus in einem Garten, als wäre hier Kanada und jemand habe sich seinen Autarkie-Traum erfüllt. Über diesem Traum liegt nun ständiger Schatten und ständiger Lärm, fahren ständig Tausende Fahrzeuge hin und her.

Ich lande an der nächsten Straße, wie viele in der Nähe der Autobahn ist auch diese fast unbefahren. Ein Jogger kommt mir auf diesem Asphalt entgegen. Dann überholt er mich von hinten. Dann kommt er mir wieder entgegen, dann überholt er mich wieder – warum immer hin und her, die Straße ist doch lang genug? Ich biege bei Buelna ab an die Küste, und jetzt führt der Weg den bis jetzt aller-, allerschönsten Abschnitt des Camino del Norte entlang, und die Sonne ist auch herausgekommen!

Im warmen Sonnenlicht folge ich erst fast ungläubig, dann nur noch glücklich dem Sandweg durch Gras, Farne, Kiefern und kleine Birken die Küste entlang. Ginster, Habichtskraut, Flockenblumen säumen blühend die sanften Windungen, Schmetterlinge gaukeln über der Stille, auf den Wiesen rechts und links grasen Kühe. Eidechsen sehe ich. Sie sonnen sich auf den weißen Steinen, die die grünen Flächen sprenkeln. Ein Neuntöter sitzt auf einem Zweig und fliegt erst fort, als ich ihn schon fast erreicht habe. Jede Wegbiegung schenkt einen neuen Blick in eine weitere der überwältigend schönen

Buchten: Heller, unberührter, glatter Sand wird vom Wasser überspült und spiegelt den blauen Himmel, schwarze glänzende Felsen umrahmen diese Verstecke schützend. Das Meer schickt unaufgeregt Wasserfächer mit ihren Schaumrändern herein, lässt den Sand schimmern, nimmt sie entspannt wieder hinaus, schickt sie dann friedlich wieder herein. Flachere schwarze Felsen liegen im Sand wie uralte Schildkröten, wie Tatzen, wie Riesenonyxbrocken. Aus dem Meer erheben sich seltsam geformte Einzelfelsen, ein Spitzmorchel, ein Personendampfer, zwei Sandrosen. Alles ist so gelassen, ewig, einsam, vollkommen.

Schöner geht es nicht, denke ich selig.

Ich lege mich ins Gras und habe das Gefühl, ich gehe ein in diese Landschaft. Es ist heiß, zeitlos, still. Alles ist und nichts.

Irgendwann höre ich von fern Sprechen, es wird stetig lebhafter und lauter. Eine Gruppe Spanierinnen wird sichtbar, nähert sich in angeregteste, eifrigste Unterhaltung vertieft. Schon pilgern sie zügig an mir vorbei. Dann kommt Josh heran, mit Kopfhörern auf den Ohren und flotten Schrittes. Ich bin beeindruckt, trotz der ausgiebigen Hüttengaudi gestern Abend ist er heute offensichtlich wieder fit. Schon ist auch er hinter der nächsten Wegbiegung verschwunden.

Auch ich stehe dann wieder auf und pilgere weiter.

Der Weg entfernt sich allmählich etwas von der Küste, es geht durch ein Wäldchen, man überquert den grün schimmernden, verträumten Rio Purón, Picknickgelegenheiten locken, der Wald spendet praktisch bis Andrín willkommenen Schatten.

In Andrín esse ich mit Thunfisch gefüllte Zwiebeln, sie schmecken großartig. Die beiden Frauen, die das Restaurant führen, sind sehr lieb und fürsorglich zu mir, die eine nimmt sogar meine Wasserflasche und füllt sie mir einfach so wieder auf. In dem Restaurant saß schon das amerikanische Paar, das gestern Nacht weidlich mitgefeiert hatte. Ich erfahre, dass sie eine kürzere Strecke gewählt haben – das erklärt mir die seltsame Tatsache, dass sie noch schliefen, als ich schon losging, und nun doch vor mir hier angelangt sind.

Nach Andrín geht es richtig zur Sache, der Aufstieg, den der Weg jetzt verlangt, ist einer der steilsten auf dem Camino. Aber immerhin ist diese Etappe absehbar, der Gipfel zu sehen. Oben angelangt tut sich ein weiter Blick aufs Meer auf von einem der Miradores, der besonderen Aussichtspunkte, und zahlreiche Touristen in ihren Wohnmobilen machen hier Rast.

Und dann begehe ich einen der blödesten Fehler auf diesem Pilgerweg – aber, Andrew sagte ja: „there is no right or wrong on the camino“ – hm, also in diesem speziellen Fall wäre ich bereit, dem zu widersprechen.

Ich habe die Wahl, dem Hinweis auf eine Kirche die Straße entlang zu folgen oder links den Weg in die Natur zu nehmen. Da es bis jetzt praktisch immer der Fall gewesen ist, dass der Abstecher zu einer Kirche vor das geschlossene Kirchenportal geführt hat und da ich lieber durch Natur als auf Asphalt gehe, biege ich links ab.

Und damit beginnt die längste, mühseligste, frustrierendste Steigung seit Irún. Sie nimmt wirklich kein Ende, eine Biegung schraubt sich in die andere, sie scheinen mir alle gleich, und jede nimmt mir wieder die Hoffnung, nun würde es endlich bergab gehen. Nein, das tut es nicht. Ich maule laut vor mich hin, schimpfe mit mir, die mal wieder nicht genug Geduld hatte, um nochmal in ihren Wanderführer zu sehen, die mal wieder oberschlau zu sein meinte, jetzt muss ich mich diese Windungen hinauf und immer noch hinaufer schleppen. Ich fange an zu weinen, bekomme Magenkrämpfe. Allerdings schaffe ich es immerhin noch, meinen anfänglichen Entschluss, auf dem Camino nicht zu fluchen, durchzuhalten. Trotzdem, ich bin ein hilfloses Opfer des Weges. Oben wird man dann „entschädigt durch den weiten Blick über das grüne Asturien“ – der fesselt mich jetzt gar nicht, nichts kann meinen zornigen Frust mildern. Ich sehe nur die Straße, die ich hätte nehmen können, wie sie unten gerade und einladend auf Llanes zuführt. Aber die schneebedeckten Picos de Europa bleiben auch aus dieser Höhe unsichtbar. Es hat sich auch wieder bezogen und mir ist kalt. Ob es diese Picos wirklich gibt? Mir jedenfalls haben sie sich nicht gezeigt. Ein Grünspecht fliegt vorbei, auch flitzen wieder Rotkehlchen durchs Unterholz. Müde begrüße ich sie, aber ich kann nicht mehr. Wenn ich jetzt eine Pause mache, werde ich nie wieder in Gang kommen, doch als ich eine Bank erreiche, falle ich auf ihr zusammen. Eine unklare, nur diffus wahrgenommene Zeitspanne lang ist mir alles egal, aber es muss sich doch noch ein Funken Energie irgendwo versteckt haben, denn ich schaffe es, mich gefühlte Stunden später wieder zu erheben.

Dann geht es endlich wieder hinunter, an einer Ermitá vorbei, im Hintergrund spannende, efeubewachsene Ruinen, aber ich kann keinen einzigen überflüssigen Schritt mehr machen und verzichte auf den Abstecher zu ihnen. Der Wald wird dichter und dunkler, plötzlich taucht neben mir ein Mann auf, ich erstarre innerlich – es ist ein braver Waldarbeiter, er erledigt hier nur seine Aufgaben und beachtet mich gar nicht weiter.

In Llanes angekommen fallen mir zahlreiche herrschaftliche, aber meist leider verkommende Villen auf, diese wurden nicht im Americano-Stil gebaut, sondern erinnern sehr an die Architektur der Kaiserbäder auf Usedom. Was für Geschichten wohl in diesen Häusern stecken? Das fasziniert mich. Warum kümmert sich niemand mehr und verfallen sie jetzt? Stehen drinnen noch die modernden Möbel der vergangenen Zeit? Hängen an den Haken zu Staub zerfallende Handtücher, liegt schwarz angelaufenes Silber in den Schubladen? Sind die Kloschüsseln innen noch mit Blumenmustern verziert? Vielleicht stapeln sich in den Schränken noch schwere alte Leinentischtücher mit eingewebtem Muster, jetzt natürlich klamm und muffig. Fände man im Staub Mäusespuren? Fledermausspuren? Von den Spinnweben natürlich ganz zu schweigen. Also, um eins dieser geheimnisvollen Häuser zu betreten, würde ich doch noch Extraschritte auf mich nehmen!

Ich gehe weiter und stelle fest, dass Llanes unter dem mittlerweile immer grauer gewordenen Himmel auch sehr grau wirkt, durch die hohen engen grauen Häuser fällt nur graues Licht, ich gehe auf grauem Asphalt an grauen geschlossenen Geschäften vorbei. Bis ich endlich an eine Albergue komme. Da ich schon beschlossen habe, hier nicht zu bleiben – vor allem, weil ich den Veranstaltern der Hüttengaudi gestern Nacht und einer möglichen Wiederholung entkommen möchte – , frage ich den Verantwortlichen nach der Busverbindung nach Ribadesella. Natürlich liegt der Busbahnhof in der Richtung, aus der ich gerade komme. Vor mich hin maulend trotte ich also ein gutes Stück des Wegs zurück und warte 40 Minuten auf den Bus, der mich dann endlich (für nur 2,75 Euro) nach Ribadesella bringt.

Im Bus denke ich wieder über mein Unterfangen und das Pilgern nach. Sind z.B. trainierte Sportler im Vorteil durch ihre Kondition und ihr geübtes Leistungsstreben? Also, wenn man es genau betrachtet, dann ist ja die physische Leistung eines sportlichen Laien die größere. Ist er also der bessere Pilger? Was ist, wenn man trotz z.B. schweren Rheumas pilgert? Gibt das Pluspunkte? Ich erinnere mich an den Simplicius Simplicissimus[1], der schreibt, er hätte gehört, Pilger täten sich Erbsen in die Schuhe – also macht er das auch, allerdings nimmt er gekochte.

Bin ich kein richtiger Pilger, weil ich einige Strecken mit dem Bus fahre? Eigentlich sollte das Pilgern, also das echte Pilgern, an der Haustür anfangen, habe ich gehört. Ist dann der Pilger der beste, der aus der größten Entfernung startet? In Tromsö oder Sibirien? Was ist mit den Neuseeländern, die müssen sich ja zwangsläufig einen Groß-

1 Ich-Erzähler des „Simplicius Simplicissimus“, Roman von Christoph von Grimmelshausen (1621/22 -1676), erschienen 1668.

teil der Strecke transportieren lassen? Und wie ist das, wenn man mit dem Auto von Norddeutschland kommt? Ist das dann besser als Fliegen, weil anstrengender – und teurer? Der Einwohner Santiagos: Geht der einen Kreis?

In Helgueras habe ich ja mit anderen Pilgern schon darüber gesprochen. Wie gesagt: „there is no right or wrong on the camino", laut Andrew aus Australien.

Natürlich ist die Gestaltung des Camino vor allem eine Frage der zur Verfügung stehenden Zeit. Vor zehn Tagen bin ich gestartet. Wie lange ich noch brauchen werde, weiß ich nicht. Aber ich habe bereits begriffen: Pilgern ist kein Wanderurlaub. Die Streckenführung ist nicht danach ausgerichtet, dass auf dem Weg das Land von seiner Postkarten-Seite genossen werden kann. Die vorgesehenen Unterkünfte sind einfach und höchstens funktional, nicht einladend oder gemütlich. Die Ausrüstung, die man mit sich trägt, ist zwangsläufig extrem reduziert, ein Outfit „für landfein" würde nur unnötiges Gewicht bedeuten, fehlt also. Die Tagesgestaltung ist immer gleich, egal, ob es regnet, stürmt oder die Sonne niederprallt, neu ist organisatorisch nur die jeweilige Unterkunft, denn als Pilger darf man nur jeweils eine Nacht bleiben, manchmal nur bis 8h00 morgens. Der Weg hat ein ganz bestimmtes Ziel, so unbekannt es auch ist, und was einen dort erwartet, weiß man auch nicht genau.

Vielleicht gibt es auch Pilger, die sich mithilfe all der modernen Medien viel gründlicher vorbereiten als ich das getan habe, möglicherweise ist meine Unbedarftheit oder Naivität die Ausnahme. Aber diese Naivität lässt mich jeden Tag, jede Stunde offen bleiben für den Weg, der sich vor mir auftut, und ohne den Ballast von vorauseilenden Informationen bin ich, wenn man so will, leer, habe also Raum in mir, der gefüllt werden kann durch das, was ich erlebe – oder Bereiche in mir können sich jetzt ausdehnen. So erkenne ich, dass ich wirklich Gottvertrauen habe und dass dieses mich stützt. Auch fühle und erfahre ich jeden Tag, dass ich behütet bin, geleitet und begleitet werde von einer schützenden Hand. Das macht mich sehr, sehr dankbar. Wie vermutlich alle Hinterbliebenen eines Suizids plagen mich, ob ich will oder nicht, Schuldgefühle. Umso demütiger reagiere ich auf mir entgegengebrachte Freundlichkeit und Hilfsbereitschaft, dann muss ich oft mit Tränen kämpfen, aus dem Gefühl heraus, dass „ich das gar nicht verdient habe". Und weil diese tröstende Wärme in den letzten Jahren so selten war. Nach wie vor bin ich völlig überzeugt von meinem Pilgern, und schließlich lebe ich noch. Physisch zwar am Ende, aber wie wunderbar, wie einzigartig, wie überwältigend war es heute Vormittag am Meer! Ich glaube fest daran, dass diese Pilgertour mich in irgendeiner Form retten wird.

Der Busbahnhof in Ribadesella liegt am nördlichen Ufer des Sella. Auch hier finde ich schon wieder alles so grau und unwirtlich, das Wetter ist noch schlechter geworden und ich friere. Außerdem weiß ich, wenn ich heute keine Gelegenheit zum Wäschewaschen finde, dann darf ich mich Menschen nicht mehr nähern. Hoffentlich wird es in der Albergue noch einen Platz für mich geben! Man muss eine Brücke überqueren, sich dann rechts halten und „beim Schild Playa de Santa Marina biegen wir mit den gelben Holzpfeilen rechts ab und finden die Herberge am Ende der Straße". Aha. Also, ich finde sie nicht.

Verwirrt und ratlos stehe ich in einer Straße und gehe dann in die Richtung, die mir die logischere scheint. Da ruft es hinter mir, ich drehe mich um: Ein lieber älterer Herr, der mich fragt, ob ich die Albergue suche – die sei da (er zeigt hinter sich). Diesen Weg, sagt er lächelnd, den bräuchte ich erst morgen zu gehen, und er zeigt auch noch auf die richtungsweisende Muschel an der Mauer. Erleichtert danke ich ihm und betrete dann ganz ungläubig eine Art Anwesen. Auf dem umlaufenden Rasen sind unter einem Baldachin üppige weiße Sitzecken installiert, das große Haus direkt an der Promenade ist gleichzeitig eine Surfschule und atemberaubend schick, mit Freitreppe sogar! Drinnen bekomme ich einen Code für die Tür und für eine Art Außenkäfig, in dem ich meine Sachen lassen muss. Das ist eine Vorsichtsmaßnahme gegen Ungeziefer, erkläre ich mir, na, warum nicht. Die Nacht mit Frühstück kostet 20,00 Euro, und man muss das Haus am nächsten Morgen erst um 10h00 verlassen. Das mir zugewiesene Bett steht in einem hellen Sechsbettzimmer, mit richtigem Bettzeug! Außerdem gibt es gegenüber einen Münzwaschsalon, ich fasse mein Glück kaum! Es stellt sich heraus, dass ich die Geräte dort auch bedienen kann und als feststeht, dass keins meiner nun herrlich sauber duftenden Kleidungsstücke eingelaufen ist, geht es mir wieder sehr gut. Aber das Beste ist der ausgedehnte gemütliche Aufenthaltsraum der Albergue, in dem es unter anderem riesige weiche Sofas und Stehlampen gibt.

Ich war im Dämmerlicht noch die Bucht entlang gewandert, an der dieser Teil Ribadesellas liegt, sie wird gesäumt von lauter herrschaftlichen Villen, die zu Hotels umgebaut worden sind, und wieder erinnerte mich diese edle Häuserkette am Meer entlang an Usedom. Sehr hatte ich bedauert, dass die Mündung des Sella so breit ist, daher gelangt man ans andere felsige Ufer, auf dem hoch oben ein verlockender Leuchtturm steht, nur über die eine Brücke im Landesinneren, über die ich vorhin hierher gegangen war. Nach all den gepilgerten Kilometern heute war sie mir zu weit entfernt und ich war diesseits des Flusses geblieben. Jetzt, im Trockenen, mit meinem Tagebuch auf einem Sofa und einer Stehlampe ganz für mich, fühle ich mich wie in einem Luxusresort.

Ein junger Mann kommt herein, er ist Deutscher und wir tauschen uns über unsere Erfahrungen aus. Das Paar mit Hund ist ihm in einer Unterkunft auch schon begegnet, und er berichtet, der Hund habe sogar mit im Bett geschlafen. Auch er befindet sich in der Phase zwischen Studium und erstem Arbeitsplatz, wie andere Pilger auch, mit denen ich gesprochen habe. Er freut sich auf seine Stelle und hat nicht so viel Zeit, dass er bis nach Santiago gehen kann, aber das findet er in Ordnung.

XII. Donnerstag, 5.10.: Ribadesella – Gijón

Ich könnte zwar ausschlafen, doch die üblichen Frühpilger wecken mich auf. Heute finde ich das aber gar nicht schlimm, offensichtlich habe ich den Pilgerrhythmus jetzt „drin". Der Frühstücksraum befindet sich im Keller, er ist also fensterlos, das Licht ist ein grelles Treppenhauslicht, und sämtliche einzelnen Ingredienzien des Frühstücks sind sämtlich einzeln verpackt. Ich denke an die Abfallberge bei Orio. Der junge Deutsche sitzt schon da. Ich entdecke Toastbrot und einen Toaster und frage ihn, ob ich ihm eine Scheibe mit toasten solle. „Nee, danke, da hab ich schon vier von auf". Ich weiß auch nicht, warum mich das so zum Lachen reizt, aber ich muss mich richtig zusammennehmen, um ernst zu bleiben. Etwas später kommt eine stark geschminkte, parfümierte jüngere Frau mit langen dunklen Haaren herein. Ich wundere mich, denn ich halte sie für eine Vertreterin (vielleicht Kosmetika?), und frage mich, warum sie wohl in dieser Albergue übernachtet hat und nicht in einem der schicken Hotels ringsum.

Im Regen breche ich auf, ganz vergnügt wie morgens eigentlich immer, gespannt auf den Tag und die Strecke und alles, was mir wohl heute begegnen wird. Aus Ribadesella führt der Weg hinaus, durch dunkelgrünes ländliches Gebiet, das ich besonders wunderschön finde, denn es erinnert mich wieder an Schleswig-Holstein mit seinen sanft gewellten Weiden und Knicks, auch Wäldchen durchquert man. Es regnet und regnet. Mein Regencape kann mich kaum schützen, und darunter werde ich genauso nass wie darüber, glücklicherweise ist es nicht sehr kalt. Wie meistens in abgelegenen Gegenden fahren nur die Autos der Bäcker an mir vorbei, sie beliefern hier die einzelnen Höfe: Neben den Brief- gibt es dafür an den Toren entsprechende längliche Baguettekästen. Hügelauf, hügelab, ein bisschen nach links, ein bisschen nach rechts, die Landschaft bleibt üppig und sie wäre noch viel wohltuender, wenn es nicht so regnen würde. Wie all die Tage das Wetter mein Erleben prägt – wenn es in

Buelna zum Beispiel schon geregnet hätte, dann hätte mich die Küste dort sicher nicht so glücklich gemacht.

Jetzt geht es langsam und länger bergab, und der Weg lenkt den Pilger durch Vega. Dieses winzige Dorf erinnert mich so deutlich an die kleinen Dörfer an der Küste Devons, dass ich es gar nicht glauben kann. Die wenigen, uralten kleinen grauen Steinhäuser drängen sich die enge kopfsteingepflasterte Straße entlang, die Innenhöfe sind noch halbe Hühnerställe und in Hauseingängen oder auf Fensterbrettern liegen immer wieder Katzen. Reglos verfolgen sie mich mit ihren gleichgültigen Blicken.

Die Straße mündet in einen Strand, aber kurz vorher liegt rechts eine Albergue! Sie ist klein, aber in ihrer sympathischen, etwas unordentlich familiären Art sehr anheimelnd – und sie liegt so nah am Meer! Wie schade, dass es noch viel zu früh für die nächste Übernachtung ist – wenigstens einen Stempel hole ich mir, von der Albergue Tu Casa, ein lachender menschlicher Kopffüßler mit zwei Fühlern.

Ich werde weiter geleitet durch eine Dünenlandschaft, direkt neben dem Strand, an dem auch hier einige Surfer-Bullies parken. Ein auffallender Unterschied zu den dänischen Dünen besteht darin, dass der Weg hier völlig dunkel verschlammt und vermatscht ist, die Schuhe werden immer schwerer, ich sinke bis an die Knöchel ein. Das finde ich seltsam, dass hier Erde so nah an Sand und Wasser reicht.

Es geht wieder weiter ins Landesinnere – da grast mitten im Weg eine Kuhherde, und ich entdecke ihn gleich, den Bullen. Das ist ja nun nicht so lustig, denn ich trage immer noch mein rotes Regencape. Was mache ich jetzt am besten? Ich überlege, dass der Bauer seine Herde sicher nicht unbeaufsichtigt und außerhalb eines Gatters weiden lassen würde, wenn sie eine Gefahr darstellte. Also los und so unauffällig wie möglich durch. Das klappt auch, in genügendem Abstand atme ich auf.

Allmählich wünsche ich mir eine Bar, und in Berbes gibt es auch eine, direkt an der Straße und glücklicherweise hat sie geöffnet. Drinnen hocken schon zwei Pilger vor ihrem Tee, ihre Regenkleidung haben sie über die Stühle gehängt. Ich bestelle mir einen café con leche und setze mich an einen kleinen Tisch. Gegenüber hängt eine Kachel an der Wand, über die ich lachen muss:

(Ich brauche kein Google,
meine Frau weiß das alles)

Während wir alle über unseren heißen Getränken kauern, geht plötzlich die Tür auf und herein kommt die dunkelhaarige junge Kosmetikvertreterin aus der Albergue heute Morgen. Sie ist also auch eine Pilgerin, und sie kennt auch die beiden anderen Gäste, auf die sie erfreut zusteuert. Das ist nicht das erste Mal, dass ich mich in meinen Gegenübern oder den Menschen, denen ich begegne, täusche, und ich nehme mir vor, dieses vorschnelle und ganz überflüssige Beurteilen und Urteilen endlich mal zu lassen. Noch mehr Pilger kommen herein, eine Stimmung, als sei man in letzter Minute aus lebensgefährlichem Unwetter gerettet worden, macht sich breit: Kapuzen werden seufzend abgezogen, Regenkleidung geschüttelt und umständlich aufgehängt, nasse Haare ausgewrungen, gestöhnt und geächzt, es wird geschnieft, die Stirn gewischt, Nase geputzt, aus sorgenvoll zerfurchten Gesichtern spricht die Befürchtung, dass man hier vielleicht auf Tage gestrandet sein wird. Immerhin gießt es nicht in Strömen, es stürmt nicht, hagelt nicht, schneit nicht. Denke ich mir.

Ich gehe wieder los. Wenn die Sonne schiene, wäre dieser Abschnitt auch hinreißend, denn es geht weiter durch Dünen und Viehweiden, immer nah am Strand entlang, der wieder von schwarzen Felsen in freundliche runde Sandbuchten unterteilt wird. Verstreut in ihnen liegen auch wieder kleine schwarze Felsstückchen, wie überdimensionale Hasenkötel. An einem Picknickplatz mache ich Rast. Da es nun mal ununterbrochen regnet, kann ich darauf auch keine Rücksicht mehr nehmen, setze mich, esse und trinke etwas und freue mich an der Landschaft: zwar grau, aber einsam und friedlich.

Mittlerweile bin ich schon RICHTIG nass, es ist aber noch nicht mal zwölf. Also weitergehen, auf was soll ich bitte warten? Der Himmel ist ganz und gar grau verhangen, es weht kaum ein Wind, keine Änderung ist in Sicht.

In la Isla mache ich den zweiten schweren Fehler auf diesem Camino.

Ich passiere die Albergue, die geschlossen ist, und weiß, dass Cordula Rabe geschrieben hat: „Teils auf Sträßchen, teils auf ggf. morastigen Feldwegen wandern wir über eine flache Anhöhe nach Colunga." Die Straße macht einen kleinen Bogen, und daher weist die Muschel, die ich an einer an dieser schrägen Straße ausgerichteten Hauswand sehe, nicht eindeutig die Straße entlang, sondern in meinen Augen schräg nach links oben. Das passt ja zur gelesenen Beschreibung, und so biege ich in einen schmalen Pfad zwischen Schrebergärten ein. Dieser Pfad wird enger, die Schrebergärten einsamer und irgendwie wirkt die ganze Landschaft allmählich immer privater. Immer unsicherer werde ich und immer langsamer. An einer Weggabelung starren mich einige Schafe reglos an. Ich frage sie: „Also, wie geht es jetzt weiter, nach links oder nach rechts?" Keine Regung, keine Antwort. Wir gucken uns stumm an. Plötzlich dreht eines der Schafe ruckartig seinen Kopf nach links. Gut, ich folge dieser Anweisung. Jetzt kann ich leider nicht sagen, was passiert wäre, wenn ich dem Schaf nicht gehorcht hätte, die eingeschlagene Richtung führt jedenfalls ans Wegende. Ja, der Weg ist hier tatsächlich und ganz und gar zu Ende. Ab jetzt Koppeln, Weiden und Knicks, alles von Zäunen durchzogen. Natürlich komme ich wieder nicht mit den Himmelsrichtungen auf meinem Handy zurecht, kombiniere aber, wo ungefähr Colunga liegen muss. Ich klettere also über Zäune – mit Rucksack habe ich so etwas noch nie gemacht, das ist ja die Herausforderung schlechthin: Entweder zieht er einen zurück oder wirft einen nach vorne – Balancehalten geht jedenfalls anders… Um unter den Zäunen durch zu krabbeln, muss ich mich auf nassem Boden wälzen. Ich fange an zu heulen, muss aber auch lachen. Jetzt noch ein unausgelasteter rauflustiger Jungbulle hier irgendwo und das wär's dann wohl. Ich kämpfe mich durch Knicks, wate durch hüfthohes Gras, reiße meine Stiefel aus verborgenen Pfützen, dauernd bleibt ein Stock hängen oder stecken, vom Regencape rinnt ununterbrochen Wasser in meine Augen – mir reicht's jetzt eigentlich. Das Schlimmste ist der Verdacht, dass ich mir hier etliche völlig überflüssige Kilometer aufgehalst habe – ich verbiete mir, darüber weiter nachzudenken. Viel wichtiger ist es jetzt, die Zivilisation wieder zu erreichen, die, wie ich mittlerweile zu gut weiß, in Spanien sehr spärlich verteilt sein kann. Wenn ich nun immer weiter ins Niemandsland ….. Auch diese Denkrichtung verbiete ich mir und konzentriere mich auf jeden einzelnen, mühseligen, kraftraubenden Schritt.

Irgendwann stehe ich tatsächlich an einem asphaltierten Sträßchen, so glücklich hat das sicher noch nie jemanden gemacht, fast sinke ich vor Erleichterung auf die Knie. Leider kommt einfach niemand hier entlang, ich bräuchte doch dringend mal eine Richtung! Das Sträßchen führt an eine Autobahnbrücke, auf der stehend lese ich auf einem riesigen blauen Schild in weißen Buchstaben „Colunga", über einem Ausfahrtpfeil nach rechts. Also wieder zurück und weiter versuchen, diese Richtung beizubehalten. Am Weg liegt ein Bauernhof, durch den Zaun kläffen mich zwei riesige Schäferhunde so wütend und grimmig an, dass die Bäuerin aus dem Haus kommt. Endlich kann ich jemanden nach dem Weg fragen! Sie ist sehr freundlich, und es stellt sich heraus, dass ich an dieser Kreuzung dem Weg nach links folgen muss.

Es geht an einer riesigen Apfelbaumplantage vorbei, richtig, Asturien ist berühmt für seinen Sidra, und ich entdecke verblüfft einen großen Schwarm Distelfinken darin herumfliegen – so viele habe ich noch nie auf einmal gesehen – , vielleicht sind ja welche aus der Heimat dabei?

Weiter und weiter trotte ich, komme allmählich endlich wieder an den Außenrand der Zivilisation, weiß aber immer noch nicht, wo ich bin. Ich passiere ein abweisendes, geradezu feindseliges Riesengebäude – „wahrscheinlich eine Fabrik oder Kaserne", denke ich – nein, es ist eine Schule. Wie fremdgesteuert gehe ich einfach weiter, bloß nicht nachdenken oder zweifeln, einfach nur einen Schritt nach dem anderen, einen nach dem anderen, wenn ich stehenbleibe, falle ich um. Rechts liegt plötzlich ein Supermarkt, in dessen überdachtem Eingang sich zwei junge Radfahrer vor dem Regen schützen. Sie sind in Stuttgart losgefahren, erzählen sie und wissen, dass das hier Colunga ist!

Jetzt folgen auch Wohnhäuser, Bars und andere Geschäfte, aber in diesem Regen sieht alles sehr trostlos aus, wie ewiger November-Spätherbst. Einkehren wäre ja mal wieder eine Idee, und ich sehe eine „Sidreria", davor unter Markisen lauter kleine Tische. An jedem Tisch sitzt genau ein alter Mann mit Schiebermütze, und alle unterhalten sich laut über die Tische hinweg miteinander. Ich betrete das Barinnere, dort sitzt auch wieder an jedem Tisch genau ein alter Mann mit Schiebermütze. Das Gespräch verstummt, alle sehen mich mehr oder weniger verstohlen und verblüfft an. Ich habe mich noch gar nicht richtig niedergelassen, da baut sich schon ein Kellner vor mir auf und fragt mich angriffslustig, was ich möchte. Befürchtet er, ich halte dieses Etablissement für einen Warteraum und will mich hier nur trocknen? Ich bestelle ein Brötchen, ein Glas Wein und ein Wasser. Die Situation verharmlost sich, also zieht er enttäuscht ab. Ich habe das Gefühl, während meines gesamten Aufenthalts in dieser Bar werde ich ununterbrochen verstohlen beobachtet. Die Gespräche der anderen Gäste haben jedenfalls aufgehört.

Der Wein ist sagenhaft: etwas golden, fast dickflüssig, herb, schwer – einfach wundervoll! Da ich mich aber so misstrauisch beobachtet fühle und mein Spanisch unsicher ist, traue ich mich nicht, nach dem Namen zu fragen – und weiß jetzt schon, dass ich diese Feigheit bereuen werde.

Es ist erst 14h00, ich bin so richtig durch und durch nass und heute schon ungefähr 25 km gelaufen. Colunga finde ich abweisend, und die Touristeninformation ist auch geschlossen. Also suche ich eine Bushaltestelle und beschließe, wenn der nächste Bus bis nach Villaviciosa fährt, dann fahre ich da hin, wenn er bis nach Gijón fährt, dann eben bis Gijón. Über eine Stunde warte ich frierend, dann kommt ein Bus: Er fährt nach Gijón.

Diese Stadt ist eine richtige Großstadt, Häuserschluchten, Autos, Geschäfte, Bars, Ampeln, Zebrastreifen, Leuchtreklamen, Regenschirme, hastende Menschen, Fahrradfahrer, Busse, Lieferwagen, Taxen. All das Gewusel macht mich ganz wuschig!

Der Busbahnhof liegt irgendwie ziemlich in der Mitte, scheint mir, die etwas beklommen aussteigt, denn wo nun der Camino sein soll, ist mir schleierhaft. Ich habe keine Ahnung, wie ich den finden soll, aber wenigstens glaube ich, so ungefähr die Richtung zu wissen.
In die gehe ich die Geschäftsstraßen und die geschäftigen Straßen entlang, und siehe da: Plötzlich unter mir auf dem Gehweg ist eine Messingmuschel eingelassen! Wieso ich nun gerade in diesem Moment nach unten geschaut habe? Das weiß ich nicht, aber so ist es. Ich gehe ihr nach, in regelmäßigen Abständen folgt eine Muschel der anderen, und an einer Fußgängerampel hat sie ihre Richtung ein

klein wenig gedreht, sodass sich daraus erschließt, welche der beiden Straßen gegenüber man nehmen soll. Diese Fürsorge hebt meine Laune sehr, und diese Art Schnitzeljagd bringt Spaß. Es geht dann irgendwann am Wasser entlang, an schicken großen Neubauten vorbei, bei denen ich nicht weiß, sind das jetzt Büros oder hippe Hotels oder Wohnanlagen oder vielleicht ultracoole Einkehrmöglichkeiten?

An einer Ecke sehe ich ein Schild: „La Polar", und nur zwei Sterne, das müsste erschwinglich sein. Unten befindet sich eine Bar, das ist ja schon mal großartig, und das Zimmer kostet nur 28,00 Euro! Ich bekomme eines mit Balkon und Blick auf die Industriehafenanlagen, richtig klasse, ich fühle mich wie ein urbaner Globetrotter.

Dann ruft die Rezeptionistin an, ob ich etwas gewaschen habe möchte? Jaa!! Meine Hose ist bis zu den Knien verschlammt, und sie wird sogar an der Zimmertür abgeholt. Fast ungläubig liege ich dann auf dem Bett, neben mir der Pilgerpass und meine Scheckkarte zum Trocknen ausgebreitet. (Die Wanderhose weist über dem Knie eine Außentasche auf, in dieser Tasche befand sich ein Lederetui, in diesem Lederetui befand sich eine Plastikhülle, in dieser Plastikhülle befand sich meine Scheckkarte, und diese Scheckkarte tropft vor Nässe – so viel zu meinem Zustand seit heute Morgen).

Im Fernsehen wird Piqué beim Training der Nationalmannschaft ausgebuht. Dabei geht es morgen gegen Albanien, hoffentlich halten seine Nerven! Außerdem wird berichtet, dass jetzt die katalanische Wirtschaft unter den Unruhen leidet und amerikanische Touristen kostenlos umbuchen dürfen – ich meine sogar, aus den USA gibt es Reisewarnungen nach Katalonien. Und das Hin und Her geht weiter, immer wieder werden Puigdemont und seine Mitstreiter und Rajoy und seine Mitstreiter beim Gehen ins Parlament gezeigt und ihre Äußerungen in die Kamera wiederholt. Sind die Katalanen dickköpfig und stur? Sind die Spanier dickköpfig und stur? Mein Spanisch ist zu schlecht, als dass sich mir ein klares Bild der verfahrenen Situation ergäbe.

Die spanischen Fernsehstudios sind viel schriller als die deutschen, viel mehr Licht, helle Farben, die Sprecherinnen tragen alle viel, viel mehr Makeup, vor allem um die Augen, aber dafür weniger Kleidung: Diese ist eigentlich immer ärmellos. Ich sehe nie eine Bluse oder ein Jackett, dafür ausgeschnittene Kleider und T-Shirts. Dabei sind die Moderatorinnen völlig kompetent und arbeiten mit ihren männlichen Kollegen ganz und gar auf Augenhöhe. Diese Mischung aus sehr weiblich und professionell finde ich beeindruckend. Auch in den Studios reden die Mitglieder von Gesprächsrunden manchmal durcheinander, irgendwie aber nie rechthaberisch oder dominant, dann geht einfach ihr Temperament mit ihnen durch, so scheint es.

Übrigens kleiden sich auch die zahlreichen spanischen Politikerinnen viel weiblicher als die deutschen, und auch sie sind viel geschminkter. Dabei agieren sie in ihren Funktionen absolut selbstverständlich. Wahrscheinlich ist allein mein Erstaunen darüber schon deutsch.

Trotzdem ist auch auffällig, dass in den Bars die meisten Gäste männlich sind. Einzelne Frauen habe ich dort bisher nicht gesehen. In Colombres saßen zwei ältere Paare neben mir, die Männer tranken Bier, die Frauen Kaffee. Einmal kam ein Paar in eine Bar, ein großes Bier und ein kleines wurde bestellt – das kleine war natürlich für sie. Ist das jetzt doch Rollenverhalten? Mir fällt die emanzipierte Fremde wieder ein, die sich in Sierdo völlig selbstverständlich ein großes Bier bestellt hatte.

Später denke ich über die Frage nach, was einen Pilger denn nun ausmacht. Ich komme zu dem Schluss, dass, sobald jemand mit einem Pilgerpass einem Camino folgt und in Alberguen einkehrt, er ein Pilger ist. Außerdem beschließe ich, ab jetzt keine öffentlichen Verkehrsmittel mehr zu nehmen. Es sind noch ungefähr 350 Kilometer. Diese Entfernung, glaube ich, kriege ich zu Fuß hin.

XIII. Freitag, 6.10.: Gijón – Avilès

Cordula Rabe bereitet mich auf Industrieanlagen und ein „gigantisches Kohlekraftwerk" vor, die „apokalyptische Stimmung verbreiten". Immerhin regnet es nicht, und zuerst geht man lange durch einen Stadtteil Gijóns, der nach Mischung von Arbeitern und Studenten und Künstlern aussieht, lebendig, kleine Einzelhandelsgeschäfte, altmodische Häuserreihen, viele multikulturelle Bars und Cafés, Menschen allen Alters – aber vor allem junge Leute – und aller Hautfarbe. Unter all dem Sehen und Schauen vergeht die Zeit sehr schnell, und plötzlich stehe ich schon am Stadtrand, von dem aus ich in der Tat auf weitläufige Industrieanlagen blicke.

Der Weg führt jetzt langsam hinunter, links ziehen sich die nach undurchschaubarem System ineinander verwobenen schmutzigen Gebäude des Kohlekraftwerks hin, rechts säumen zwischen vereinzelten, eher rätselhaften Häusern sogar buschbestandene kleine Grünflächen den Weg. Diese rechten Häuser werden auf eine seltsame Art immer unheimlicher. Erst lässt sich noch eine geschlossene, vielleicht sogar verlassene einfache Pension oder sowas ausmachen, aber dann fallen neben mir mehrere verlotterte, schmutzig graue, brüchige Ruinen in sich zusammen. Hoffentlich muss hier niemand mehr wohnen, denke ich. Seitlich überwuchern verwahrloste Schlingpflanzen die löchrigen Mauern wie kriechende giftige Schwaden, kein Licht dringt hindurch. Plötzlich entdecke ich in diesen Urwaldhöhlen eingeschlossene lebendige Hühner! Alles ist aber totenstill, noch nicht mal ein einziges Krähen ertönt. Irgendwie bekomme ich Angst, womöglich beobachtet mich aus den blinden Fenstern dieser verrottenden Wohnhaufen jemand, um mich gleich als Beute, womöglich Mahlzeit in seine modernde Höhle zu ziehen! Wie gesagt, unheimlich sind diese vielleicht doch noch behausten Ruinen, und unheimlich ist diese völlige Lautlosigkeit, die über ihnen liegt. Ich werde immer schneller und atme erst auf, als ich an einem Kreisverkehr unter dem Förderband dieses Kraftwerks und unter Bahngeleisen hindurch auf die andere Straßenseite geleitet worden bin.

Links vom Weg sieht man weitere Industrieanlagen, aber es geht bergauf, und so ändert sich die Umgebung allmählich, sie wird ländlicher und man durchquert ein Dorf. Dort hat jemand an eine Mauer eine Durchhalteparole geschrieben: bis Santiago noch 320 km. Gerade kann ich nicht genau sagen, ob mich das nun ermuntert oder frustriert.

Über Gartenzäune bieten mir Zweige Zitronen an, ich würde so gern eine pflücken, tue es aber nicht. Eine Pilgerin stiehlt nicht, sage ich mir.

Ein Eukalyptuswald beginnt und zieht sich sehr lange hin, immer fällt mir jetzt die Information aus Pobeña ein, dass diese Bäume hier eigentlich gar nicht hingehören und nur aus Profitstreben gepflanzt wurden. Ich dringe tiefer in ihn hinein, und im Halbdunkel steht plötzlich ein Hinweisschild, dass es dort (der Pfeil zeigt in meinen Rücken) einen Dolmen gibt – der hätte ja auch mal früher angezeigt werden könne, denn so etwas interessiert mich richtig. Schade! Soll ich umkehren? Dann wird mir aber bewusst, wie einsam es hier wirklich ist, und mir kommen plötzlich erst zwei frei laufende Hunde entgegen, dann zwei Männer, alle vier verunsichern mich. Sie tun mir natürlich nichts – nur: Das muss sich ja immer erst beweisen – , aber ich verlasse meinen Weg nicht, und erst recht kehre ich keinen Schritt um.

Sehr viel später ist dieser Wald durchquert und der Blick öffnet sich in ein weites, ländliches, sonnenbeschienenes Tal, das im Wesentlichen aus Feldern, Knicks und wenigen auseinanderliegenden Höfen besteht. Nichts regt sich, keine Menschen, kein Vieh, keine Fahrzeuge, ich habe das Gefühl, ich wandere in ein Bilderbuch hinein.

Froh bin ich, dass jetzt eine lange ebene Strecke kommt, hätte aber sehr gern eine Möglichkeit zur Einkehr gefunden. Die gibt es in dieser Abgeschiedenheit nicht. Kein Wunder, denn außer mir ist niemand unterwegs, eine Bar wäre sofort pleite. Ein durchdachter

Typ von Scheune ergänzt hier immer häufiger die Grundstücke: Auf konisch zulaufenden Steinsäulen liegen flache große Steinräder, auf denen dann ein hölzernes Rechteck ruht. Wie gelangt man hinein? Auf einer Steintreppe, die kurz vor der Scheune in der Luft endet. Genial, so ist das Gelagerte für Mäuse unerreichbar. Leider sind viele dieser Gebäude, auch viele Höfe, baufällig.

Kein Rotkehlchen weit und breit, dafür Rotschwänze. Ich gehe und gehe. Dieses stunden- und stundenlange Gehen kann man in Phasen einteilen, ich zähle mir folgende Möglichkeiten auf: erstmal die Haare offen lassen. Dann die erste Erleichterung: die Haare zusammenbinden. Erst einmal ohne Hut losgehen. Dann die zweite Erleichterung: den Hut aufsetzen. Erstmal mit langer Hose losgehen. Dann die dritte Erleichterung: die Hosenbeine hochkrempeln. Die Stöcke einsetzen. Die Stöcke unter die Arme klemmen. Die Hände mit den Stöcken in die Rucksackriemen hängen, sodass diese, also die Stöcke, sich über der Brust kreuzen. Die Stöcke waagerecht hinten auf den Schultern ablegen und halten. Die Stöcke von vorn nach hinten mittig in den Händen halten und mitschwingen lassen. So hat man schon mal etliche Variationen, deren Reihenfolge man ebenfalls variieren kann – bis auf den Hut, den braucht man bei Sonne ja sehr bald.

Da vorne, noch sehr weit entfernt, sehe ich eine sich fortbewegende Figur – sollte das tatsächlich ein Mitpilger sein? Seit ich gestern in Berbes die Bar verlassen habe, ist mir kein anderer Pilger mehr begegnet. Ich gehe etwas schneller als diese dunkle Figur, und so verringert sich allmählich unser Abstand. Tatsächlich, eine Pilgerin! Ich bewundere die Gelassenheit, mit der sie ganz entspannt vor sich hin – ja, wandelt. Dann überhole ich sie, wir wünschen uns lächelnd „buen camino". Sie trägt eine Sonnenbrille und einen breitkrempigen Hut, ich habe keine Ahnung, was sie für eine Landsmännin sein könnte. In einem gewissen Abstand geht sie nun also hinter mir her.

Irgendwann endet das liebliche Tal und wir erreichen ein Knäuel von Straßen, Autobahnzu- und -abbringern, Kreisverkehren und Über- und Unterführungen. An einer Bordsteinkante findet sich eine wahre Kette von gelben, ineinander übergehenden Pfeilen, der vertraue und folge ich. Sie führen immer tiefer in dieses Straßengewirr, es wird direkt gefährlich, dieses Gehen am Rand einer zweispurigen Fahrbahn. Die Pilgerin hinter mir folgt mir, ich entdecke wieder einen Pfeil, scheine also auf dem richtigen Weg zu sein – und drehe mich zu ihr um, um ihr zu signalisieren, dass wir richtig sind. Allerdings kommt mir das hier etwas merkwürdig vor, mit der Beschreibung des Pilgerführers stimmt diese Route nicht überein. Trotzdem gehe ich weiter, auch kann man die vierspurige Straße hier gar nicht überqueren.

Es geht wieder leicht hinauf, hinaus aus diesem Straßengewirr, an einer Weggabelung weiß ich nicht weiter. Da hält plötzlich ein Auto neben mir, am Steuer sitzt eine junge Spanierin, neben ihr die Pilgerin, die doch gerade noch hinter mir hergegangen war! Beide erklären mir auf Englisch, dass ich hier falsch bin, und dass die Spanierin deshalb auch schon die andere Pilgerin eingesammelt hat und sie jetzt an eine Stelle fahren werde, von wo aus der weitere Weg ganz klar wäre. Für mich und meinen Rucksack wäre im Auto auch noch Platz. Und so fährt diese nette Spanierin uns beide dort hin, von wo wir problemlos den Camino finden. Sie erzählt, sie sei letztes Jahr ebenfalls gepilgert und habe sich auch verlaufen. Dann habe auch ihr jemand geholfen, und diese Hilfsbereitschaft wolle sie jetzt gerne weitergeben.

Wir danken ihr ganz erleichtert und gehen jetzt gemeinsam weiter. Die Pilgerin heißt Johanna und ist Deutsche. Wir sind uns einig, dass die nächste Bar unsere sein wird, denn auch sie ist in Gijón gestartet und hat also seit ungefähr 15 Kilometern ebenfalls keine Möglichkeit einer stärkenden Pause gefunden.

Es geht durch Tabaza, den Beginn der industriellen Outskirts von Avilès. Die Sonne knallt, rechts und links der Ausfallstraße Fertigungshallen, Speditionen, Autowerkstätten, Tankstellen, Verladestationen, Eisenbahnschienen. Es fällt uns schwer, diesen Kontrast zum ländlich einsamen Tal hinter uns zu fassen. Wir landen an der Bar La Carioca, in der es leider keinen zumo natural de naranja gibt. Ich mache erstmal ein Foto von der Aussicht, die sich mir von einem der Außentische bietet. Wenn ich das nach Hause schicke, glaubt mir kein Mensch, dass ich noch auf dem Camino bin, aber ich finde das gerade oberscharf hier: öde Fabrikgelände vor öder Straße – und das auf dem Camino:

Beim Nachprüfen stelle ich fest, dass ich Cordula Rabe nur genauer hätte lesen müssen, dann wäre uns der Irrweg erspart geblieben …

Es ist hier sehr windig, Johanna zieht es zu sehr und im Schatten ist es auch kühl, also geht sie weiter. Ich bleibe noch, bin so froh, dass ich sitze und genieße diesen Kontrast zum Camino. Es ist so, als wäre ich kurz mal ins reale Leben abgebogen, das also neben der Pilgerwelt ganz ungerührt weiter existiert. Mir kommt es vor, als wäre ich schon Monate fort, als wäre ich zu einer Erinnerung geworden. Wie unwirklich ist dieses Leben als Pilgerin, jedes Eingreifen in die alltägliche Realität fällt weg. Und doch lebt man so intensiv wie sonst nie: angewiesen auf den eigenen Körper, den eigenen Verstand.

Und ab und zu der eigenen Doofheit ausgeliefert. Zurückgeworfen auf alles, was man selbst so bereithält, und das sind auch Überraschungen.

Die nächsten ungefähr sieben Kilometer werden hart. In mittlerweile stechender Sonne führt der Weg eine Hauptstraße entlang, die durch typische vorstädtische Unwirtlichkeit verläuft: teilweise leerstehende Wohnhäuser, Sozialsiedlungen, Autowerkstätten, zwielichtige Bars, eine öde und triste Gegend, wie in Fellinis La Strada. Neben mir lärmender Verkehr, auch Züge rauschen vorbei. Als ich nach einem Kreisverkehr am Straßenrand eine Bank entdecke, lege ich mich kurz mal drauf, denn ich bin wirklich erledigt: Rucksack abnehmen, als Kissen herrichten, Hut übers Gesicht (auf Sonnenbrand habe ich natürlich keine Lust) und Füße hoch. Dann schlafe ich tatsächlich neben diesem Großstadtverkehrslärm ein! Allmählich ahne ich, was am Leben eines Tramps verführerisch sein kann: das Pfeifen auf gesellschaftliche Normen und die damit verbundene innere UND äußere Freiheit. Mir ist inzwischen völlig egal, was andere denken, wenn sie mich so sehen.

Die Albergue in Avilès ist bisher die größte, 40 Betten in einem Saal. Inzwischen durchschaue ich dieses System etwas besser: Es kommt sowohl darauf an, wie weit die Unterkünfte entfernt voneinander liegen, als auch auf die Attraktivität der Etappe, die hinführt. Schließlich spielt auch eine Rolle, welche Anziehungskraft der Ort hat: Kann man hier baden? Kann man hier Kultur erleben? Hat man von hier einen schönen Blick in unvergessliche Landschaft? Diese Herberge ist vielleicht so groß, weil es zwischen Gijón und hier keine weiteren eingezeichneten gibt, jedenfalls nicht in Cordula Rabes Führer, und mir ist auch keine weitere begegnet.

In Avilès übernachtet man am Rand der Altstadt, die besonders altspanisch ist, scheint mir. Die Häuser wurden über schattige Arkaden gebaut, viele dunkle Holzerker oder -veranden und schmale Holzbalkone schmücken die Fassaden der hohen Stadthäuser. Seltsam sind die vielen Süßigkeiten- und Schmuckgeschäfte.

Als ich von meinem Rundgang zurückkomme, treffe ich Johanna vor der Albergue, sie sitzt draußen an einem der Tische und isst und plaudert mit zwei anderen Pilgern. Es sind wieder ein Vater und seine junge Tochter, die auf ihre Herbstferien angewiesen sind und deshalb nur zwei Wochen zum Pilgern haben. Wieder eine Kameradschaftlichkeit und vertrauensvolle, selbstverständliche Einigkeit der beiden Generationen, die ich bewundere. Wie gesagt, vor mehr als vierzig Jahren hätten wir nicht im Traum daran gedacht, mit dem Vater – oder der Mutter – so eine Unternehmung gemeinsam zu gestalten.

Heute spielt Spanien gegen Albanien, und hier gibt es keinen Fernseher.

XIV. Samstag, 7.10. : Avilès – Muros de Nalón

Morgens pilgere ich für einen spanischen Samstag früh los und laufe durch leere Straßen. Als ich verwirrt an einem Platz stehen bleibe und den richtigen Weg einfach nicht identifizieren kann, kommt zum Glück gleich ein joggendes Paar und beschreibt mir, wo der Camino verläuft. Wieder bin ich so dankbar für all die Hilfe, die mir gegeben wird! Trotzdem mache ich einen Fehler, das ist aber, wie sich später herausstellt, keiner, denn so erspare ich mir einen Berg.

Mein Weg führt mich durch noch verschlafene, leere Straßen, wie gesagt, die Spanier genießen die Samstagmorgen in ausschlafender Seelenruhe. Weder gibt es hier also Mitmenschen, noch Bars – und ohne Frühstück lässt es sich nur unentspannt pilgern. Gut, dass ich inzwischen einen Blick entwickelt habe für Einkehrmöglichkeiten, so entgeht mir die hinter einer Tankstelle versteckte, an diese angegliederte Bar nicht.

Der erste Schluck frisch gepresster Orangensaft morgens ist einer der wundervollsten Momente, die das Pilgerleben zu bieten hat, und er ist jeden Morgen wieder gleich wundervoll! Auch hier läuft natürlich ein großer Fernseher und in den Nachrichten wird mitgeteilt, dass zahlreiche namhafte Unternehmen wie z.B. die Caixa Bank Katalonien verlassen. Und Spanien hat 3:0 gegen Albanien gewonnen, jetzt kann ich ja beruhigt weiterpilgern.

Ich befinde mich nun wieder ganz in der Nähe der Küste, man merkt es gleich an der Bebauung mit Apartmentblocks. Hinauf geht es, hier oben werden die Grundstücke und Häuser immer gepflegter, blumenreicher und idyllischer, es gibt wohl viele Spanier, die hier ein Wochenendhaus besitzen. Kein Wunder eigentlich, denn das hinter mir liegende Avilès ist eine Großstadt.

Der Weg windet sich durch gepflegte weiße Gassen und bunte Vorgärten. Nach einer Biegung fällt mein Blick auf eine Bank rechts an einer Mauer, und auf dieser Bank sitzt Johanna und erholt sich vom Erklimmen des Berges, über den der korrekte Camino verlief und der mir erspart blieb. Wir gehen zusammen weiter, der Weg und das Wetter sind freundlich und unterstreichen die entspannte Wochenendatmosphäre. Das Gespräch, das sich zwischen uns entwickelt, es geht ums Pilgern und die Motive, die jeder von uns hat, ist so intensiv, dass wir gar nicht merken, wie die Kilometer verstreichen. Bis wir dann plötzlich in einem Wald von lebhaften Streckenposten auf einen kleinen Umweg geleitet werden, hier findet nämlich gerade ein Cross-Country-Wettlauf statt. Immer mehr schlammbespritzte Läufer hecheln und keuchen an uns vorbei, konzentriert, angestrengt, auf Schnelligkeit und Durchhalten fixiert. Respektvoll verharren wir schweigend am Wegrand, da lacht uns einer der Teilnehmer unvermutet an und ruft im Vorbeilaufen: „Hello! Nice to meet you!“ Wie nett ist das denn? Lachend geben wir ihm ein thumbs up, das ist ja wohl das mindeste, mit dem wir diese Kontaktfreude vergelten können!

Später kommen wir an einer hohen Gitterwand vorbei, die die Läufer überklettern müssen. Wir machen ein Foto der emporklimmenden Kämpfer, das ich den Kindern „von mir“ schicke – damit sie mal sehen, welche Herausforderungen ich auf meinem Pilgerweg meistern muss!

Noch später muss ich mich allerdings wirklich einer Herausforderung stellen, denn der Weg führt über eine längere Brücke über den Nalón. Mir wird schlecht vor Angst, zu der Höhe, die andere sicherlich gar nicht schlimm finden, kommt noch die Enge der Fußgängerspur. Na gut, hinüber muss ich. Immer nur den Blick auf den nächsten Schritt konzentrieren, das hilft etwas.

Belohnt werden wir dann von der neuesten und schicksten Albergue des bisherigen Caminos: Santa Carmina in Muros de Nalón: „wie ein In-Café“, formuliert Johanna. Nur vierzehn Betten, und es kommen auch drei ältere deutsche Pilger an, die ich gestern in Avilés schon gesehen hatte. Der bärtige Mann trägt einen lustigen, zerknautschten Hut, die beiden Frauen sind ganz schlank und alle drei scheinen sehr routiniert, was Pilgern angeht: Sie sehen taufrisch aus. Er bemängelt, dass auch hier Möglichkeiten fehlen, seine Sachen ordentlich unterzubringen: „Das wäre doch ganz einfach, hier ein paar Haken für Bügel hin“. Recht hat er eigentlich. Johanna begrüßt ein brasilianisches Ehepaar, Luis und Ana. Luis vertieft sich gleich in ein Gespräch mit einem anderen Pilger, der sich die Füße zu Wunden gelaufen hat, blutige Blasen etc. Luis verrät ihm sein Spezialrezept: Damenbinden in die Schuhe!

Da das Wetter herrlich und es noch mitten am Nachmittag ist, erkunde ich erst einmal den Garten dieser Albergue. Eine große Wiese mit Obstbäumen wird von der Sonne beschienen, und zwischen zwei Apfelbäumen hängt eine Hängematte! In die lege ich mich, „wirklich, jetzt bin ich in Abrahams Schoß“, denke ich glücklich. Der Blick geht auf den Ort, dessen helle Häuser sich auf einer Anhöhe eng um einen Kirchturm scharen, und alles, was ich heute noch tun muss, ist zu versuchen, eine neue Brille zu kaufen. Einer meiner Bügel ist abgebrochen.

Um dieses zu tun, gehe ich später hinauf ins Städtchen. Muros de Nalón ist menschenleer, auch der Platz, auf dem ich lande, meditiert still und stumm vor sich hin. Es gibt aber drei Bars, vor eine setze ich mich mit einem Glas Wein und warte, ob noch etwas passiert.

Nach einiger Zeit fährt ein Mann auf einem Motorroller aus einer rechts gelegenen Straße und verschwindet in eine links gelegene Straße.

Dann passiert lange nichts.

Irgendwann kommen zwei Kinder mit Skateboards unter dem Arm von links und schlendern nach rechts. Sie gehen in eine der Bars und kommen mit Eis wieder heraus. Dann gehen sie wieder nach links und verschwinden dort in einem Hauseingang.

Nichts weiter passiert.

Später fährt ein Auto von unten hoch und an mir vorbei die Straße hinter mir nach Westen.

Zeit vergeht.

Ein alter Mann erscheint aus einer Straße von links und setzt sich auf eine der Bänke, die in einiger Entfernung mir gegenüber stehen.

Weitere Zeit vergeht.

Aus der Bar nebenan tritt ein jüngerer Mann mit Sonnenbrille. Er setzt sich auf die Bank neben der, auf der der alte Mann sitzt, und fängt an zu telefonieren.

Sonst regt sich nichts.

Dann taucht von unten ein dicker Mann in rosa Poloshirt auf, der einen orangenen Rollkoffer hinter sich herzieht. Ein Pilger?? Er verschwindet in der Straße hinter mir.

Wieder liegt der Platz reglos da.

Dann wandert ein Asiate langsam von unten hoch auf den Platz und dort in Kreisen herum, dabei schaut er immer wieder auf sein Handy.

Sonst geschieht gar nichts.

Von unten nähert sich dann ganz langsam eine alte Frau mit Gehwagen, die von einer jüngeren in roten Schuhen begleitet wird. Sobald die alte Frau zu reden beginnt, halten beide an. Verstummt sie, kriechen beide weiter. So bewegen sie sich im Schneckentempo auf mich zu, langsam an mir vorbei, und dann verschwinden sie ebenso langsam hinter mir.

Die Kirchturmuhr schlägt sechs Mal.

Trotzdem rührt sich nichts, der Impuls verhallt ungehört.

Später verschwindet der Asiate wieder in der Tiefe mir gegenüber.

Wieder liegt der Platz leblos da.

Dann taucht ein alter Mann in Trainingsjacke links aus der Straße auf und geht nach rechts. Dort verschwindet er in einer Straße.

Reglose Stille.

Dann kommt er von dort zurück, überquert den Platz in anderer Richtung und verschwindet wieder in der Straße links.

Nichts tut sich, es ist, als betrachte ich ein Bild.

Da: Ein Auto parkt, eine Familie mit Hund steigt aus und macht Selfies.

Wieder taucht ein Mann von unten auf einem Motorroller auf. Er verschwindet in der Straße links.

Hab ich etwa geschlafen? Die Familie ist fort!

Der jüngere Mann auf der Bank steckt sein Handy ein und verschwindet nach rechts.

Das alles passiert in der Zeit von 17.40 bis 18.20.

Irgendwie wie ein Wimmelbild, das sich in Schichten aufgelöst hat – wimmelig wird es erst wieder, wenn man alle aufeinanderlegt.

Dann scheint die Zeit für Apéritifs gekommen, der Platz und die Bars füllen sich langsam. Ein Mann steuert auf die Tür der Bar zu, vor der ich sitze, bemerkt meine Füße in Flipflops und ermahnt mich fürsorglich, wärmere Schuhe anzuziehen.

Es gibt leider kein Brillengeschäft. Ich schlendere durch die Gassen hinunter zu einem großen Supermarkt, den ich auf meinem Weg vorhin schon in einiger Entfernung entdeckt hatte. Dort werden auch keine Brillen verkauft.

Abends essen wir in der der Albergue angegliederten Bar, auch Einheimische sitzen hier. Der fürsorgliche Mann erscheint auch, guckt wieder auf meine Füße in den Flipflops und schüttelt den Kopf – dann lachen wir beide.

Jedes Bett verfügt über eine Leselampe, also ich über eine Schreibelampe, das ist wirklich toll, denn mit Pflaster konnte ich glücklicherweise die Brille notdürftig reparieren. Dann lerne ich meine neunte Lektion: **Wasche nie beide Sockenpaare gleichzeitig!** Jetzt habe ich eines im Schlafsack an, damit es bis morgen früh hoffentlich trocken wird.

Beim Reflektieren dieser Etappe stelle ich fest, dass Steigungen keine so große Mühe mehr machen wie anfangs, und der Rucksack wirkt auch nicht mehr so schwer.

XV. Sonntag, 8.10.: Muros de Nalón – Santa Marina

Johanna und ich gehen zusammen los, halten aber nach zehn Minuten gleich wieder vor den dicken grauen Mauern einer Burgruine. Im Morgennebel zwischen Büschen und Bäumen hockt sie auf dem Rasen wie eine unheimliche Schildkröte oder wie der Eingang in Frau Holles Reich. Wir stehen vor dem Ursprung des Ortsnamens, kombinieren wir.[2] Wir sind so früh unterwegs, dass sich erst allmählich die Sonne hinter uns über den Horizont hebt, endlich erreichen die langen, goldenen Strahlen auch unseren Weg. Alles ist noch ganz still, der Tau in den Obstgärten neben uns fängt an zu funkeln, es ist, als erwache die Welt das erste Mal, als erschaffe das Licht sie erst.

Durch idyllische Weiler pilgern wir, kleine Täler hinunter und wieder hinauf, auch diese Gegend ist eine der Ferienhäuser. El Pitu vertritt dabei Sylt, es ist edel und wohlhabend, herrschaftliche Hotels, ein elegantes Möbelgeschäft, eine Weinkellerei. Ein Mann geht an uns vorbei, er sieht aus wie Woody Allen in cool. Als er merkt, dass wir an einer Kreuzung unschlüssig stehen bleiben, dreht er um und fragt uns, wohin wir wollen. Ich: „a Santiago“, er weiß nicht, ob er darüber lachen darf und schaut etwas verunsichert. Ich meinte das

2 Muros de Nalón: Mauern am Nalón.

eigentlich als Witz, aber verkneife mir jetzt mein Grinsen. Hilfsbereit erklärt er uns, wie wir gehen müssen.

Als El Pitu hinter uns liegt, wir einen winzigen Wald, wieder von einem Rotkehlchen beäugt, durchquert haben, tut sich plötzlich ein unwirklicher Kontrast zu dem Wohlstand eben auf: In einer Senke türmen sich links und rechts Abfallhaufen. Sie sind thematisch geordnet: Einkaufswagen, dann Kinderkarren – es ist nicht zu fassen, wie viele Kinderkarren weggeschmissen werden – dann Metall in Röhren-, Leisten- und Schienenform. Drumherum gammelt Alltagsabfall in unterschiedlichen Stadien vor sich hin, und inmitten dieser Schrotthügel, dieser Müllhalde entdecken wir erst mehrere Wäscheständer, auf denen Wäsche hängt, dann so eine Art kleine mobile Hütten, denen aber Räder fehlen. Vor ihnen liegen stumm angeleinte Hunde. Wasserkanister stehen verteilt umher. Diese Stille über diesem irgendwie apokalyptischen Areal macht alles noch unheimlicher, wir gehen schnell vorbei. Kaum liegen ungefähr 20 Meter hinter uns, erhebt sich linkerhand schon wieder ein wohlhabendes Anwesen, natürlich umzäunt und von einer Alarmanlage bewacht, wie die meisten Häuser, die uns heute begegnet sind. Jetzt kann man sich ausrechnen, wieso.

Ich frage Johanna, wie die Bewohner dieser Hütten ihre Tage gestalten. Klischees aus einem James-Bond-Film fallen mir dazu ein. Schlafen alle noch, weil sie nachts im Schein des Lagerfeuers schimmernden, dunkelroten Wein getrunken haben? Die Frauen in Rüschenröcken und tief ausgeschnittenen Blusen in ekstatisch-lasziven Tänzen mit ihren nackten Füßen den Staub aufgewirbelt haben, die Männer schwirrende Gitarrenmelodien spielten und mit heiseren Stimmen dazu verführerisch sangen? Goldene Arm- und Fußreifen blitzten, Kreolen funkelten in üppigen rabenschwarzen Locken, Glutaugen öffneten sich plötzlich zu sengenden Blicken?

Nein, natürlich nicht, haha. Wir überlegen, dass ein Großteil des Tages dazu dienen wird, irgendwie Geld aus dem Schrott zu machen, damit Lebensmittel, Wasser, Benzin, Gas zum Kochen etc. gekauft werden können. Und dazu, wieder Schrott zu sammeln. Durch meine neuen Pilgererfahrungen glaube ich, ein wenig ahnen zu können, wie wertvoll Menschen ihre Freiheit sein kann – und sei die Freiheit von konventionellen Normen und Regeln auch bezahlt mit der Freiheit von Luxus, Saturiertheit, bürgerlicher Sicherheit.

Stumm gehen wir weiter.

Später werden wir eine verlassene Asphaltstraße entlang hinunter in ein Tal geführt, mit Blick auf die Autobahn, die sich hoch über uns spannt. Wieder zwei Welten in unmittelbarer Nähe von einander: oben moderne, laute, rasende Mobilität, unten stilles, langsames Pilgern.

Wir müssen rechts tiefer in dieses Tal abbiegen und wandern durch den kleinen Ort el Rellayo an die Küste hinunter, der seine Bedeutung als Anbieter für erholsame Sommerfrische schon lange eingebüßt zu haben scheint. Diese altmodischen, zum Teil schon verlassenen, bescheidenen Hotels und Restaurants im Schatten dieser Autobahnbrücke verbreiten Öde, was vielleicht aber auch daran liegt, dass viele Unterkünfte hier schon hinter Winterschutz versteckt wurden. Und wie immer auf diesem Pilgerweg beklagt man die längst aus den Händen geglittene Urbanisierung der Welt. Aber Autobahnen benutzt man selbst ja auch. Im anderen Leben.

Es wird heißer, und wir freuen uns, dass es eine Zeit lang durch schattenspendenden Wald geht. Johanna ist klug und kann genauso gut reden wie schweigen. Unser gemeinsames Gehen hat etwas unangestrengt Kameradschaftliches. Das finde ich doch überraschend, immerhin kennen wir uns eigentlich gar nicht. Diese Kameradschaftlichkeit ergibt sich auch ganz zwanglos, denn der Weg ist ja für uns beide derselbe. Und mich interessieren ihre bisherigen Erfahrungen, sie geht auch zum ersten Mal einen Camino. Sie hat in Castro Urdiales vier Tage pausieren müssen, weil sie solche Schmerzen in den Schienbeinen hatte. Kanadier, die sie traf, mussten sich wegen Schmerzen behandeln lassen. Junge Pilger aus Österreich hielten nur kiffend durch, angeblich, um ihre Schmerzen ertragen zu können. Ein Pilger hielt es nicht aus, so lange von seiner Freundin getrennt zu sein, und flog nach Hause. Vielleicht ist er ja auch wieder zurück auf den Camino geflogen, überlegen wir. Und beim Übernachten auf einem Campingplatz ist sie von Flöhen zerstochen worden. Während ich auf diesem Weg eigentlich eher etwas abschließen will, sucht Johanna Inspiration oder Ideen.

Dann folgt eine Etappe des Bergauf- und Bergabtrottens von einem kleinen Ort in den nächsten, alle in sonntäglicher Ruhe, in feiertäglichem Frieden. Über liebenswürdige Täler blickt man in die Weite, auch sie könnten in den sommerlichen Voralpen liegen. An unserem direkten Weg jedoch verfallen immer wieder verlassene Häuser unaufhaltsam vor sich hin, in der gleißenden Mittagshitze wirken diese Ruinen auf eine traurige Art geheimnisvoll, fast einladend.

Die Sonne brennt, und wir machen mehr Pausen, sind auch schon weit mehr als 16 Kilometer gegangen. Die Füße tun nicht mehr sehr weh, dafür schmerzt eine Stelle im Rücken. Johanna hat einen schwarzen Styroporball dabei, den klemme ich zwischen Rücken und Rucksack. So geht es besser, aber welcher Pilger denkt denn daran, sich auch noch damit auszurüsten? Johannas Bruder ist Physiotherapeut, daher ist sie umsichtiger ausgestattet als normal, ein Glück, kann ich nur sagen.

Wir gehen weiter bis Santa Marina, dort kehren wir in der Pension Prada ein. Ich freue mich schon, weil die Wirtin uns auf eine dieser pompösen Americano-Villen zuführt, aber kurz vorher biegen wir links ab und bekommen das Zimmer in einem ganz gewöhnlichen Flachbau nebenan zugewiesen.

Es stellt sich heraus, dass die drei älteren erprobten Pilger auch hier übernachten. Abends beim Pilgermenü unterhalten wir uns ein bisschen, sie sind schon seit Kindesbeinen geübte Wanderer und zwei Schwestern aus Mannheim. Die jüngere, Gerlinde, wird von ihrem Mann Kalle begleitet, auch ein routinierter Wanderer, die ältere, Annelies, lebt schon seit Jahrzehnten in Barcelona. Jetzt pilgern auch sie nach Santiago.

Das Pilgermenü ist wie meistens eher darauf angelegt, satt zu machen als zu schmecken, die Bedienung aber sehr nett. Leider läuft im Gastraum kein Fernseher, dabei würde ich doch so gern Neues aus Katalonien erfahren. Später versuchen Johanna und ich im Abenddämmern bis ans Meer zu gelangen, das wunderbar dunkel und samten zwischen den Häusern im Westen hindurchschimmert. Irgendwie ist es aber viel weiter weg, als wir vermuteten, es wird so schwarze Nacht, dass wir umkehren müssen, schade!

XVI. Montag, 9.10.: Santa Marina – Luarca

Es ist fast noch dunkel, als wir frühstücken, aber auf dem Weg in die Bar glimmt der östliche Himmel schon in Gelb und Rosa, das Land liegt konturenhaft und schweigend darunter, es ist noch nicht ganz wach, räkelt sich aber schon sachte, so scheint es.

Während wir frühstücken, kommen Annelies, Gerlinde und Kalle herein. Kalle teilt uns gleich gut gelaunt mit, dass seine Matratze in Ordnung war, er habe gut geschlafen. Ja, haben wir auch. Endlich mal richtige Betten, das war mir in meiner Müdigkeit gestern gar nicht aufgefallen. Dann sprechen wir noch darüber, dass wir heute hoffentlich bis Luarca durchhalten werden, auch die drei wollen heute bis dort pilgern.

Johanna und ich wählen die Variante, die Cordula Rabe als „knapp 1 Kilometer kürzere“ beschreibt. Das bedeutet, wir stolpern jetzt dreimal mühsam auf Meeresspiegelniveau hinunter, um mehr oder weniger sofort wieder noch mühsamer die Höhe des Steilufers hinaufzuklimmen. Wir machen also sagenhaft viele Höhenmeter aber irgendwie keine „Strecke“. Einmal müssen wir sogar über einen umgestürzten Baum klettern, ich denke: „wirklich: wie Hänschen klein über Stock und über Stein“. Die Sonne scheint, das Meer, wenn man es sieht, liegt glitzernd und blau da, außer uns ist kein Mensch unterwegs. Die drei Profipilger sind uns sicherlich schon Kilometer voraus.

Später geht es lange auf der fast verlassenen Asphaltstraße 632 entlang, leider ist sie nur fast verlassen, und so müssen wir uns mehrfach an die steile Böschung links von uns drücken, um nicht überfahren zu werden.

Welch seltsame Welt: Wir gehen jetzt über abgeerntete Maisfelder, aber die Sonne brennt wie im norddeutschen Hochsommer. Ein einzelner Star singt auf einem Telegrafendraht melodiös vor sich hin,

„entweder ist er zu früh oder zu spät“, überlege ich. Hoffentlich findet er noch Anschluss! Unter ihm auf diesen Stoppelfeldern wackeln Krähen umher, die so glänzen, als wären sie aus der schwarzen Plastikfolie gemacht, in die die Heuballen immer eingeschweißt werden. Manchmal führt der Weg durch kleine Wäldchen, und je nachdem, ob Eichen oder Kiefern oder Kastanien wachsen, riecht es immer anders, und nach den Eukalyptuswäldern ist dieser Waldgeruch so heimatlich vertraut. Ein Rotkehlchen ist auch wieder da.

In einem kleinen Ort kommen wir an einem Lebensmittelladen vorbei. Ich gehe hinein, um mal wieder so eine Tüte mit gesalzener Nussmischung zu kaufen. Eine halbe Sekunde gelange ich später an die Kasse als ein Mann, der offensichtlich gerade seinen gesamten Wocheneinkauf getätigt hat. Vorgelassen werde ich aber nicht, und so kann ich in meiner deutschen Ungeduld genau beobachten, dass er all seine Haufen von Lebensmitteln etc. in den Plastiktüten verstaut, die ihm das Mädchen an der Kasse immer wieder neu über das Laufband reicht. Es werden mindestens zwölf dieser kleinen weißen Säckchen, die es in Deutschland an Kassen schon lange nicht mehr gibt. Am liebsten würde ich etwas sagen von dem wunderschönen Land, in dem er lebt, das er mit dieser unnötigen Plastikmüllmenge nur noch weiter zerstört, als es all die wilden Müllhalden jetzt schon tun. Mein Spanisch ist natürlich dafür nicht gut genug, und: Hatte ich mir nicht vorgenommen, meine Kommentare und Urteile und Einmischungen zu lassen? So warte ich stumm weiter, bis ich dann irgendwann endlich meine einzige Nusstüte bezahlen kann.

Ein wenig später kehren wir in Villademoros in einer größeren Bar rechts am Straßenrand ein. Noch nie in meinem Leben habe ich so ein ekliges Stück Tortilla mit Chorizo gegessen wie da: kalt, zäh, bis auf so schleimige Schärfe ungewürzt – widerlich! Später begreife ich unseren Fehler: Wir sind zu früh gekommen, daher wurde uns noch der Rest von gestern serviert. Während wir nämlich noch so dasitzen, beginnt ein Kellner, die Tische weiß zu decken, und auf den Tresen werden Tabletts mit frisch zubereiteten Tapas gestellt.

Die weitere Strecke liegt in der Sonne, aber die Mischung von Asphaltstraßen, Steigungen und Niederungen belebt mich einfach nicht. Ich habe das Gefühl, Pilger sind hier eigentlich gar nicht vorgesehen. Man muss einige Kreisverkehre und Unterführungen meistern, um dann endlich in einem stilleren Tal zu landen, dessen westliches Ende allerdings wieder von einer der zahlreichen Autobahnbrücken überspannt wird. In dem Hotel Canero machen wir eine Pause – und dort sitzen schon die drei Profipilger heiter vor ihren Kaffees und sehen wie immer taufrisch aus. Die Wirtin bietet uns ihre Zimmer an, sogar mit Playa. Playa? Erst denke ich, ich habe mich verhört, aber gemeint ist eine Bademöglichkeit am Fluss Esva, der ganz nah vorbeifließt.

Aber wir pilgern weiter. Wie schon an manchen vorangegangenen Tagen merke ich dann zu spät, dass ich eigentlich für heute genug gepilgert bin. Ich möchte doch besser auf meine Füße, Beine und Hüften aufpassen! Das Doofe ist, dass sich diese Erschöpfung manchmal eben erst einstellt, wenn keine Albergue in der Nähe ist. So bin ich gezwungen, weiter zu gehen. Und bis Luarca zieht es sich nochmal richtig, und dann wiegt mich auch die wieder dichter werdende Zivilisation in der falschen Hoffnung, Luarca sei nun erreicht. Nein, wir sind erst in Barcia, und dann kommt noch Barcellina – und dann erst Luarca! Johanna ist viel stoischer als ich.

Man nähert sich Luarca von oben, und der Blick über das eingefasste Hafenbecken voll bunter Boote und all die grauen und weißen Häuser, die die steilen Hänge drum herum hinaufgekrochen sind, ist wirklich schön!

Wir steigen hinunter, die Straßen sind so eng, dass manchmal nur entweder ein Auto oder ein Fußgänger Platz hat. Immer weiter und noch weiter hinunter geht es, aber uns begegnet kein einziger Hinweis auf eine Albergue. Im Talkessel angekommen landen wir auf einem Platz, auf dem schon fast später Abend herrscht, so scheint es. Luarcas Zentrum liegt so tief an einer so steil und hoch eingefassten

Bucht, dass es unten viel früher dunkelt als oben, ein bisschen wie Deba. Erst finden wir die Albergue nicht – oh je, in mir dräuen sich dicke Wolken zusammen, ich werde mich doch wohl nicht noch weiterschleppen müssen? Als wir uns nochmal konzentriert umsehen, finden wir sie doch. Sie wird von einem Hotel aus betreut und man kann hineingehen, aber anmelden können wir uns noch nicht. Immerhin sind genug Betten frei, das hätte mir noch gefehlt: nach diesem wahnsinnig anstrengenden Tag (wir sind ungefähr 29 Kilometer gegangen) obdachlos zu sein! Auf eines der Betten hingestreckt finde ich mein inneres Gleichgewicht langsam wieder.

Später kaufe ich eine günstige neue Lesebrille, der freundliche Optiker schenkt mir sogar ein festes Etui dazu. Dann gehe ich an den Hafen, ich möchte nämlich mal Postkarten schreiben. Dieser Hafen ist ein ehrlicher Hafen, damit meine ich, dass hier noch echte Fischkutter liegen und sogar ein Feuerschiff.

Leider wird hier weit und breit keine einzige Postkarte angeboten, auch haben viele der Lokale und Geschäfte geschlossen. Der Herbst ist hier also angekommen, die Saison ist vorbei. Ich kehre um und finde die Touristeninformation, glücklicherweise hat sie noch geöffnet. Die liebenswürdige Frau drinnen kann mir aber auch nicht helfen, bedauernd muss sie zugeben, dass in ganz Luarca keine Postkarten mehr angeboten werden.

In der Albergue sitzen Johanna und ich dann in der Küche und essen gemeinsam unsere Einkäufe aus dem kleinen Lebensmittelladen schräg gegenüber. Kalle, Gerlinde und Annelies, auch eingetroffen, wollen in ein Fischrestaurant gehen und freuen sich auf einen schönen Abend. Kurze Zeit später kommen sie zurück, das Fischrestaurant hat geschlossen. Also beschließen sie, eine Pizzeria zu suchen, von der sie gehört haben. Diese Pizzeria hat aber auch zu, und so kommen sie mit Einkäufen beladen zurück und bereiten sich ihr Abendessen ebenfalls in der Küche zu. Sie haben Wein dabei, und der Abend wird sehr lustig. Kalle vertritt die Theorie, dass Wein erst ab 14% Alkohol schmeckt, aber seine Mädels sehen das anders. Ich beschließe, das in Zukunft zu überprüfen. Johanna will sich das auch mal merken. Eine freundliche dänische Großmutter ist auch da, begleitet von ihrer sehr jungen, sehr schlanken und biegsamen Enkelin, die ununterbrochen Süßigkeiten isst. Wie sich der Abend dann noch weiter entwickelt, kann ich nicht sagen, denn ich ziehe mich mit meinem Tagebuch auf mein Bett zurück.

XVII. Dienstag, 10.10.: Luarca – Navia

Im Morgengrauen beginnen Johanna und ich gemeinsam unseren Camino. Als erstes gehen wir in die nächste Bar frühstücken, denn uns ist klar, dass es aus Luarca hinaus richtig lange richtig steil bergauf gehen wird, also brauchen wir Energie.

So ist es auch, aber der Ausblick über die aus dem Morgennebel auftauchenden Anhöhen unter einem stillen rosa Himmel entschädigt für viel! Knapp hinter Luarca werden wir an der Ruine einer uralten Santiago-Kirche vorbei geführt, über einem ihrer verfallenen Torbogen kann man noch verwitterte steinerne Jakobsmuscheln erkennen. Irgendwie machen sie Mut und geben Kraft, zeigen sie doch, dass wir pilgernd eine uralte Tradition weiterführen. Erst einmal trägt mich dieses kleine Erlebnis, aber dann schwinge ich immer niedriger, innerlich.

Die Landschaft besteht hier aus abgeernteten Maisfeldern, wenigen Häusern, ab und zu einer Eisenbahnlinie, kleineren Asphaltstraßen und der Hauptstraße, alles ist einsam und kahl irgendwie. Meine Laune wird leider richtig schlecht, ich weiß gar nicht wieso. Vielleicht liegt es auch daran, dass die Umgebung aus einer Mischung aus Verlassenheit, fahlen Farben und einer gewissen Öde besteht. Nichts lebt hier, so scheint es, jede Energie ist im Sand verlaufen. All die leeren Häuser, soo viele sind einfach verlassen oder stehen zum Verkauf. Von dieser Umgebung geht keinerlei bejahendes Leben aus. Asturien scheint mir hier arm zu sein, das bedrückt mich auch. Wie geht es den wenigen übriggebliebenen Einwohnern, die bewohnten Gebäude sind ja schon in der Minderzahl? Lieben sie ihr Land? Oder würden sie auch am liebsten fortziehen? Ich hoffe nicht, denn was für ein frustriertes Dasein wäre das. Aber Ackerbau findet hier doch statt, sehe ich, also ist wohl für ein Auskommen der Gebliebenen gesorgt. Dann schäme ich mich fast für mein Bedauern, hat das womöglich etwas Herablassendes? Das möchte ich nicht, und ich bin hier ja fremd und gewinne auf diesem Hindurchpilgern auch nur einen ganz oberflächlichen Eindruck. Meine Stimmung bleibt gedrückt.

Es geht bergan, der Blick schweift mal wieder über die Autobahn und weit ins Land hinein, und der Camino verläuft auf einem neu angelegten, viel zu breiten Schotterweg in Serpentinen durch Kiefern hindurch, erst hinauf, dann wieder hinab. Das stört mich auch, dass hier einfach so ein überdimensional breites Stück Land gerodet, dass Natur zerstört wurde. Als ginge mich das etwas an. Aber: Dieser Weg wurde für Pilger angelegt! Auch ich bin Ursache für diesen Eingriff! Diese Erkenntnis trübt meine Laune weiter. Dann führt der Weg wieder durch leere, fahle Felder und winzige, leblose Weiler. Kaum Bäume, geschweige denn ein Wald. Eine Herde Kühe steht reglos auf graubraunem, staubtrockenem, hartem Lehm. Die Sonne sticht, und für mich hat die Atmosphäre etwas wie Fieber. Gereizt trotte ich vor mich hin, Johanna ist bestimmt genervt von meinem verdrossenen Unmut, aber ich bekomme mich nicht in den Griff.

Irgendwann kehren wir in einer kleinen Bar ein, die mir genauso fahl vorkommt wie die Landschaft, und wir bestellen zwei Stück Kuchen, die auch fahl schmecken – aha, die sind bestimmt auch von gestern. Während wir so dasitzen, stößt plötzlich jemand forsch die Tür auf und herein kommt die Pilgerin, die in Sierdo so zielgerichtet die Bar erstürmte, und auch hier hat sie ihre Bestellung sofort erledigt. Johanna begrüßt sie ganz erfreut, sie heißt Martina und die beiden haben sich vor Wochen schon kennengelernt. Martina erzählt, dass sie sich neue Schuhe hat kaufen müssen, ihre hatten sich als viel zu unbequem erwiesen. Geteilte Fußprobleme sind halbe Fußprobleme, auf eine schräge Art stärken sie irgendwie unsere Identifikation miteinander und mit dem Weg, ein kleiner Trost. Als Johanna sie nach ihrem Partner fragt, erklärt Martina, sie würden getrennt laufen, da jeder sein eigenes Tempo habe. Abends in der Albergue treffen sie sich dann immer. Das finde ich stark. Eine weitere Variante, wie man seinen individuellen Camino gestalten kann, mir imponiert das.

Wir brechen wieder auf und kommen bald an einer kleinen ehemaligen Schule vorbei, sie ist weiß und blassrot gestrichen und hat zwei Eingänge: einen für Mädchen, einen für Jungen. Warum gab es wohl diese beiden Eingänge? Damit die tobenden Jungs die braven Mädchen nicht umrennen? Aus Schicklichkeitsgründen? Aber was ist daran unschicklich, wenn Jungen und Mädchen einen gemeinsamen Eingang benutzen? Wurden sie vielleicht auch in unterschiedlichen Räumen unterrichtet? Womöglich in unterschiedlichen Fächern? Ich will ja nicht mehr dauernd und zu allem eine Meinung entwickeln, und so verkneife ich mir eine innere Stellungnahme dazu.

Jetzt ist diese Schule, die mittlerweile direkt an einer sehr lauten, sehr befahrenen Straße liegt, zu einer Albergue umfunktioniert worden. Ich fürchte, dieses Projekt wird auch bald sein Ende finden.

Nachdem wir uns durch ein Schnellstraßenknäuel gewühlt haben, wird die Landschaft wieder gesünder, die fiebrige Fahlheit wird abgelöst von blühenden Hortensien und grünen Wiesen. Dann müssen wir einen Bach durchqueren, auf dafür hineingelegten Steinen, das glucksende Wasser gibt der Stimmung zusätzlich Frische, und so verliert der Tag allmählich etwas von seiner drückenden Stimmung.

In Navia finden wir eine sehr helle, neue, einladende Herberge, San Roque, und da es noch nicht sehr spät ist – wir sind heute nur ungefähr 20 Kilometer gegangen – , sind die Betten auch fast alle noch frei. Waschmaschinen stehen zur Verfügung, das hebt meine Laune etwas, zumal es draußen immer noch heiß ist, sodass die Wäsche trocknen wird. Kalle, Gerlinde und Annelies treffen ein, die dänische Großmutter mit ihrer Enkelin ebenfalls, und auch Martina und ihr Partner. Dann tritt ein dünner, sehr junger, großer Mann ein, Johanna kennt ihn auch schon, er heißt Jonas. Da Johanna wie ich in Irún gestartet ist, aber alles zu Fuß bewältigt hat, ist sie schon viel länger unterwegs als ich und hat natürlich auch schon mehr Mitpilger kennengelernt.

Später gehen wir zusammen einkaufen, dann kehren Johanna und Jonas in die Albergue zurück, aber ich brauche mein Alleinsein und schlendere noch durchs Städtchen. Navia liegt am Fluss Navia, also in einer Senke, die verglichen mit Luarca jedoch harmlos ist. Mir gefällt auch hier wieder, dass es Kräne und Frachtschiffe am Ufer gibt. Und eine kleine von Platanen beschattete Promenade mit Bänken und Blumenbeeten, wie in Südfrankreich. Mir war schon in Castro Urdiales und in Avilès aufgefallen, dass die Spanier die öffentlichen Bänke gerne und oft nutzen, auf denen sie sich treffen und miteinander plaudern. In Deutschland beobachte ich das nicht. Warum tun die Deutschen das so selten? Diese Art, den Feierabend einzuleiten, hat doch viel Gemütliches und Verbindendes. In Avilès war ich extra aufgestanden, um einer Gruppe Spaniern Platz zu machen, auf deren offensichtlicher „Stammbank“ ich aus Versehen gelandet war.

Johanna ruft mich an, ob ich eine Salatschüssel besorgen könne, die fehle hier. Ja, das kann ich. Ich kaufe eine gelbe, weil es in der Albergue viel gelb gibt. Zurück in der Küche von San Roque treffe ich auf die Mitpilger. Martinas Freund Peer kocht Nudeln in der Mikrowelle – dass das geht, hatte ich nicht gewusst. Johanna und Jonas bereiten eine unglaubliche RIESENschüssel Salat zu, von der Johanna sich gar nicht vorstellen kann, dass sie je leer werden wird. Als Mutter zweier Söhne beruhige ich sie, nach einem sportlichen Tag schaffen junge Männer wirklich jedes Volumen. So ist es auch, vergnügt macht sich Jonas dann über den „Rest“ her, wie ein Schaufelrad arbeitet sein Arm, und eine volle Gabel nach der anderen verschwindet in seinem Mund. Wir sind ganz beruhigt, dass dieser dünne junge Mann endlich mal richtig satt wird, und so bleibt nur die gelbe Schüssel übrig, die ich gerne zukünftigen Pilgern zur Verfügung stelle, also da lasse.

Während die anderen sich noch mit einem Wimmelbuch vergnügen, das sie im Fundus der Albergue gefunden haben, gehe ich mit meinem Tagebuch ins Bett. Meine Stimmung ist immer noch leicht gereizt. Wovon?

XVIII. Mittwoch, 11.10.: Navia – Tapia de Casariego

Wir frühstücken in einer Bar, von deren rückwärtiger Seite sich ein Blick auf den Fluss öffnet. Im Osten spannt sich mal wieder die ewige Autobahn über das Wasser, und dahinter dampft und raucht es aus mehreren Fabrikschloten.

Meine Laune ist immer noch nicht viel besser, allerdings wird die Landschaft ganz allmählich wieder etwas grüner und auch baumbestandener. Trotzdem, auf mich wirkt alles abweisend und freudlos. Vielleicht bin das aber ich selbst. Da diese Gegend nichts Besonderes hat, gibt es auch keine touristische Infrastruktur, die Einwohner rechnen nicht mit fremdem Besuch. Vielleicht liegt es auch daran, dass ich mich als Pilgerin fühle wie ein Eindringling. Als hätte ich mich als Besucherin, anstatt in den „Salon" zu gehen, in die Küche verirrt.

Gerlinde merkt, dass ich heute so niedergeschlagen bin, und als ich etwas murmele von der Landschaft, die mich bedrückt, weiß sie gar nicht, was sie sagen soll. Man merkt, wie lieb es ihr wäre, wenn es allen gut ginge, aber ich kann nicht anders als bockig und mürrisch bleiben.

Weiter geht's, und wenn wir dachten, auf der Asphaltstraße sei es ungemütlich gewesen, dann lernen wir jetzt, dass der Camino noch ganz andere Herausforderungen bereithält: Die nächsten Kilometer verläuft er direkt neben der Autobahn. Auf einem staubigen, breiten, monotonen Schotterweg latschen wir also ewiges Rauschen und stickige Abgase entlang. Hier kann sich meine Laune jedenfalls nicht erholen. Unter Pilgern hatte ich mir doch irgendwie meditatives Wandern durch idyllische Einsamkeit vorgestellt, und nun bin ich u.a. schon an Eisenbahnschienen, einem Kohlekraftwerk, Industrieanlagen vorbei und etliche Schnellstraßen entlang geleitet worden, – und jetzt also noch eine Autobahn. Der Unterschied zwischen meiner naiven Vorstellung und der oft so mühsamen und widrigen Realität ist eigentlich zum Lachen – aber hätte mir eine gründlichere Vorbereitung wirklich geholfen? Es hätte weniger unangenehme Überraschungen gegeben, aber mein Pilgern hätte etwas von einer durchgestylten Unternehmung bekommen, und das hatte ich nicht gewollt. Also brauche ich mich jetzt auch nicht zu beschweren.

Endlich überqueren wir die Autobahn, dann führt uns der Camino links, dann rechts an einer befahrenen Schnellstraße entlang. Dann durch eine Bahnunterführung. Dabei fällt mir auf, dass es in Asturien deutlich weniger Graffitis gibt als mittlerweile die gesamteuropäische Norm ist. Heißt das, hier leben weniger Jugendliche, oder hier steht weniger Geld für die Sprühdosen zur Verfügung? Oder sind die Jugendlichen hier einfach nur entspannter?

In einer Senke, die schon zu La Caridad gehört, liegt in einem plötzlich ganz idyllisch sich auftuenden natürlichen Mini-Park eine Albergue an einem Bach, wie ein einladender, offener weißer Würfel. Gleich entsteht das Gefühl, man darf hier doch sein, gehört als Pilger doch irgendwie dazu.

Während wir durch den Ort gehen, donnern immer wieder Böllerschüsse durch die Straßen. Peer, den wir hier treffen, sagt lachend, diese Art, Pilger zu begrüßen, sei ihm ganz neu. Wir lachen auch, aber den wirklichen Grund für diese Knallerei finden wir nicht heraus. Der spanische Nationalfeiertag ist erst morgen.

Als la Caridad hinter uns liegt, beginnt abermals eine gewisse Öde, auch die Schnellstraße verläuft hier, mit Baustoffmarkt und Tankstelle. Dann aber wird die Gegend endlich wieder einladender, wir gehen durch Kiefernwälder, die eine Art von Datschas beschirmen. Die Atmosphäre entwickelt eine gewisse ferienhafte Heiterkeit, und hier gibt es auch wieder Kinderspielplätze. Wir begegnen den drei Profipilgern, die schneller waren als wir. Gleich fragt mich Gerlinde, ob es hier denn nicht wieder schön sei – ich antworte natürlich „ja", schon allein, um ihr ihre etwaige Sorge um eine unglückliche Pilgerin zu nehmen. Ihren Wunsch, dass es allen gut gehen möge, kenne ich, kennt wahrscheinlich jede Mutter: diese verinnerlichte Sorge um das Wohl der anderen, die, kaum ist Unmut geäußert, sich sofort aufgerufen fühlt, Unangenehmes zu bereinigen. Die Tatsache, dass ich seit gestern meine schlechte Laune (manchmal mehr, manchmal weniger) lebe – ist das nun ein Zeichen dafür, dass ich auf dem Camino lerne, endlich mich selbst ehrlicher wahrzunehmen? Nein, das glaube ich doch nicht, eher wohl für Egoismus, schlimm genug. Auf der anderen Seite: Sich selbst in einer Gruppe zu verleugnen, das kann nicht im Sinne des Pilgerns sein. Diesen Widerspruch zwischen gesellschaftlichen Gepflogenheiten und der Individualität, die der Camino verlangt, kann ich gerade nicht auflösen. Eins sagt mir aber eine innere Stimme: Es geht hier um mich. Diese Möglichkeit, sich mit sich selbst auseinanderzusetzen, ist eine ganz große Chance, die soll und darf, muss genutzt werden. Einstweilen weiß ich nur nicht genau, wie.

Wir fünf stehen bald vor der Iglesia de Valdepares, und da Cordula Rabe zwei Varianten benennt, von denen die längere ans Meer führt, will die Entscheidung über die nächste Etappe wohl bedacht sein. Mir ist eigentlich sofort klar, dass ich ans Meer, zum „Castro y Mirador de Cabo Blanco" gehen möchte, obwohl mir eigentlich lieber nach Einkehren wäre. Aber da ich nun schon so nahe an einen

Aussichtspunkt gekommen bin – den Schlenker nehme ich auf mich, Rückenschmerzen habe ich eh schon.

Die anderen wählen die kürzere Strecke, und so trennen sich plötzlich unsere Wege. (Wir rechnen natürlich damit, dass wir uns im Laufe der nächsten Zeit wiedertreffen werden.) „Siehst du", sage ich, auf einmal wieder allein, zu mir, „der Camino öffnet dir ja den Weg zu dir, freu dich!".

Durch eine kahle, weite Ebene werde ich geleitet, endlose Stoppelfelder rechts und links, über mir der gleißende Himmel, sonst nichts. Doch, ganz weit vorne ein weißes, von Mauern eingefasstes Rechteck. Mich erinnert das wieder an die mexikanischen Western. Ist das eine Kaserne? Ein Gefängnis? Hier? Kann ja wohl nicht sein – nein, das ist es auch nicht, sondern ein Friedhof. Mitten im Nichts.

Cabo Blanco ist keine Landzunge, die sich ins Meer streckt, sondern ein schartiger, felsiger Keil oder Dolch, mit dem die Küste ins Meer sticht. Man kann auf ihm sehr weit hinausgehen, und besonders links von ihm stecken weitere hohe, zackige Felsbrocken, nackt und zerrissen klaffen sie im Wasser. Ihre Farbe erinnert an gedörrten Speck.

Diese sonnige Abgeschiedenheit finde ich schön und mache erstmal eine ausgiebige Pause. Als ich meine Schuhe ausziehe, muss ich an den Kanadier Adrian denken. Recht hat er mit seiner Art zu pilgern! Bis auf zwei holländische Pilger, die ich vom Sehen auch schon kenne, bin ich allein auf diesem Landvorsprung und lege mich in das dichte, weiche Gras. Ich habe alle Zeit der Welt, es ist bis auf das Meeresrauschen still und in meinem Rucksack befinden sich Tomaten, Käse und ein Apfel. Die Wasserflasche ist auch noch halb gefüllt – plötzlich ist alles gut!

Auf dem Bauch liegend beobachte ich dann, wie das Wasser sich in den Felsen austobt. Mit Macht drängt es durch einen Spalt, stürzt sich wie ein kriegerischer Überfall in den erreichten Raum und überspült sofort alles, was sich ihm in den Weg stellt. Mit gnadenloser Gründlichkeit lässt es keine noch so kleine Spalte, keine noch so winzige Oberfläche aus, alles scheint strategisch perfekt geplant. Dann zieht es sich befriedigt zurück, aber jede neue Welle wiederholt diesen Überfall genauso gnadenlos wie die vorige. Man kann förmlich sehen, wie der Fels langsam aber unaufhaltsam zermahlen wird. Das Wasser ist immer stärker, denke ich, wie Efeu – der gewinnt auch immer.

Mittlerweile sind die Holländer weiter gegangen, ich bin ganz allein. Es wandert ein Mann auf mich zu, ohne Rucksack, also kein Pilger – leider bekomme ich meine spontane Angst immer noch nicht in den Griff. Ein zweiter gesellt sich zu ihm. Beide wollen nur die Aussicht genießen, natürlich überfallen sie mich nicht.

Später raffe ich meine Sachen zusammen, ziehe die Wanderschuhe wieder an und gehe die Küste entlang nach Westen. Das Wasser hat mir wieder Kraft und Mut gegeben. Ich gelange an eine Kehre, die ich ganz überblicken kann, und sehe, wie mir ein Auto auf dem Weg entgegenkommt. Hinter einer Baumgruppe bleibt es stehen. Mich beunruhigt das, vor allem, dass geparkt wird, und hinter den Bäumen – als warte das Auto in einem Hinterhalt. Vorbei muss ich nun mal, und so gehe ich einfach weiter, denke, ich mache das wie bei einem fremden freilaufenden Hund: Gelassenheit signalisieren, dann tut er einem (hoffentlich) nichts. Es stellt sich heraus, dass das Auto zur Küstenwache gehört und der Mann drinnen mit einem Fernglas das Meer absucht oder überprüft. Ich atme auf.

Der Weg an diesem Küstenstreifen entlang macht mir Freude, man sieht weit übers Meer und geht in Stille durch freundliche Natur. Das hier ist eine Feriengegend, merke ich, mit einer tief gelegenen, verwunschenen Sandbucht und Einkehrmöglichkeiten, die aber, es ist ja schon Herbst, geschlossen haben. Allmählich setzt die Zivilisation deutlicher ein, hier liegen viele gepflegte, gutbürgerliche Urlaubs-Villen an der alten Straße. Außer mir ist niemand unterwegs. An einem kleinen Fluss habe ich die Möglichkeit, statt dem direkten Weg wieder auf den Camino zu folgen, an diesem Fluss, eher Flüsschen, entlang zu gehen, und das mache ich, schon, weil hier Bäume Schatten spenden.

Irgendwann geht es wieder durch Felder hinauf und Landwirtschaft setzt ein. Auf den Höfen werden Autos gewaschen, Musik wird gehört, Rasen gemäht – alles wohl die Vorbereitung auf den morgigen Feiertag. Immer wieder stehen aber auch Häuser zum Verkauf, eins gefällt mir besonders, sein Giebel besteht fast nur aus Glas.

Vielleicht ist der oberste Raum mit dem großen Fenster mal ein Spielzimmer (mit Sicherheitsgitter) für viele Kinder gewesen? Vielleicht hat jemand sich die Glasfront extra einbauen lassen, um dort zu malen. Vielleicht hat jemand an diesem Fenster Nachmittage lang gesessen, von Reisen in ferne Länder, ins Unbekannte, von Abenteuern geträumt. Ich würde das Haus ja zu gerne mal von innen sehen.

Allmählich bin ich doch sehr müde und erschöpft, die Rückenschmerzen sind fast nicht mehr auszuhalten. Ich nähere mich Tapia de Casariego, und gleich am Ortsanfang rechts oberhalb einer kleinen tiefen Bucht liegt die Albergue. Im Garten sehe ich lauter bekannte Mitpilger sitzen. Niemand blickt auf, und ich gehe einfach weiter. Ich glaube, mein Unmut der letzten Tage rührt auch daher, dass ich zu wenig allein war. Offensichtlich ist es für mein Pilgern viel wichtiger, allein zu sein, als ich gedacht hatte. Außerdem muss ich hier eine längere Pause machen, d.h. ich muss mir ein Hotel suchen, denn ohne dass ich meinen Rücken mal richtig entlaste, werde ich diesen Schmerz nicht loswerden. Ich beschließe, zwei Nächte zu bleiben, und damit erreiche ich auch, dass die anderen Pilger, die ich kenne, mich überholen werden. Das ist mir recht, denn ich bin wohl keine besonders angenehme Mitpilgerin, und so kann ich in Ruhe meinen weiteren Camino allein gestalten.

In der Touristeninformation wird mir der Weg zu einem günstigen Hotel gezeigt, und als ich endlich auf einem Bett liege, kann ich diesen Luxus mal wieder kaum fassen. Das Zimmer ist dunkel, denn das Fenster geht auf ein anderes Gebäude, aber ich habe ein weiches, gemachtes Bett und nebenan ein kleines Badezimmer nur für mich!

Später schlendere ich an der Küste entlang, von der man einen weiten Blick über die beiden Buchten hat, zwischen denen Tapia liegt. In aller Entspanntheit einen Sonnenuntergang über dem Meer habe ich auf dem Camino noch nicht betrachten können, und dieser heute Abend ist wunderschön. Auf einer Bank sitze ich einfach nur da und schaue. Dieses Wasser! Wenn die Wellen sich am Strand brechen und das Wasser den Sand hinaufgleitet, entstehen Rüschenvolants, die hin und her gerafft werden, Spitzendecken werden ausgelegt und wieder fortgenommen, Schaumornamente bleiben erst liegen, werden dann plötzlich doch fortgezaubert. Die Meeroberfläche sieht aus wie silbern schimmerndes flüssiges Erz. Sie ist immer in leiser Bewegung, als sei das Meer ein lebendiges Wesen.

Abends im Fernsehen erscheint wieder Puigdemont. Er erinnert mich so sehr an Peter Sellers als Pink Panther, und falls er mich fragen würde, würde ich ihm als erstes zu einem Friseurbesuch raten. Offensichtlich hat er jetzt die katalanische Unabhängigkeit erklärt, aber dann auch wieder nicht so ganz definitiv. Keiner weiß etwas Genaues, aber jeder kommentiert die täglichen Vorkommnisse angeregt und engagiert. Alle wissen, dass etwas passieren muss, aber keiner weiß genau, was – es ist auch nicht klar, ob die Katalanen mit all diesen Konsequenzen gerechnet haben, und ob sie mittlerweile anders gestimmt hätten.

XIX. Donnerstag, 12.10.: Tapia de Casariego

In aller Ruhe stehe ich auf und freue mich, dass ich nicht loszupilgern brauche, dass die Sonne scheint, dass Feiertag ist. Draußen gehe ich gleich wieder an die Küste, um zu sehen, wie es dem Meer so geht. Es geht ihm sehr gut, kooperativ und unaufgeregt bedient es die Surfer mit langen Wellen. Deren Heranrollen bahnt sich jedes Mal sichtbar an, sodass die sich in aller Ruhe darauf einstellen können.

Ein Stück weiter ostwärts setze ich mich auf eine Mauer und betrachte den steten Zusammenprall von Felsen und Wellen. Ist es nun Spiel oder Kampf? So wehrlos sind die Felsen nicht, immerhin bleiben sie unerbittlich dabei, den Verlauf der Wellen immer wieder zu bremsen, umzuleiten, an sich abprallen zu lassen. Aber das Meer lässt nicht nach mit seinen Wasserschwällen, einer nach dem anderen wird auf die Felsen zugeschleudert. Dabei entsteht das weißeste Weiß: die Gischt des klaren Atlantik. So blendend weiß ist sie, dass sie fast schon wieder blau ist. Während ich so schaue, setzt sich jemand neben mich: Johanna! Ich freue mich, sie zu sehen, und ihr ist es ähnlich gegangen wie mir, sie brauchte auch wieder eine Phase des Alleinseins. So hat auch sie sich hier für zwei Nächte eine Unterkunft besorgt. Wir plaudern ein wenig, dann geht sie wieder ihrer Wege.

Ich folge dem Küstenverlauf durch Tapia und lande an einer geschützten Bucht, in der Fischerboote vor sich hin dümpeln und um die herum viele Menschen sich in und vor den Cafés, Bars und

Restaurants einen schönen Nationalfeiertag machen. Kinder spielen im von der Ebbe freigelegten Steinufer, Fischer lehnen müßig am Geländer und wechseln ab und zu ein paar Worte, Hunde erkunden ungestört Fischernetzhaufen, Poller und leere Kisten, die Sonne scheint vom wolkenlosen Himmel, Möwen gleiten schreiend umher: Ich bin mitten in einen leuchtenden Ferientag hineingeschlendert.

Am gegenüberliegenden Ufer dieser Bucht geht es weiter eine an der Hafeneinfahrt liegende Anhöhe hinauf, von der man wieder einen großartigen Blick auf den Atlantik in seiner ewigen Auseinandersetzung mit den Uferfelsen hat. Obwohl eigentlich kein Wind geht, schickt das Meer hier höhere und schnelle, schwere Wellen ans Land. Wahrscheinlich stürmt es weiter draußen viel stärker, oder die Strömung in diese Bucht hinein ist besonders heftig. Die Wasseroberfläche ist aufgewühlt und von ständig neu entstehender Gischt bedeckt, die zwischen Felsen aufgeworfen wird, zusammengestaucht, gerührt, verwirbelt wird. Wie kochender Marmor, wie brodelnde Rüschen, denke ich, jede neue Welle oder Woge fasziniert und treibt das ewige Spiel fort. Ein Hineinfallen in diesen Kessel würde meinen Tod bedeuten, aber hier an die Steinbrüstung des Weges gelehnt kann ich in Sicherheit zuschauen.

Irgendwann kehre ich ins Zimmer zurück und genieße den zweiten richtigen Mittagschlaf auf diesem Camino. Wahrscheinlich ist es mein letzter vor der Ankunft in Santiago. Bis dorthin sind es noch ungefähr 220 Kilometer, das erscheint mir allmählich fast wenig!

Im Fernsehen wird die Parade in Madrid gezeigt, der die Königsfamilie und alle wichtigen Regierungsmitglieder zusehen. Irgendwo ist dabei ein Hubschrauber abgestürzt, but the show goes on.

Später wird in den Nachrichten über einen Stierkampf berichtet, bei dem der Torero vom Stier sehr schwer verletzt wurde, er musste aus der Arena getragen werden. Dieser Stierkampf wird eingeblendet: Der mächtige Nacken des Stiers ist mit zahlreichen Lanzen gespickt, sie schwanken, wenn er sich bewegt, und sein Fell, eigentlich sein gesamter vorderer Körper glänz rot von dem Blut, das ununterbrochen aus diesen Lanzenwunden fließt. Er ist tödlich gereizt, aber hat kaum noch Kraft, um sich in dieser Situation zu behaupten, es sieht aus, als habe er die Orientierung verloren. Diese Situation hat er sich nicht ausgesucht, sie ist ihm fremd. Das Ziel eines Stierkampfes ist also, dass ein Mann seinen unvergleichlichen Mut beweist, indem er bis zur letzten Hundertstelsekunde zögert, bevor er der Todesgefahr, die er heraufbeschworen hat, durch das Töten des Stiers ein Ende macht. Der Torero hat Jahre dafür trainiert, es gibt richtige Stierkampfschulen.

Ich schalte den Fernseher aus und setze mich wieder vors Meer.

Von der Mole lässt sich eine weite Fläche des wogenden Atlantik betrachten. Jede Welle ist anders. Eine ist mächtig und bäumt sich gebieterisch auf. Eine andere wird zum Rohrkrepierer. Es gibt bedächtige, eilige, scheinheilige Wellen, halbstarke, weibliche, aggressive, träumerische, unaufmerksame Wellen, abgelenkte, vollkommene, abgebrochene, verspielte, rücksichtslose.

Am schönsten ist es, wenn die Sonne durch den türkisgrünen Kamm einer Welle scheint, wenn diese sich gerade bricht. Kurz entsteht ein lebendiger Körper nur aus Licht und Wasser.

Später kehre ich in eine Bar ein und würde gerne etwas essen, das geht aber erst ab 21.00. (Der spanische Tagesablauf ist soo anders als der deutsche – und als der des Pilgers, der doch viel früher schon Hunger hat, und auch viel früher ins Bett muss, denn in den Alberguen ist ab 22.00 Bettruhe!) Also trinke ich etwas. Dann stellt mir der Barkeeper Tapas von heute Nachmittag hin, sie kosten nichts – und schmecken sogar noch. Andere Touristen kommen ebenfalls herein und haben dasselbe Problem wie ich, auch sie freuen sich über die Großzügigkeit.

Im Hotelzimmer schalte ich den Fernseher wieder ein, es kommt eine Satiresendung. Interviewer fragen Katalanen, wie sie es in Zukunft mit ursprünglich spanischen Sitten halten werden – einige Katalanen hatten an diesem spanischen Nationalfeiertag demonstrativ ihre Geschäfte geöffnet und gearbeitet – . Also, die erste Frage ist die nach der Siesta. Hm, also ja, die würden sie beibehalten. Aha. Weiter geht es mit der Frage nach der typisch spanischen Essgewohnheit, den Tapas. Ja, also, die auch. Gut. Und was ist mit der spanischen Gewohnheit, Apéritifs zu nehmen, also z.B. in einer Bar mit anderen una caña[3] zu trinken? Ja, da waren sich die Befragten einig, also, diese Tradition würden sie ebenfalls fortführen.

Dann wird Puigdemont eingeblendet, wie er im Parlament ein Dokument unterschreibt und dafür Beifall bekommt. Die Kamera schwenkt danach in Nahaufnahme auf scheinbar genau dieses Dokument: Es ist leer.

---

3 Ein kleines schmales, eher hohes Glas Bier, meist gleich mit Tapas serviert.

Galicien

XX. Freitag, 13.10.: Tapia de Casariego – Vilela

Nach dem üblichen Frühstück in einer Bar mache ich mich auf in Richtung Ribadeo. Im Vorbeigehen verabschiede ich mich noch einmal von der Bucht und biege dann bald rechts ab. Der Weg führt unter grauem Himmel durch platte Felder, in der Ferne erhebt sich die Silhouette einer kleinen Stadt. Obwohl diese Landschaft hier auch nicht lauschig, vielfältig oder gar atemberaubend ist, geht mir mein Herz auf, ich weiß nicht, wieso. Ich bin allein, und mir begegnet gar nichts Besonderes. Die kleinen, aus grauen Steinen gebauten Wohnhäuser des nächsten Dorfes liegen direkt an der Straße, und sie sehen eher trutzig und verschlossen aus als gemütlich und heiter. Das freundliche Gefühl in mir rührt vielleicht daher, dass, egal, wie groß oder beengt die Grundstücke sind, immer irgendwo Blumen blühen, und sei es in Kübeln. Vor allem Hortensien, aber auch Geranien. Katzen liegen entspannt auf den Fensterbänken, die Hunde bellen nicht. Das ist auch neu, denn eigentlich ist mein bisheriger Weg mehr oder weniger ständig von Hundegebell begleitet worden.

Hinter Santa Gadea führt der Weg doch noch einmal an den Atlantik, und hinter einem Campingplatz, der einen Käufer oder Mieter sucht, öffnet sich vor und leicht unterhalb von mir die Bucht von Penarronda. Ich bin völlig überrascht, denn diese menschenleere, weite Bucht könnte aus meinem liebsten Traum sein. Silbergrüner Strandhafer teilt sich, um einen kleinen Fluss hindurch zu lassen, in dessen regloser Oberfläche sich der Himmel spiegelt, zusammen mit den hellgrauen Wolken, die über ihn hin schweben. Das Flüsschen schlängelt sich links aus einem freundlichen kleinen Birken- und Kiefernhain heraus. Bevor es ins Meer mündet, fließt es noch durch unberührten weißen Sand, der sich weit zwischen schützenden Felswänden erstreckt.

In der Mitte dieser Bucht liegt – oder steht? – ein riesiger Stein, so stelle ich mir Ayers Rock vor, und da der Atlantik ihn durchhöhlt hat, sieht er aus wie eine Art überdimensionaler Arc de Triomphe oder Brandenburger Tor.

Warum finde ich es gerade hier so wunderschön? Der graue Himmel und die Einsamkeit haben auch etwas Verlassenes, Melancholisches, aber für mich braucht es nicht mehr, ich bleibe stehen und schaue. Wieder wehen Erinnerungen heran an Ferien an der Nordsee. Es waren einmal ein Vater, eine Mutter und drei Kinder, sie lebten glücklich und in Freuden. Aber auch das Bild meines vergangenen Lebens stimmt nicht mehr. Und nichts wird sich durch Gespräche klären lassen. Plötzlich wird mein Herz zu einem schweren schwarzen Stein, der mich zu Boden zieht, ich kann nicht mehr atmen.

Vom entgegengesetzten Ende dieser Bucht eilen mir jetzt eifrige junge Surfer mit ihren Brettern unterm Arm entgegen. Ich raffe mich auf und gehe weiter auf dem ausgeblichenen Bohlensteg, der die Bucht entlang führt, komme bald an ein Restaurant, das geöffnet hat, und dort bestelle ich meinen café con leche. Der Kellner legt einen Schokoladenkäfer dazu.

Heute ist heute. Jetzt ist jetzt.

Nachdem ich versucht habe, den Blick auf diese Bucht für immer in meinem Gedächtnis zu verankern, muss ich mich langsam mal meinem großen Problem widmen: der über einen Kilometer langen, in höchster Höhe verlaufenden Autobahnbrücke, auf der die Pilger Ribadeo erreichen.

Andere Pilger hatten davon schon gesprochen, und mir war absolut klar, dass ich die nicht entlang gehen kann. Vor Höhenangst würde ich sterben. In Tapia de Casariego hatte ich schon gefragt, ob es nicht auch einen Bus dorthin gebe. Die hilfsbereite Angestellte in der Touristeninformation hatte mir gesagt, ich solle in Figueras nach einer Bushaltestelle schauen und mir einen Fahrplan mitgegeben.

Den studiere ich nun und stelle fest, dass ich noch genug Zeit habe, über zwei Stunden. Bis Figueras brauche ich sicher nur eine, also wird das kein Problem werden. Nur, wo genau diese Bushaltestelle sein soll, das finde ich nicht heraus. Ich denke mir, danach kann man ja fragen und bleibe gelassen.

Wehmütig verabschiede ich mich vom großartigen, wundervollen, inspirierenden, Kraft gebenden Atlantik, den ich ab jetzt nicht mehr sehen werde: Ab Ribadeo biegt der Camino in die hügelige Landschaft Galiciens hinein.

Auf dem weiteren Weg entdecke ich, dass es ganz in der Nähe in Penarronda eine Pension gibt, die ausdrücklich auch für Pilger offen steht, das möchte ich mir merken.

Etwas später teilen sich Kühe und ein großer Schwarm Silberreiher eine Viehweide. Als ich sie fotografieren will, fliegen sie natürlich fort. Kurz danach gucken mich aus einer offenen Haustür und von dem dazugehörigen Vorplatz acht Katzen reglos, aber interessiert an. Sind sie jetzt das Publikum oder die Show?

Figueras ist klein, aber fein und elegant. Eine Bushaltestelle finde ich, aber genau die sieht aus, als wäre sie seit Jahren unbenutzt, schmuddelig und verstaubt, und so gehe ich an den Fluss hinunter. Von ferne droht die Schreckensbrücke, ich sehe sie und bin einfach nur erleichtert, dass ich dort oben nicht entlang gehen muss.

Bald lande ich auf einem Werftgelände. Ich frage einen Arbeiter, wo wohl der Bus nach Ribadeo lang fährt. Er erklärt mir, dass ich die Bucht wieder hinaufklimmen müsse, dann ungefähr zwei Kilometer gehen, dann würde ich die Haltestelle direkt an der Straße finden.

Gut, ich mache mich an den Aufstieg. Finde die Haltestelle nicht, werde etwas nervös, denn allmählich wird die Zeit knapper, und der folgende Bus würde erst in drei Stunden kommen. Also beschließe ich, in den nächsten Ort zu gehen, den der Fahrplan angibt, Barres.

Auf dem Weg begegnen mir zwei Pilger, der eine, ein kleiner, bärtiger Mann unter einem verwegenen Hut schaut mich verblüfft an und bleibt dann stehen, um mich darüber aufzuklären, dass ich in die falsche Richtung gehe. Nachdem ich ihm mein Problem erklärt habe, fragt er völlig ungläubig, ob ich etwa wirklich Angst hätte?! Dann lacht er und bietet mir an, mich untergehakt über diese Brücke zu führen, zusammen würden wir das schon schaffen! Ich bin ganz gerührt, muss das Angebot aber leider ablehnen. Auch untergehakt überquere ich die Brücke auf keinen Fall. Wir verabschieden uns ganz freundschaftlich.

Ich hetze die Straße nach Barres entlang. Die zieht und zieht sich, ich werde immer nervöser. In Barres finde ich keine Haltestelle und keinen Menschen. Ich hetze weiter nach Castropol. Glücklicherweise liegt an einer Kreuzung eine Bar, in die gehe ich und frage. Wirklich glücklicherweise, denn die Haltestelle liegt genau gegenüber direkt an dieser Straße, wird mir erklärt, aber sie ist durch wirklich NICHTS als Haltestelle erkennbar. Dort stelle ich mich also hin, in die Einfahrt eines verlassenen Wohnhauses.

Ich warte und warte. Soll ich dieser Information wirklich glauben? Soll ich versuchen, per Anhalter über den Fluss zu kommen? Soll ich die Straße hinaufgehen in der Hoffnung, dass es dort eine auch als solche erkennbare Haltestelle gibt?

Ich warte und warte. Mein Fahrplan stimmt auf keinen Fall. Naja, wenigstens regnet es nicht, denke ich mir. Ein Paar mit Hund kommt vorbei.

Nach einiger Zeit kommt es wieder zurück.

Ein Handwerkerauto parkt in einer Einfahrt gegenüber, die Handwerker steigen aus und betreten das Haus.

Nach längerer Zeit kommen sie wieder heraus, steigen ein und fahren wieder.

Ich warte und warte. Ein Auto hält, der ältere Fahrer ist bereit, mich mitzunehmen, will aber nach Figueras – also in die falsche Richtung.

Ich warte und warte. Mir fällt auch keine einleuchtende Alternative ein, soll ich gehen? Ich bin heute schon viele Kilometer gegangen, und ich werde vermutlich noch etliche gehen müssen. Wo der Bus mich hinfahren wird, wenn er denn kommt, weiß ich ja auch nicht genau, also weiß ich auch nicht, wie ich den Camino wieder erreichen werde.

Ich warte und warte. Traue mich nicht, in die Bar zu gehen, denn genau dann würde natürlich der Bus kommen und weiterfahren, da ja niemand an der Haltestelle steht!

Endlich, ich kann es kaum glauben, biegt ein Bus um die Kehre, und er hält! Dieses Glück kann ich nach über eineinhalb Stunden gar nicht mehr richtig genießen. Bei Vegadeo überquert er den Fluss, und nun bin ich in Galicien. Ich rechne immer noch damit, dass er auf dem Weg nach Ribadeo anhält und ich von dort dann eine Abkürzung hin zum Camino nehmen kann, aber er hält leider erst wieder in Ribadeo.

Vom Busbahnhof muss ich erstmal den Camino finden. Irgendwie gelingt das auch, und ich folge ihm in die Innenstadt hinein. Ribadeo quillt über vor lebhaften, heiteren Menschen allen Alters, sämtliche Cafés, Bars und Restaurants sind voll besetzt. Das überfordert mich trotz meines Hungers und so hoffe ich auf eine Bar am Stadtrand. Kaum liegt das quirlige Zentrum hinter mir, setzt schon Ribadeos Wohnviertel ein, und hier scheint totale Siesta zu herrschen, sonst nichts. Die Sonne ist wieder da und knallt in die schmale Calle de Lazaro hinunter, in der ich frustriert und unentschlossen weiter vor mich hin trotte. Soll ich doch noch umkehren?

Etwas bewegt mich, ein unauffälliges Schild auf der anderen Straßenseite näher anzugucken, und darauf steht tatsächlich „ Bodegòn“. Ich gehe durch die braune Tür, die gar nicht aussieht, als ob sie in ein Lokal führe, eher in ein Wohnhaus, oder vielleicht noch in eine Werkstatt. Da kann ich dann nach einer Bar fragen, denke ich.

Es öffnet sich ein großer einladender, gemütlicher Raum, in dem nur ein jüngeres Paar sitzt und isst, das sich dabei freundschaftlich mit den älteren Wirtsleuten hinter der Bar unterhält. Ich bin also in einer Bar! Weinfässer dienen als Tische, Theke und Sitzgelegenheiten. Durch die Fenster scheint die Sonne herein, die Flaschen in den Regalen an den gelb gestrichenen Wänden funkeln, alles ist friedlich und völlig entspannt.

Ich bestelle Artischocken mit Schinken, Wasser und ein Glas Wein. Bald reden wir alle fünf miteinander, d.h., ich höre eher zu, und werde dann im Laufe der nächsten Zeit mit solch einer warmherzigen Fürsorglichkeit umhegt, dass ich wieder aufpassen muss, nicht zu weinen.

Das Gästepaar geht irgendwann, und so bin ich allein mit den Wirten. Erst bekomme ich ein kleines Schälchen mit einer Portion Eintopf, der schmeckt schon mal großartig. Dann meine Artischocken, sie sind fantastisch, dazu einen Tomatensalat, Kartoffeln, Brot, Wein und Wasser. Während ich esse, setzen sich die beiden Wirtsleute ebenfalls zu ihrer Mahlzeit. Es ist fast so, als wären wir eine Familie, so natürlich ist alles. Später fragt mich das Wirtspaar, ob ich nicht noch einen Kaffee möchte. Hier ist es so gemütlich und so heiter, ich fühle mich so behütet, dass ich mein Bleiben gerne verlängere. Zum Kaffee wird mir ein Schnaps in einer eleganten kleinen Glasflasche mit einer langen und spitzen Tülle hingestellt, dazu ein kleines Glas. Also, der schmeckt ja nun völlig toll! Der Wirt freut sich, er erklärt, dass dieser Schnaps aus den Häuten der Weintrauben hergestellt wird und gießt mir noch einen Schuss in meinen Kaffee – diese Mischung schmeckt ebenfalls seeehr gut! Endlich bezahle ich (weniger als 20 Euro) und reiße mich los, denn Johanna hat mir eine Whatsapp-Nachricht geschickt. Sie ist ganz allein in einer Albergue in Vilela, und fragt, ob ich da nicht auch hinkommen wolle. Das will ich gern, und so liegen noch einige Kilometer vor mir. Die Wirtin nimmt meine Wasserflasche und füllt sie auf, tut noch einige Zitronenschnitze hinein. Wie gesagt, ich muss aufpassen, dass ich nicht weine.

Fröhlich und voll neuer Energie pilgere ich weiter. Der Weg lenkt mich aus Ribadeo hinaus in die Felder und Wiesen, die oberhalb liegen, und von denen man einen freundlichen Blick zurück auf die Stadt hat. Ich gehe vor mich hin, bleibe dann stehen, um ein Foto zu machen. Vor mir, in einiger Entfernung, hält ein Auto. Ich gehe an ihm vorbei, daneben steht sein Fahrer mit dem Rücken zur Straße und betrachtet die Aussicht – hm, nee, der pinkelt. Warum stöhnt er denn dabei so, frage ich mich noch, dann merke ich: Der pinkelt nicht, der onaniert: Ach du Schiete, wie daneben ist das denn!

Verstört eile ich weiter, die Situation ist mir superunheimlich. Trotz der Hitze und dem Anstieg der Straße laufe ich fast, denn ich möchte so schnell wie möglich so viele Meter wie möglich zwischen mich und diesen Mann bringen. Dann überlege ich, dass er nach Beendigung seiner Tätigkeit wohl nicht mehr über mich herfallen wird, und sage mir auch, dass sein Handeln nichts mit mir zu tun gehabt haben wird. Trotzdem möchte ich so schnell wie möglich so weit weg wie möglich. Als mir dann in dieser galicischen Einsamkeit auf einem Feldweg noch ein Lieferwagen entgegenkommt, dessen

Fahrer hält, als er mich sieht, sterbe ich fast vor Angst. Ein weiteres Auto kommt ebenfalls gefahren, und so fährt das erste weiter, und das zweite auch an mir vorbei. Der erste Fahrer wollte mich sicherlich nur vorbei lassen, aber die viel gepriesene galicische „außerordentlich schöne“ Landschaft mit uralten abgelegenen Gehöften kann ich nicht mehr in mich aufnehmen, ich haste schweißüberströmt weiter und will nur noch in Vilela ankommen.

Bis dahin eile ich durch einige mehr oder wenige völlig verlassene Kleinstweiler, nirgends begegnet mir irgendjemand. Ich weiß gar nicht mehr, ob ich das gut oder schlecht finden soll. Irgendwie muss ich natürlich an diesen Mann denken. Was ihn wohl zu seiner Handlung veranlasst hat, so im Angesicht Ribadeos und seiner ländlichen Umgebung? Überbordende Heimatliebe? Nicht mal richtig grinsen kann ich bei dieser Idee. Am liebsten möchte ich die Begegnung vergessen, also konzentriere ich mich ganz aufs Gehen.

In Vilela angekommen entdecke ich gleich Johanna, sie sitzt ganz entspannt auf der Bank vor der Albergue, und aufatmend sinke ich neben sie. Wir freuen uns, dass wir uns sehen, und ich suche mir ein Bett in der Nähe ihres Bettes. Diese Albergue ist wieder eine ehemalige Schule.

Mittlerweile sind auch schon andere Pilger eingetroffen, wir müssen hier nicht allein übernachten. Von einem Bett in der Ecke schallt es plötzlich hocherfreut: „Hombre!“ Der kleine bärtige Pilger ist es, der mich eingehakt über die Brücke geleiten wollte. Strahlend begrüßt er mich, begrüße ich ihn.

Dann kommt ein älterer Mann herein, dessen Ausrüstung, das sieht man sofort, seine langjährige Pilgererfahrung verrät. Mitteilsam spricht er uns gleich an, es ist Jakob aus Holland. Er ist heute in Ribadeo gestartet und pilgert im Namen einer Freundin seiner Frau. Er klärt uns auf, dass das eine ganz übliche Möglichkeit ist: den Camino für jemanden zu gehen, der selbst nicht in der Lage dazu ist.

Man geht zu einem Geistlichen und lässt sich das dokumentieren, dann geht man „in vicarie“ und bekommt die Compostela auch „in vicarie“ ausgehändigt, im Namen der Person, für die man pilgert. Jakob ist schon über 20 Male in vicarie gepilgert. Er selbst glaubt nicht an den spirituellen oder religiösen Wert des Camino, aber für andere geht er ihn nur zu bereitwillig.

Dann beschreibt und zeigt er uns, was er alles dabei hat, u.a. auch ein Zelt und Geräte, um im Freien Kaffee zu kochen, und trotzdem wiegt sein Rucksack nur sieben Kilo! Wir sollen ihn mal anheben. Johanna und ich tun das brav und sind beeindruckt. Dann führt er uns aus, dass er am nächsten Sonntag in Santiago sein wird, denn er hat genau ausgerechnet, wie lange er bei seiner Gehgeschwindigkeit brauchen wird. Er kennt sich nämlich mit Physik aus, und da gibt es eine Formel, mit der jeder ausrechnen kann, welche die eigene optimale Gehgeschwindigkeit ist. Dann erklärt er uns die Formel, irgendwas mit Gewicht im Quadrat, Größe im Quadrat, Bein- und Schrittlänge geteilt durch den Windwiderstand – oder so. Wir sind noch beeindruckter, kommen aber nicht mit. Genau wollen wir es allerdings auch gar nicht wissen, klärende oder weitere Details erfragen wir nicht. Er informiert uns weiter darüber, dass sich ja der normale Pilger immer mit den wesentlichen Fragen des Daseins beschäftigt, also, er tue das nicht. Er verrät, ihm ginge immer durch den Kopf, ob er in der nächsten Herberge ein Bett bekäme. Ob er genug zu essen dabei hätte. Ob er ausreichend ausgerüstet sei, wenn es regnen sollte – ist das nicht lustig? Er lacht uns an.

Ich ruhe mich auf meinem Bett aus. Meine offenen Augen schweifen durch den Raum und bleiben am Treppenaufgang hängen. Ein Kopf mit Man's Bun taucht Zentimeter für Zentimeter auf, dazu höre ich eine Äußerung im Tonfall, in dem man mit – Hunden spricht. Und dann erscheint auch ein Hund, dem vom mittlerweile gänzlich sichtbaren Mann die Badezimmertür geöffnet wird, damit er dort in der Dusche Wasser trinken kann. Entgeistert verfalle ich fast in Schnappatmung: Die beiden aus Comillas!!

Das Team verschwindet wieder nach unten. Bevor ich mein fassungsloses Japsen in den Griff bekommen kann, ist der Hund schon wieder oben und untersucht schwanzwedelnd und ganz angeregt den Schlafraum mit allem, was da so Vielversprechendes an Rucksäcken, Klamotten, Schuhen, Essensvorräten und so weiter herumsteht und –liegt.

Jakob fängt ihn am Halsband ein und beruhigt mich. Der Besitzer habe unten ein Zelt aufgeschlagen, da würde der Hund ja heute Nacht schlafen. Johanna beruhigt mich auch, denn an der Tür der Albergue hänge ein Schild, das Hunde hier ausdrücklich verbietet. Na denn. Ich habe gar nichts gegen Hunde, möchte aber nicht in den Zwang kommen, meine Habseligkeiten biss-, knabber-, reiß- und was weiß ich noch alles -fest sichern zu müssen.

Später gehen wir in die Bar, die oben an der Straße liegt. In der Tat ist ein kleines Zelt neben der Albergue aufgebaut worden, ich bin erleichtert und beruhigt.

Johanna und Jakob setzen sich in den riesigen Speisesaal, sie haben Hunger, aber ich möchte gern das Abendrot des vergehenden Tages draußen betrachten und setze mich mit meinem Getränk an einen der Außentische.

Neben mir teilen sich der Hundebesitzer und ein anderer Pilger einen Joint. Der andere Pilger spricht mich an, er kommt aus Deutschland, heißt Tim und will bis nach Portugal, er möchte in einer der dortigen alternativen Lebensgemeinschaften unterkommen. Es entwickelt sich ein Gespräch mit dem Hundebesitzer und ich erfahre, dass der Hund „Schipsiiiii“ heißt, er selbst Armand oder so ähnlich, er nuschelt seinen Namen jedes Mal, sodass ich aufhöre zu fragen. Immerhin habe ich erfahren, dass er Franzose ist. Als ich mich nach seiner Freundin erkundige, erzählt er, dass sie bereits wieder in Galicien bei ihren Eltern sei, wo sie auf dem Hof helfen müsse. Da er dabei so angelegentlich ins Nichts schaut, weiß ich nicht, ob ich diese Geschichte glauben soll, aber nicht mehr da ist sie jedenfalls. Tim und er haben ein gemeinsames Problem, beiden ist das Geld ausgegangen. Immerhin steht vor jedem von ihnen eine Bierflasche, und Tim weiß auch schon einen Ausweg: Sie müssen morgen vor 12h00 in der nächsten Stadt sein, dort kann er in der Post und Armand (?) an einem Bankschalter Geld holen. Tim erzählt mir die lustige Geschichte, die er heute gehört hat, von einer Pilgerin, die doch tatsächlich einen Umweg gemacht hätte, um nicht über die Brücke bei Ribadeo gehen zu müssen. Er schüttelt den Kopf, was es alles gibt! „Tja“, sage ich amüsiert, „das war ich.“

Jetzt kann ich auch das Geheimnis ergründen, wie Armand (?) mich seit Comillas hat einholen können, obwohl ich doch etliche Kilometer mit dem Bus überwunden habe. Er nimmt einfach auch sehr oft öffentliche Verkehrsmittel, allerdings keine Busse, weil die keine Hunde mitnehmen.

Ich geselle mich drinnen zu Johanna und Jakob, esse aber nur ein Käsebrötchen. Johanna entscheidet sich gottergeben wieder für die vegetarische Variante des Pilgermenüs und bekommt die üblichen Kartoffeln und ein Spiegelei. Leider stellt sich heraus, dass in dieses Spiegelei eine Fliege eingebraten worden ist, ihr vergeht der Appetit. Jakob ist kein Vegetarier, er lässt sich dadurch den Genuss seines Fleischgerichtes nicht verderben und isst wacker weiter. Bedient werden wir von einem Geschwisterpaar im Teenie-Alter, daher hält sich Johanna mit einer Beschwerde zurück. Auch ich sage nichts, als ich für eine Käsescheibe in einem trockenen Brötchen und eine winzige Getränkedose weit mehr zahlen muss als für ein normales Frühstück.

Es ist dunkel, als wir den Schlafraum betreten, und in einem der Betten, an denen ich vorbeigehen muss, liegt Armand und hält Gipsy umschlungen im Arm. Er ist wach, und so sage ich zu ihm: „tu sais bien sur, que c’est interdit.“[1] Ob mein Französisch in diesem

1 „Du weißt selbst, dass das verboten ist.“

Moment korrekt ist, ist mir egal. Sein Blick ist ein mörderischer Dolch, aber ich bin im Recht und trage daher eine Rüstung. Einige Minuten später verlassen beide den Schlafraum.

XXI. Samstag, 14.10. Vilela – Lourença

Ich werde ganz früh wach, denn Johanna macht sich pilgerbereit. Um dem Dreamteam mit Hund zu entkommen, beschließe ich, mit ihr zu gehen und mache mich in aller Eile auch fertig. Noch vor dem Morgengrauen verlassen wir Vilela, es ist so früh, dass wir noch Käuze rufen hören. Zum Glück herrscht aber keine absolute Dunkelheit mehr, sodass wir den Wegverlauf erkennen können. So werden wir durch Wälder und Felder pilgernd Zeuge, wie sich der neue Tag ganz sachte und mit viel, viel Zeit behutsam entwickelt.

Wir haben nicht gefrühstückt und versuchen, mit Hilfe des Handys herauszufinden, ob es in der Nähe eine Bar gibt. Johanna hatte Luis und Ana wieder getroffen, die ihr Gepäck jeden Tag vorausschicken lassen und auch alle Unterkünfte im Voraus gebucht haben. Daher weiß sie, dass es hier eigentlich ein ordentliches Hotel geben müsste, das wir aber leider nicht finden.

So gehen wir weiter, und das anfänglich uns einhüllende Grau wandelt sich in Morgennebel, der sich allmählich auflöst, und dann dringt weißgoldenes Sonnenlicht hindurch, es strahlt durch die Bäume und lässt sie leuchten. Was für ein wunderschönes Erlebnis!

Aber der Weg ist mühsam, es geht durch einige Eukalyptuswälder und oft bergauf. Am Weg durch einen dieser Wälder entdecken wir rechts eine halb liegende Marmortafel, in deren oberer rechter Ecke zwei Wanderstiefel eingemeißelt sind. Ein Text sagt: „recordar es vivir. 2.9.2017“[2] das ist ja erst einen Monat her! Betroffen halten wir einen Moment inne, bevor wir weitergehen.

---

2 Erinnern heißt leben.

Auf einmal wird ein dumpfes, grollendes Geräusch hörbar, das stetig lauter, dröhnender und unheimlicher wird. Nach einer Wegbiegung wird klar, dass es von einem riesigen Mähdrescher verursacht wird, der wie eine Monstermaschine eine Mais-Ladung nach der anderen fällt und erledigt. Maschinen dieses Ausmaßes hatte ich auf dem gesamten Camino bisher nicht gesehen, die Felder im Baskenland, in Kantabrien und Asturien waren alle viel, viel zu klein.

An Zäunen, Schuppen und Bäumen, die wir passieren, hängt oft ein Din-A-4-Bogen in einer Klarsichthülle, auf dem die Telefonnummer eines privaten Taxi-Unternehmens angegeben ist und das Angebot, den Pilger und sein Gepäck von hier oder woanders zu jeder Tages- und Nachtzeit abzuholen. Erst können wir das gar nicht glauben, dann denken wir: Was will uns das sagen? Wird diese Etappe etwa noch so anstrengend, dass sich so ein Taxi-Angebot lohnt? Johannas App verheißt uns aber eine Pilgerbar kurz vor Gondàn, und so pilgern wir weiter.

Nach etlichen Kilometern unter mittlerweile schon stechender Sonne erreichen wir das Lokal Tentempé Peregrino, es hat geöffnet und davor laden unter Sonnenschirmen Tische ein. Dieses Tentempé Peregrino ist ganz auf Pilger ausgerichtet, es gibt einen Tresen mit typischen Andenken, z.B. einen Kühlschrankmagneten, auf dem steht: „Hier lebt ein Pilger“, Muschelaufkleber, mit Muscheln verzierte Kugelschreiber, Tagebücher, Taschen, es gibt Pilgermuscheln und Pilgerausweise. Auch Sonnencreme, Studentenfutterpackungen, Toilettenartikel. Eine junge Frau bedient uns, und unter einem der Sonnenschirme genießen wir einen café con leche und ein Stück selbstgebackenen Kuchen. Wer hechelt da plötzlich schwanzwedelnd auf uns zu und lässt sich vertrauensvoll im Schatten unseres Tisches nieder? Gipsy. Armand und Tim folgen, sie setzen sich einen Tisch weiter. Geld für zwei Bier ist offensichtlich noch da. Armand straft mich mit eisiger Nichtachtung, Tim ist ganz redselig. Alle drei sind erschöpft, denn sie haben die Strecke in viel kürzerer Zeit geschafft als wir – aber sie müssen ja auch vor zwölf in der nächsten Stadt sein.

Zwei sportlich angezogene Spanierinnen hasten heran, stürzen ein Getränk hinunter und eilen weiter. Wie gesagt: Jeder hat sein eigenes Pilgertempo.

Johanna und ich ziehen dann auch wieder los. Die Landschaft ist freundlich und sommerlich, ab und zu tun sich wohltuende weite Blicke über grüne Anhöhen und kleinere runde Berge auf. Wie immer ist die Gegend menschenleer. In Gondán kommen wir an der dortigen Albergue vorbei, die besonders gemütlich aussieht, fast wie Bullerbü: ein kleines zweistöckiges weißes Haus mitten in einer grünen Wiese. Vor ihr liegt ein toter Fuchs. Oh je, also doch nicht Bullerbü. Eine Zeitlang umkreist uns ein klappriger Lieferwagen auf seinem Weg von einem Gehöft zum anderen: Wir erkennen, dass hier Schrott gesammelt wird und müssen an die armselige Siedlung denken, die uns hinter Muros de Nalón begegnete.

In San Xusto kehren wir nochmal ein, warum auch nicht. Im Fernsehen läuft eine Folge von El Juego de los Tronos[3] – aha, nun weiß ich, wie die Serie auf Spanisch heißt. Wir setzen uns wieder auf die überdachte Terrasse, von der man den zurückgelegten Weg gut überblicken kann. Wir wundern uns, wo Armand, Gipsy und Tim bleiben, denn die Zeit läuft! Sie tauchen einfach nicht auf. Dafür pilgern zwei andere junge Männer, die weder Johanna noch ich bisher gesehen haben, an uns vorbei und wir wünschen uns „buen camino".

Die drei anderen bleiben unsichtbar. Wir machen uns wieder auf den Weg, denn wir wollen noch bis Lourença/Vilanova weiterpilgern. Als wir Stunden später ankommen, liegt das Städtchen in sonnabendlicher Nachmittagsruhe, und um die Albergue zu erreichen, müssen wir es praktisch ganz durchqueren. Schließlich muss man rechts um eine Ecke biegen, dann liegt sie linkerhand auf einem Rasenstück. Ihre Front weist Arkaden auf, und die Bank darunter biegt sich unter einer angebrochenen Riesenbatterie Bierdosen. Wir betreten

3 Game of Thrones.

das Gebäude und stehen sofort in einem Schlafraum, dessen vier Betten schon von tief schlafenden männlichen Pilgern belegt sind – einen von ihnen identifiziere ich sofort als Armand, dieses Mal aber ohne Hund – wo ist Gipsy?? Um die Ecke geht es in den nächsten Schlafraum, vor dem Zugang hängt an einer versperrenden Kette ein Schild: wegen Desinfizierung geschlossen. Wortlos kehren Johanna und ich sofort wieder ins Freie zurück. Da sehen wir Gipsy, die ausnahmsweise mal nicht überall herum scharwenzelt, sondern auf dem Rasen ebenfalls tief schläft. Verwundert frage ich Johanna: „Wie sind die denn bitte so schnell hierhergekommen??"

Aus dem Gras ertönt eine Stimme: „Das kann ich euch sagen. Das Wort hat vier Buchstaben." Zu dieser Stimme gehört ein Oberkörper, der sich jetzt erhebt, es ist der von Tim. Er hält eine Bierdose in der Hand und fährt fort: „T. A. X . I. Sonst hätten wir es nicht mehr rechtzeitig geschafft." Das also ist des Rätsels Lösung! Das private Unternehmen hat nicht vergebens für sich geworben! Leider waren sie zehn Minuten zu spät, die Post hatte bereits geschlossen. Trotzdem, ganz offensichtlich ist wenigstens Armand an Geld gekommen, denn die nächsten Rationen liegen ja unübersehbar vor.

Johanna und ich müssen uns eine andere Unterkunft suchen, und da beweist sich, wie sinnvoll ihre App ist. Mit deren Hilfe finden wir am entgegengesetzten Ende, also eigentlich am Ortsanfang von Lourença, eine private Albergue, die sehr gemütlich ist und noch Platz für uns hat. Es ist eine umfunktionierte große Wohnung mit Zweibettzimmern, einer großen Küche und einem richtigen Badezimmer. Beim Auspacken stelle ich fest, dass ich heute Morgen so in Eile war, dass ich mein Nachtoberhemd in Vilela in der Dusche habe hängen lassen. Zum Glück gibt es in dieser Herberge die Möglichkeit, ein T-Shirt zu kaufen mit der gelben Pilger-Muschel drauf und den Worten „The North Way", und das ist doch ein sehr guter Ersatz. Aus einem der Zimmer tauchen Luis und Ana auf, wir freuen uns alle richtig, als wir uns sehen! Dann gehen Johanna und ich durchs Städtchen. Die Kirche des Monasterio de San Salvador beeindruckt mich durch ihre ausgestaltete, mit Säulen, Kapitellen, Bögen, Fresken und Statuen üppig geschmückte Fassade. Was die Einwohner Lourenças wohl sagen würden, überlege ich, wenn sie die norddeutsche schlichte, dunkle Backsteinfassade z.B. der Marienkirche in Lübeck sähen?

Dann kaufen wir ein, wir wollen in der gut ausgestatteten Küche kochen. Dorthin zurückgekehrt stellen wir fest, dass wir noch Öl brauchen, also geht Johanna nochmal los, während ich schon mit Zubereiten des Gemüses anfange. Kichernd kommt sie zurück, sie hat Tim und seine beiden Kumpane getroffen, die sie einluden, den Abend heute noch ordentlich gemeinsam zu schwoofen. Sie zieht aber unsere brave Abendgestaltung vor! Während wir also in der Küche stehen und Nudeln und Gemüse zubereiten, kommen die beiden jungen Männer herein, die heute am frühen Nachmittag an der Bar vorbeigepilgert waren, als wir eigentlich mit dem Dreamteam gerechnet hatten. Es sind Oliver aus Frankfurt und Lukas aus München. Auch sie kochen sich Nudeln, mit einer Tomatensauce, und haben ebenfalls Wein dabei. Wir „legen zusammen" und essen und trinken alles gemeinsam. Luis und Ana stoßen dazu, es wird richtig lustig und heiter, und dann geht die Tür auf, und: Jakob erscheint! Um den Hals baumeln seine Pilgermuschel, sein Fotoapparat und sein Kompass. Auch Jakob laden wir natürlich zu unserem Essen ein, und der Abend entwickelt sich richtig zünftig.

Später im Bett bedenke ich diesen Tag noch einmal und erkenne, dass immer, wenn ich etwas in Eile oder Hetze tue, dieses schief geht oder zumindest zu Unannehmlichkeiten führt. Also beschließe ich, mich in Zukunft nicht mehr hetzen zu lassen, nicht mehr alles nur Mögliche in einen Tag zu quetschen, nicht mehr „noch schnell" das und das und das auch noch erledigen zu wollen. Ich möchte versuchen, das Leben in einem menschlicheren Rhythmus zu gestalten. Weiter überlege ich, dass z.B. Gehen doch wohl die uns gemäßeste Geschwindigkeit ist – gut, um Beute zu erjagen oder in Gefahr zu fliehen, muss der Mensch auch rennen, aber das ist ja die Ausnahme.

So entwickelt sich die dritte Erkenntnis, die ich auf diesem Camino gewinne.

1. Nur zusammen sind mein Körper und ich stark.

2. Die Welt kommt wunderbar ohne meine Einmischung zurecht – oder: Meinungen, Stellungnahmen, Ratschläge nur äußern, wenn danach gefragt, darum gebeten wird.

3. Nicht hetzen lassen, meinen eigenen Rhythmus leben.

Später in Deutschland werde ich in einem Geo-Heft[4] lesen, dass der Mensch eigentlich ein sehr hilfsbereites Wesen ist, dass Versuche aber ergeben haben, dass diese Hilfsbereitschaft sofort deutlich abnimmt, wenn der Einzelne in Hetze ist. Das ist auch ein wichtiges Argument für eine gesündere Zeiteinteilung, werde ich mir dann sagen.

XXII. Sonntag, 15.10.: Lourença – Abadín

Johanna und ich pilgern gemeinsam los. Kaum ist das Ende Lourenças erreicht, fängt wieder eine Steigung an. Ziemlich lange zieht sie sich empor, und was uns beunruhigt – keine spricht es aus, aber wir werden beide zur selben Zeit still und gucken besorgt – also, was uns beunruhigt, das ist der Brandgeruch in der Luft. Eigentlich ist es nicht kühl, aber ich sage mir, immerhin ist Mitte Oktober, vielleicht befeuern die Spanier ihre Öfen schon.

Wie so häufig müssen wir wieder ausgedehnte Eukalyptuswälder durchqueren, deren Eintönigkeit allmählich bedrückt. Dann ändert sich die Landschaft aber, und wir passieren zwischen Feldern und sogar Eichen und Birken kleine Dörfer, sie sind grau und still. In Grove müssen wir unter einem der typisch galicischen Speicher hindurch gehen, eine Variation des andalusischen Typs. Diese stehen auf

4 Geo Heft 12, 2017, Artikel „Der Samariter".

vier gemauerten Stelzen und bestehen aus einem ebenfalls gemauerten hohen Rechteck, in das kleine Öffnungen eingelassen sind, wie so eine Art Schießscharten. Das Dach besteht aus Schieferschindeln, manchmal wird es von einem Kreuz geschmückt. Der Weg wird freundlich und führt uns durch Knicks und stille natürliche Landschaft. Leider stehen auch hier wieder so viele Häuser leer, einige fallen bereits in sich zusammen. Manche davon sind trotzdem noch sehr schön.

Dann wird es etwas unheimlich, wir müssen durch ein verkommenes, verlottertes Geisterdorf. Überall liegt Abfall, liegen wirr zusammengeworfene Materialien alter entkernter Gebäude umher, häuft sich Sperrmüll, Dreck, Mauerfundamente bröckeln kläglich in sich zusammen. Plötzlich erscheint ein Hund auf einem der Höfe, aus dem Haus folgen zwei Männer – hier lebt also jemand! Der Ort wird uns noch unheimlicher, wir eilen weiter. In einem Garten liegt ein hingekippter Haufen vergammelnden Gemüses. Gestern noch hätte man es vermutlich essen können.

Wann erreichen wir endlich Mondoñedo? Das Ortsschild passieren wir dann bald, aber bis wir eine Bar finden, müssen wir mitten ins Zentrum gehen. Wir haben nicht gefrühstückt und sind hungrig. Mondoñedos Einfallstraße zieht sich endlos, das ist wirklich frustrierend. Da gerade Viehmarkt ist, versprechen wir uns Interessantes, aber alles, was wir davon mitbekommen, ist ein alter Bauer, der in aller Ruhe zusammen mit zwei Kühen den Stadtrand entlang trottet.

Endlich! Endlich stehen wir in Mondoñedo vor der zentralen Catedral de Santa Maria, und ihren Kirchplatz säumen Cafés und Bars. Wir bestellen uns das Übliche und sinken erleichtert und froh in Stühle auf der Terrasse. Dieses ist die letzte Pause vor der allgemein als härteste Etappe bekannten Steigung in Richtung Abadín, und diese Pause wollen wir so gut nutzen, wie es nur geht. Bald kommen zwei weitere Pilger an, die Johanna kennt. Einer heißt Kajetan, und er ist gestern ganz spät noch in der Albergue in Lourença angekommen, nachdem er VIERZIG Kilometer gepilgert war. Da ich zu dem Zeitpunkt schon mit meinem Tagebuch verschwunden war, lerne ich ihn erst jetzt kennen. Dann kommt auch Jakob an. Wir sitzen alle zusammen und sammeln Kraft für die Steigung des Schreckens. Hier ist es richtig gemütlich, um uns spielt sich das vergnügte spanische Sonntagsleben ab, wir sitzen plaudernd im Schatten, die Getränke sind nicht teuer – fast fühle ich mich wie in einem richtigen Urlaub.

So, irgendwann müssen wir ja nun mal los. Laut den Schilderungen und Apps der Anderen erwartet uns eine grauenhafte Tortur. Endlos viele Höhenmeter müssen wir Pilger jetzt überwinden, und weit und breit wird es keine einzige Möglichkeit der Einkehr geben – und auch keine Einkaufsmöglichkeit. Und es ist sehr heiß.

Auf geht's, Johanna und ich starten etwa gleichzeitig mit Jakob, der aber bald zurückbleibt. Er hat seine eigene optimale Gehgeschwindigkeit ausgerechnet, und an die hält er sich.

Der Aufstieg wird wirklich furchtbar. Es riecht immer mehr nach verbranntem Holz, und dazu ist ein Wind aufgekommen, der uns heiße stickige Luft in Nase, Augen und Mund drückt. Man glaubt, Funken zu sehen und zu spüren, und der Atem brennt im Hals. Wir wissen nun, was wir riechen, denn in Galizien und in Portugal sind Waldbrände ausgebrochen, und es ist die verwehende Feuersbrunst, die wir abbekommen. Kurz überlegen wir, was wir machen würden, wenn der Wald neben uns ebenfalls anfangen würde zu brennen, aber da fällt uns nichts ein. Also glauben wir einfach an unsere Sicherheit, was bleibt uns auch anderes übrig.

Eine endlose Steigung beginnt, und die müssen wir auch noch auf Asphalt bewältigen. Das beschwerliche Gehen führt bald dazu, dass wir völlig verstummen, die Zähne zusammenbeißen und all unsere Energie in unseren Willen stecken müssen. Den Willen, das hier zu schaffen und nicht vor Schmerzen aufzugeben. Einfach weiter gehen und weiter gehen. Einmal angehalten kämen wir womöglich nie wieder in den Trott, und so setzen wir verbissen einen Fuß vor den anderen, kämpfen uns einen Höhenmeter nach dem anderen hoch. Die schmale Straße windet sich erbarmungslos eine Serpentine nach der anderen hinauf und weiter hinauf. Jede Kurve, die der Weg vor uns nimmt, schürt die Hoffnung, dass wir jetzt oben angekommen sind – und jede Kurve enttäuscht diese Hoffnung. Keuchend schleppen wir uns zahllose dieser monotonen Biegungen hinauf, eine nach der anderen, und nach jeder ergibt sich dasselbe Bild: eine neue Kurve. Zu dieser Steigungsstrapaze kommt wie gesagt noch der heiße, rauchgeschwängerte Wind, Nase und Mund trocknen völlig aus.

Jetzt wird mir klar, was Pilgern wirklich bedeutet. Erlösung oder Erfüllung, Frieden oder Buße, egal, was sich die Einzelne, der Einzelne erhofft – man muss es sich unter größten Strapazen erarbeiten, man muss darum kämpfen.

In dem winzigen Dorf Lousada hoffen wir auf einen Brunnen und gucken uns gründlich um – nein, nichts. An seinem oberen Ende angelangt finden wir einen Holzstapel, an dem brechen wir zusammen. Nach einer Weile macht sich Johanna zurück ins Dorf auf, um vielleicht doch irgendwie an Wasser zu kommen. Ich bewache die Rucksäcke – als ob hier irgendjemand freiwillig einen Rucksack forttragen würde – aber dieser Gedanke kommt mir in meiner halben Ohnmacht nicht.

Da, ich glaube es kaum, kommt Johanna mit Wasser zurück! Als sie durchs Dorf ging, hat ein Hund so wütend angeschlagen, dass die Besitzerin herauskam – und die war dann so nett und hat unsere Wasserflaschen aufgefüllt.

Da, auch das glaube ich kaum, kommt auch schon Jakob des Weges! Er lässt sich neben uns nieder, und nachdem wir gemeinsam über diese unglaubliche Anstrengung der hinter uns liegenden Kilometer gejammert haben, bietet er an, für uns Kaffee zu kochen. Das finde ich, ganz überrascht, sofort oberklasse und nehme das Angebot begeistert an. Jetzt wird's zünftig, wir hier in der Fastwildnis, mutterseelenallein, wie auf einer Expedition ins Unbekannte, und nehmen uns erstmal die Zeit für einen ordentlichen Kaffee – es geht doch nichts über die Holländer und ihre Kaffeebegeisterung! Fasziniert beobachte ich, was Jakob alles aus seinem Rucksack holt – als alter Physiker ist er natürlich mit allen Outdoorzubereitungswassern gewaschen und hat z.B. auch einen biegsamen, metallenen Windschutz für die Flamme des Gaskochers dabei.

In die Becher füllt Jakob Instant-Kaffeepulver – für das er sich noch entschuldigt! – und Süßstoff. Er hat sogar Milchpulver dabei. Johanna wird es immer mulmiger, denn sie fürchtet, Jakob könne hier den nächsten Waldbrand anzetteln, aber ich denke mir, so ein Physiker, der wüsste auch in dem Fall, was zu tun ist, und finde das hier gerade völlig großartig. Der Kaffee schmeckt fantastisch und ich genieße die Situation aus vollem Herzen. Herrlich, so ein Picknick am Sonntag!

Wir wissen, dass wir gleich auf dem Weg hinunter in eine Schlucht etliche der gewonnenen Höhenmeter wieder opfern müssen – und Johanna geht schon mal los. Ich verlängere diese heitere Pause lieber noch.

Jakob will einen anderen, ebeneren, aber längeren Weg gehen, und so verabschieden wir uns einstweilen. Hinunter folge ich dem Pfad bis zu einem sehr seltsamen Gebäude, es sieht ein bisschen so aus, wie man sich Rapunzels Turm vorstellen könnte, hoch, verbarrikadierte kleine Fenster, wie gewappnet für eine Wegelagerung. In dieser Einsamkeit hat das etwas Unheimliches, ich bin froh, als es hinter mir liegt.

An diesem vorbei muss man also pilgern, dann in engen Serpentinen wieder hoch. Die Strecke ist aber nicht so schlimm, wie ich befürchtet hatte, denn es geht durch schattigen Wald, und glücklicherweise auf Sandboden. Weiter oben erblicke ich manchmal Johanna, und irgendwann treffen wir uns wieder. Wir landen an der Autobahn, an der wir kurz vorbeigeführt werden. Schon freuen wir uns, dass wir diese Etappe des Grauens endgültig hinter uns haben, da tut sich der Blick auf den nächsten Streckenabschnitt auf: Stetig führt ein langer Weg wieder nach oben. Ich heule fast, Johanna stöhnt nur noch, und bei der nächstbesten Gelegenheit werfen wir uns einfach in die Böschung.

Da liegen wir wie weggeworfener Ballast, als Kajetan vorbeikommt. Er sieht recht frisch aus, das erhöht unsere Erschöpfung noch! Wir wechseln ein paar Worte, dann marschiert er entspannt weiter. Wie macht er das?? Entgeistert sehen wir ihm nach. Unsere kärglichen Restkräfte werden allein schon vom wieder Hochraffen fast verbraucht!

Aber auch diese Steigung schaffen wir, dann trotten wir durch grüne Weiden und kleine Wälder. Die Sonne ist hinter grauen Wolken verschwunden, das Pilgern wird etwas einfacher. Vor uns sehen wir bald Kajetan sitzen, an einem Brunnen macht er eine Pause. Gerade, als wir fast angekommen sind, hält ein Auto und ein junger Mann steigt mit etlichen leeren Kanistern aus. Er sieht uns und die Wasserflaschen, die wir schon gezückt haben, aber er lässt uns nicht vor. So sehen wir ergeben zu, wie langsam einer der großen Behälter voll Wasser fließt, dann langsam der nächste, dann langsam der nächste und dann langsam der nächste. Dann langsam noch einer. Und dann noch einer. Und irgendwann steht dann auch uns der Hahn zur Verfügung.

Wir erreichen Gontán und entdecken auch gleich rechts die Albergue. Dort wollen wir aber nicht übernachten, denn wir haben etwas von Bettwanzen gehört, und auf diese Erfahrung möchten wir gerne verzichten. Johannas App leitet uns nach Abadín hinein, und da landen wir bald rechts an der Straße vor einer funkelnagelneuen Albergue, la Xabarín. Wir betreten sie und sind sofort überwältigt von der gastfreundlichen Einrichtung: Es gibt Schalen mit frischem Obst, aus denen sich die Pilger bedienen können, man kann sich Tee oder Kaffee zubereiten, und sogar Handtücher bekommen wir! Die Duschen sind die geräumigsten und neuesten, die ich auf dem Camino erlebe, und jedes Bett hat eine Leselampe, einen eigene Steckdose und so eine Art Seifenschale am Bett, in der man das Handy ablegen kann. Am Tresen kann man übrigens Pilgerausweise kaufen. Ach ja, und die Vierbettzimmer kann man mittels einer Art Scheckkarte auf- und abschließen, wie in einem Hotel! Hier treffen wir natürlich Luis und Ana, die beiden vorausplanenden Brasilianer mit Blick für das Angenehme des Camino.

Abends gehen wir die Hauptstraße entlang, und vor einer Bar entdecken wir Oliver und Lukas. Wir setzen uns zu ihnen, und voller Inbrunst machen wir vier erstmal unserer totalen Erschöpfung Luft und jammern und klagen über die unfassbare Strapaze, die hinter uns liegt. Zusammen bringt das sowohl mehr Spaß, als dass es auch den Frust nimmt. Irgendwie sind wir alle natürlich unglaublich erleichtert, dass wir die heutige Strecke, die ja immerhin schon in Lourença begann, wirklich geschafft haben. Da Lukas und Oliver nicht so viel Zeit zur Verfügung steht, werden sie die morgige Etappe mit dem Bus fahren. So verabschieden wir uns nach einem sehr netten gemeinsamen Abendessen, und wir sehen die beiden nicht wieder.

XXIII. Montag, 16.10.: Abadín – Vilalba

Nach dem üblichen Frühstück in einer Bar gehen wir los, und die heutige Etappe entpuppt sich als eine wunderschöne, leichte, beschwingende. Auf weichen Waldwegen werden wir durch lockere Eichenwälder geführt, an Weiden vorbei, an einem Bach entlang. Einzelne Gehöfte begegnen uns, bei denen ich das erste Mal seit langem wieder das Gefühl habe, die Eigentümer sind der Arbeit gewachsen, haben ihre Existenz im Griff: Alles ist in bestem Zustand, sauber und geordnet. Es regnet nicht, riecht nicht nach Waldbrand, es ist nicht mehr heiß, aber auch nicht kalt, die Natur begleitet uns freundlich – mein Herz wird leicht und froh. Obwohl wir einige Male mit der Autobahn in Berührung kommen, stört sie gar nicht. Auch gefällt es mir mittlerweile, dass ich nicht allein bin, denn die Anstrengungen der letzten beiden Tage ließen sich einfach viel besser mindestens zu zweit überstehen.

Links nähert sich ein altes Steinhaus, dessen renovierter, guter Zustand auffällt. Es ist eine Albergue, sie heißt O Xistral. Wir sind erst ungefähr fünf Kilometer gegangen, kehren aber, als wir feststellen, dass sie geöffnet hat, neugierig ein. Der Hospitalero bringt uns einen Kaffee und ein Stück selbstgebackenen Apfelkuchen. Vier Jahre hat er dieses Haus renoviert, und es ist erst seit April geöffnet. Begeistert schauen wir uns alles an, die Wände aus Feldsteinen, die nur zum Teil weiß verputzt sind, die kleinen heimeligen Schlafräume. Den Garten mit Gartenmöbeln – und im Aufenthaltsraum steht ein Schachbrett, das finde ich auch eine gute Idee! Nicht, dass ich Schach spielen kann, aber die Idee, diese Möglichkeit anzubieten, hat doch etwas sehr Gastfreundliches. Der Wirt begibt sich wieder vor seinen Laptop, er verfolgt voller Sorge die Ausbreitung der Waldbrände.

Wer kommt herein? Jakob. Kaum sieht er den Hospitalero am Laptop, spricht er ihn sofort auf Katalonien an, er will wissen, wie sich die Problematik dort weiter entwickelt hat. Der arme Galicier guckt ganz irritiert hoch, dem ist gerade ganz anderes wichtig: Sein Land brennt!

Mir ist das unangenehm, dass ich hier so seelenruhig als Pilgerin durch Galicien gehe, während die Galicier weiter im Süden alles verlieren, vielleicht sogar ihr Leben! Aber ob ich den Camino gehe oder nicht, das würde keinen Unterschied machen.

Jakob lassen wir bei seinem Kaffee zurück und gehen weiter. Der Weg bleibt wunderschön, es wird zwar etwas kühler und über uns liegt ein schwerer grauer Himmel, aber das macht gar nichts. Die Eichen und Birken, Farne und Heidekraut, die appetitlichsten Kühe auf ihren Weiden, neugierige Rotkehlchen – dazu der federnde Untergrund, heute ist das Pilgern eine richtige Freude.

Wir überqueren die alte Ponte Vella de Martiñan und das Flüsschen darunter spiegelt die efeubewachsenen Eichen an seinem Ufer. Die Wasseroberfläche liegt völlig reglos. Was für ein bezaubernder Ort, denke ich, wie verwunschen, wie aus einem Märchen.

Dann begegnet uns ein seltsamer Mann, der still von einem großen, schwarzen Hund begleitet wird. Zuerst assoziiere ich einen Piraten oder einen Räuber: Sein faltiges, mageres Gesicht ist ganz braun gebrannt, eingerahmt wird es von dunkelgrauen langen Haarsträhnen. Seine Kleidung ist abgetragen und ausgeblichen und mit langen Schritten geht er in vollkommenem Takt, fast gleitet er. In der einen Hand trägt er einen langen Stab, auf dem Rücken einen Rucksack, auf dem Kopf einen schwarzen, breitkrempigen Hut, dessen vordere Krempe hochgebogen ist – und an der hochgebogenen Stelle ist die Jakobsmuschel befestigt. Aha, ein Pilger also. Wir wünschen uns freundlich „buen camino".

Etwas ganz Besonders geht von ihm aus, weder Johanna noch ich kommen auf die Idee, ihn womöglich komisch zu finden oder auch nur merkwürdig, irgendwie beeindruckt er uns.

Später machen wir am Wegrand eine Pause. Jakob und Kajetan kommen bald des Weges und setzen sich zu uns. Als wir sie fragen, ob ihnen der geheimnisvolle Mann auch begegnet ist, klärt uns Jakob auf, der hat ihn nämlich einfach angesprochen. Dieser Mann pilgert schon seit Jahren, er war sogar schon in Rom und in Jerusalem, dahin musste er aber über Zypern ausweichen, wegen des Krieges in Syrien.

Irgendwie kann ich mir mittlerweile fast vorstellen, dass das Gehen durch die Welt, durch das Leben zum Inhalt des Daseins werden kann. Man erlebt so viel, so intensiv, man braucht so wenig, man bekommt so viel zurück: abgesehen von all den Eindrücken und Inspirationen auch so viel Hilfsbereitschaft, Menschlichkeit, Freundlichkeit. Und man hat Zeit zum Beobachten, Wahrnehmen, Reflektieren, Nachdenken. Worauf kommt es eigentlich wirklich an im Leben? Diese Frage würde ich lieber diesem eindrucksvollen Pilger stellen als z.B. jemandem, der genug Geld hat, um auf die bequemste Art und Weise um die Welt zu reisen.

Wir vier gehen zusammen weiter. Die Felder und der Weg überhaupt sind von senkrecht gestellten Schieferplatten eingefasst, die schon so lange stehen, dass sie von Moos, Efeu und Farnen bedeckt sind. Einige neigen sich schon bedenklich. Ich sage, dass ich das so schön finde. Johannas Reaktion, nicht ganz ernst gemeint, lautet, dass das in Deutschland sicher nicht erlaubt wäre, für Kinder zum Beispiel viel zu gefährlich, die könnten davon erschlagen werden! Da, etwas später liegen wirklich einige dieser Schieferplatten umgefallen auf dem Boden. Ich: „Tatsächlich, die können umkippen!" Johanna: „Bloß nicht aufheben!" . Bis ich den Witz verstehe, dauert es.

Irgendwie ergibt sich, dass ich neben Jakob gehe, wir unterhalten uns über Katalonien. Seine Theorie ist, dass Rajoy eigentlich gar keine andere Wahl hat, als Puigdemont wegen Hochverrats anzuklagen. Er meint, es würde vielleicht kein Gefängnis sein, in das der Katalane dann gesperrt würde, aber z.B. Hausarrest in einem Luxushotel wäre eine Möglichkeit. Mir kommt das alles immer noch wie ein inszeniertes Drama vor, ich kann mir einfach nicht vorstellen, dass es nicht zu einem Kompromiss kommen wird. Genau so wenig, wie ich mir vorstellen kann, dass die Konsequenzen, die der Ausgang der Wahl für Katalonien hat, nicht vorausgeahnt worden sind. Mittlerweile ist auch im Gespräch, ob Katalonien in der EU bleiben würde – allerdings haben führende internationale Politiker schon geäußert, dass sie auf der Seite eines geeinten Spaniens stehen. Würde Katalonien dann eine eigene Währung entwickeln? Alles Mögliche steht im Raum, keiner weiß etwas Genaues, aber auf allen Kanälen des gesamten spanischen Fernsehens wird aus vollem Herzen kommentiert, spekuliert, gewarnt, gedroht, werden immer neue Visionen entwickelt. Während dieses Gesprächs verstreicht die Zeit, und auf einmal haben wir schon die Einfallstraße von Vilalba erreicht.

Da uns auf dem Weg ein Fahrradfahrer entgegen gekommen war, der uns die Broschüre einer neuen Albergue in die Hand gedrückt hatte, pilgern wir weiter bis in Vilalbas Innenstadt. Wir finden diese Albergue dann recht leicht, und sie ist wieder sowohl funktional als auch gemütlich und anheimelnd. Wer ist übrigens auch schon da und kommt uns lachend entgegen? Luis und Ana! Wir wählen unsere Betten und ruhen uns erst einmal aus. Johanna und Kajetan gehen dann einkaufen, aber ich habe solche Halsschmerzen und wohl auch etwas Fieber, dass ich mich hinlege und erst am späten Nachmittag einen Supermarkt suche.

Vilalba macht einen seltsamen Eindruck. In den engen hohen Geschäftsstraßen findet der Alltag statt, aber alles liegt in einem merkwürdig düsteren Licht – als spiele sich das Leben in einer Zwischenwelt ab. Oder als seien wir alle in einer dieser Schnee-Schüttelkugeln, über uns wölbt sich der fahle Himmel so nahe, dass man glaubt, ihn berühren zu können. Dann wird mir klar: Der Rauch der Waldbrände in Portugal ist hierher geweht worden und hat sich am Himmel zusammengeballt. Auf dem zentralen Platz kann ich es noch deutlicher sehen, und der ist auch leer, wahrscheinlich treiben gerade nur die nötigen Erledigungen die Menschen nach draußen.

Ich komme an einem Buch- und an einem Schreibwarenladen vorbei – wie lange habe ich solche Auslagen nicht mehr gesehen? Wie aus einem anderen Leben kommt mir das vor, dabei bin ich erst drei Wochen unterwegs. Aber dieser Pilgerweg ist auch eine Reise nach innen, und auch auf solch einer Reise kann man sich weit von allem Gewohnten entfernen, wird mir bewusst.

Ich spinne diesen Gedanken weiter. Wird es dann so sein, wie man über geographische Reisen sagt, dass man nicht mehr als dieselbe Person zurückkehrt? Ich reise in mein Innen und kehre als eine andere zurück. Die Parallele bringt Spaß: In meinem Inneren gewinne ich viele neue Eindrücke, einige Orte und Landschaften oder Regionen gefallen mir besser, dort bleibe ich länger, andere weniger, die verlasse ich schnell wieder. Das Innere als ein Land oder eine Landschaft. Mit Bergen und Tälern, mit Flüssen, Mooren, Seen, Inseln. Mit einem schwarz klaffenden Abgrund, der mich verschlingen wird, wenn ich mich zu tief über ihn beuge, wenn ich zu tief hineinsehen will. Ich weiß, welches Erdbeben diesen geschaffen hat, und bevor ich in den Erinnerungen untergehe, verlasse ich schnell mein Innen, gehe hinaus und in Vilalba in die Albergue zurück.

Dort essen wir alle zusammen. Ich habe ja leider Halsschmerzen und trinke einen Tee nach dem anderen. Wir sprechen irgendwie über die sieben Todsünden, und Kajetan erzählt, dass es auch sieben Werke der Barmherzigkeit gibt. Davon hatte ich noch nie gehört, und übers Smartphone finden wir sie: Hungrige speisen, Durstige tränken, Fremde beherbergen, Nackte kleiden, Kranke pflegen, Gefangene besuchen, Tote bestatten. Dass es auch darum geht, Gefangene zu besuchen – mir scheint, das ist wirkliche Barmherzigkeit, weil ja ausdrücklich unerwähnt bleibt, ob der (die) Gefangene schuldig gefangen gehalten wird oder nicht. Also die Erkenntnis, dass Gefangenschaft einsam macht und dass diese Einsamkeit nicht zu der Strafe gehören soll, das beeindruckt mich. Auch die damit verbundene Wahrheit, dass menschlicher Kontakt Hilfe ist.

Wir gehen dann alle bald aufs oder ins Bett, und jeder ist in Gedanken schon mit den weiteren Etappen beschäftigt. Pilgerführer und Apps werden studiert, denn Santiago liegt nur noch ungefähr 130 Kilometer entfernt. Wie man diese Entfernung am besten in Etappen einteilt, wo Alberguen liegen, in welchem Zustand diese sind, wie beschwerlich welche Strecken des Camino noch sein werden – all das muss man als Pilger nun in die Überlegungen einbeziehen. Selbst ich, die eigentlich immer ohne festen Plan gepilgert ist, mache mir nun Gedanken. Überlege, welches wohl der schönste Tag zum Ankommen ist. Versuche, mir vorzustellen, wie das Ankommen überhaupt sein wird. Ich bekomme Herzklopfen, so aufregend ist der Gedanke, in weniger als einer Woche vor der Kathedrale in Santiago zu stehen. Vor der Kirche, die seit Jahrhunderten das Ziel unzähliger Menschen aus der ganzen Welt ist, die ich noch nie gesehen habe, in einer Stadt, in der ich noch nie war.

XXIV. Dienstag, 17.10.: Vilalba – Baamonde

Johanna geht ganz, ganz früh los, sodass sie schon fort ist, als ich erst aufstehe. Kajetan, Jakob und ich frühstücken noch zusammen, dann brechen auch wir auf. Kajetan ist groß und hat lange Beine, also ist er uns schnell voraus und bald aus unseren Blicken verschwunden. Jakob und ich gehen erst zusammen, aber seine Idealgeschwindigkeit ist langsamer als meine, und so verabschieden wir uns erstmal. Ich bin froh darüber, denn sein leutseliges, stetiges Mitteilungsbedürfnis widerspricht meinem Wunsch, still zu pilgern und meine Umgebung möglichst ungestört zu erleben. Die gestrige Unterhaltung hat mein Limit ausgeschöpft. Außerdem habe ich den Verdacht, dass ein wesentliches Motiv für sein Reden darin besteht, sein Englisch sowohl zu ölen als auch damit zu prahlen, es ist nämlich recht flüssig und gespickt mit Idiomen. Das Doofe ist nur, dass ich Englischlehrerin war und daher immer wieder in Versuchung gerate, seine Angeberei durch Verbessern in ihre Schranken zu weisen. Immerhin schaffe ich es, ihn kein einziges Mal auf seine Fehler hinzuweisen, obwohl er bestimmte immer und immer wieder macht.

Die Landschaft gefällt mir, sie ist geprägt von einzelnen Gehöften, Viehweiden, Wäldchen, Feldern. Dass es etwas nieselt, stört mich nicht. Auch hier stehen wieder Häuser leer, und das gibt dem Landstrich leider auch etwas Bedrückendes. Ich nähere mich einem völlig verwahrlosten Gehöft, Plastikfetzen fliegen herum, der Boden ist zerfurcht und matschig, das Haus baufällig und die Schuppentüren hängen nur noch schief an vereinzelten Angeln. Moosige Holzstapel fallen in sich zusammen, und nur wenige Hühner picken schlapp im Schlamm herum. Auf dem Hof steht ein altmodischer Leiterwagen halb voll mit Heu. Eine uralte Bäuerin müht sich mit einer Heugabel, davor liegendes Heu hinauf zu bugsieren. Ein ebenso uralter Bauer ist daneben mit irgendetwas anderem beschäftigt. Er sieht mich, deutet in den nieselnden Himmel, lacht und sagt etwas wie „heute gibt's Wasser zum Wein" – ich bin so getroffen, so ergriffen von den hoffnungslosen Zuständen und dieser gleichzeitigen Lebensbejahung, dass ich, nachdem ich zurückgelacht und zugestimmt habe, weinen muss. Zwei alte Menschen, zusammen haben sie sich Jahrzehnt auf Jahrzehnt dem Leben gestellt, Herausforderungen gemeinsam angenommen. Sie hadern nicht, sie machen weiter. Zusammen. Gemeinsam.

Da ich mich mal wieder verlaufe – gedankenverloren habe ich eine wegweisende Muschel übersehen und muss nun ein Stück zurückgehen – holt mich Jakob ein. Gut, dann gehen wir eben ein Stück zusammen, Gelassenheit und Geduld sind Tugenden, die gerade ich nicht genug üben kann.

Als er dann aber verlangt, ich solle etwas langsamer gehen, muss ich doch stutzen. Nach seiner Theorie – und in der Praxis – habe ich nämlich eine andere ideale Gehgeschwindigkeit als er, und wir sind auch kein verabredetes Team. Naja, ich will nicht so sein, und es muss ja auch nicht immer nach mir gehen. Meine Schulter schmerzt schon seit Tagen, und das wird immer schlimmer. Ich erzähle ihm das, und er gibt mir den Rat, den Brustgurt des Rucksacks zu öffnen – siehe da, der Schmerz hört auf! Da habe ich den Beweis: Gut, dass ich mein egoistisches Tempo für ihn gedrosselt habe.

Danach werden wir durch fast echt norddeutsche Heidelandschaft geführt, und das Gehen ist leicht und macht richtige Freude. Irgendwann gehen wir auf einer alten, mit einer Art großen Kopfsteinen gepflasterten Straße entlang, die so aussieht, als wären hier schon römische Handelskarren entlang gerüttelt. Ich habe den Eindruck, ins Mittelalter hinein zu pilgern, die Atmosphäre hat etwas Verwunschenes. Der Buckelweg mündet in einem kleinen steinernen, stillen Dorf, aus dem heraus wir dann aber bald auf eine Bar zu geleitet werden, endlich! Natürlich kehren wir erstmal ein.

Danach laufen wir bald über die Ponte de Saá, „die seit dem Mittelalter auf dem Weg nach Sobrado dos Monxes den Rio Labrada überspannt“, wie mich Cordula Rabe informiert. Diese Brücke ist ein weiteres Beispiel für die zahlreichen schönen, alten Brücken, sie ist sowohl steinern solide als auch zierlich, zuversichtlich bin ich, sie wird hier auch die nächste Ewigkeit noch stehen.

Die Sonne ist wieder herausgekommen, und die nächsten Kilometer bis Baamonde zieht sich der Weg durch helles, warmes Land, meistens landwirtschaftlich genutzt und unterbrochen von kleinen Weilern. Diese Strecke ist eben, das genieße ich sehr. Wir suchen eine

Möglichkeit, mal eine Pause zu machen, und finden nichts anderes als eine dunkle, etwas verwahrloste Wellblechbushaltestelle. Dort setzen wir uns also auf die Bank.

In dieser ungemütlichen Art Kammer entwickelt sich ein Gespräch über das Pilgern und unsere Beweggründe, Hoffnungen und Erwartungen. Jakob ist schon zahlreiche Male in Santiago angekommen, und geht ja eigentlich für jemanden anders, aber auch er hat in seinem Leben großen Kummer erlebt, wie er verrät. Dann erzähle ich ihm meine Geschichte. Er hört still zu und durch seinen klugen Kommentar werde ich etwas von dem Gewicht los, das ich seit Jahren mitschleppe. Das werde ich Jakob nicht vergessen. Wir verharren noch etwas, dann beschließe ich: „Hier in dem schäbigen Schuppen lasse ich diese Geschichte jetzt zurück“. Ich schlage vor, weiterzugehen, und so raffen wir die Reste unseres ausgebreiteten Obstes zusammen, stehen auf und pilgern weiter.

Bis Baamonde gehen wir eher still nebeneinander her. Luis und Ana hatten gehört, dass die Albergue in Baamonde irgendwie schäbig oder verwahrlost sein sollte, und das war der Grund für Johanna gewesen, heute besonders früh aufzustehen, denn sie wollte deswegen sogar noch weiter als Baamonde gehen. Also werden wir heute Abend diesen dreien nicht begegnen. Laut Cordula Rabe diente das Gebäude der Albergue „schon als Stall, Kornspeicher und Restaurant“, was sich für mich spannend anhört. In Baamonde liegt sie bald rechts und entpuppt sich als gastfreundlich geführte, saubere, einwandfreie und große Unterkunft, deren Holzvertäfelung und viele Tischgruppen sehr gemütlich wirken. Sofaecken gibt es auch, ebenso wie einen stillen Garten.

In Baamonde fällt mir das erste Mal auf, dass die Einheimischen, man sieht mehr Männer als Frauen auf den Straßen, also, dass die Einheimischen mich unverhohlen anschauen. Das war bis jetzt nicht passiert, und Jürgen in Helgueras war zu diesem Thema der Meinung gewesen, dass sei eben der sprichwörtliche Stolz der Spanier. Ich hielt und halte das auch immer noch für Takt und irgendwie respektvollen Stil. Also, in Baamonde ist das anders. Das ganze Städtchen ist anders als die bisherigen, mehr Menschen rauchen z.B. und irgendwie kommt es mir auch vor, als stünden hier etliche konspirative Gruppen zusammen, die Männer haben auch so etwas Schlitzohriges, Spitzbübisches, und man hat den Eindruck, sie amüsieren sich heimlich über den Rest der Welt. Dazu wirkt das Städtchen wie eine Kulissenstadt für südamerikanische Western, nicht ganz harmlos.

Jakob lädt mich zu einer Pizza ein, und als wie nach dem Essen in die Albergue zurückkehren, sitzt an einem der Tische Camille aus Pobeña! Sie hat die gesamte Strecke hierher in Riesenportionen zu Fuß bewältigt, heute z.B. ist sie mehr als 40 Kilometer gepilgert! Alle Achtung, denke ich, und bewundere die Mengen an Sandwiches, die sie zusammen mit zwei Weggefährtinnen fast in einem Stück verschlingt. Kein Wunder, sie sieht wirklich ausgemergelt und erschöpft aus. Wenn ich es genau bedenke: Das tue ich auch.

Später im großen Schlafsaal liege ich wach und kann nicht einschlafen. Ich mache mir im Kopf eine Liste von all den Geräuschen, die zu hören sind, damit ich das zuhause erzählen kann. Hier ist sie: Niesen. Gähnen. Reißverschlussöffnen. Reißverschlussschließen. Plastiktüten knistern. Münzen rollen auf dem Boden. Schnarchen. Flüstern. Tappen. Die Klospülung rauscht. Badelatschen schlappen über den Boden. Schlafsäcke knirschen. Taschenlampenknipsen. Seufzen. Husten. Handytasten klicken.

Das Schnarchen ist auch dieses Mal wieder überdurchschnittlich laut und regelmäßig, aber zum Glück nicht in meiner Nähe. So wirkt der Anorak, den ich um den Kopf schlinge, tatsächlich wie ein Hörschutz.

XXV. Mittwoch, 18.10.: Baamonde – As Laxes

Gegenüber der Albergue liegt eine Bar, die bereits geöffnet hat, und dort treffen sich alle Pilger zum Frühstück. Auf dem Platz davor herrscht wieder so eine unheimliche Atmosphäre, aber irgendwie hat sie auch etwas Urbanes:

Ich war so spät wie möglich aufgestanden, aber Jakob hat trotzdem auf mich gewartet, und nun sitzen wir zusammen bei einem café con leche und einem gefüllten Hörnchen. Dann gehen wir los, demnächst müsste der Meilenstein kommen mit der Angabe, dass es bis Santiago nur noch 99,679 Kilometer sind. Ich bin noch so wenig wach, dass ich ihn übersehen hätte, aber Jakob findet ihn. Er ist offensichtlich ein Morgenmensch und redet angeregt auf mich ein. Alles, was er sieht, wird kommentiert. Wir passieren eine Tankstelle an der Schnellstraße, auf der wir gehen, die aber nicht mehr sehr in Anspruch genommen wird, da es jetzt die fast parallel verlaufende Autobahn gibt. Jakob kombiniert, dass diese nun wohl nicht mehr so viele Kunden haben wird wie früher, und erklärt mir, das sei deswegen, weil damals ja noch viel mehr Autos hier vorbeigekommen seien, aber jetzt nicht mehr. Es folgt ein unauffälliges Haus, das sich per Schild als Pension, auch für Pilger, ausweist. Hier könne man auch übernachten, informiert er mich. Ob man hier wohl auch ein Frühstück angeboten bekäme. Wie teuer das wohl sei. Oder ob man erst zurück ins Dorf müsse, um zu frühstücken. Das wäre nicht so praktisch. Dann plötzlich, vor uns zieht sich eine langgestreckte Kurve langsam nach rechts, entwickelt er das Szenario, dass ein uns entgegenkommender Lastwagenfahrer womöglich die Kontrolle über sein Fahrzeug verlieren könnte, weil er z.B. auf sein Handy geschaut hätte. Genau in dieser Kurve vor uns, ob man dann wohl die Geistesgegenwart hätte, rechtzeitig über die Leitplanke zu springen. All meine morgendlich noch spärliche Kraft raffe ich zusammen und sage: „Dies wird nicht passieren." Das wäre auch keine gute Idee, fährt er fort, denn dann würde man ja auf den Bahnschienen landen (die laufen links von uns entlang). Jakob lacht ganz erfreut über die lustige Vorstellung, die er da gerade heraufbeschworen hat. Immerhin muss ich ihm anrechnen, dass er das Geklimper seiner Muschel, des Kompasses und seines Fotoapparates abstellt, indem er Kompass und Fotoapparat woanders verstaut.

Der Weg biegt ins Grüne ab, an der Kapelle San Alberte vorbei, und dann beginnt eine lange, wunderschöne, stille, leichte Etappe durch Eichenwälder, manchmal auch Eukalyptusbäume, viele Stämme sind von Flechten bewachsen und sehen aus wie mit Flaum bedeckt. Auf federndem Boden pilgert man über einen Blätterteppich, an bemoosten Schiefermauern vorbei, durch herbstlich rostroten Farn, und dann dringt von links die Morgensonne mit leuchtenden Strahlenbündeln durch die Bäume – der Weg macht glücklich.

Aber jetzt will Jakob, der bis zu einem gewissen Grad auch Spanisch spricht, von mir wissen, ob Italienisch oder Spanisch dem Latein ähnlicher wäre. Nun auch noch über sowas nachdenken, früh morgens hier in dieser paradiesischen Landschaft, ich stöhne innerlich. Als ob ich das beurteilen könnte. Ich entwickle meine Ansicht an der Aussprache entlang, denn unter diesem Aspekt fällt der Apfel Spanisch weiter weg vom Stamm Latein – scheint mir wenigstens. Jakob glaubt mir nicht. Ich argumentiere mit der Aussprache des spanischen c und z, die oft wie das englische „th“ ist, ein Laut, den ich jedenfalls im Lateinunterricht nicht kennengelernt habe. Das ist offensichtlich genau der Impuls, den er gebraucht hat, denn nun will er mir lang und breit auseinandersetzen, wann und wo und wie das spanische c wirklich wie das englische „th“ ausgesprochen wird. Ich kann nicht mehr an mich halten und schneide ihm mit einem scharfen „ich weiß!“ das Wort ab.

Was ihn wohl dazu bewegt, dauernd zu reden? Er will sich eigentlich auch gar nicht austauschen, es geht ihm darum, sich zu präsentieren. Als ich dann einen Landschaftsausschnitt fotografiere und er mir sagt, ich solle das aus einem anderen Winkel machen, dann bekäme ich auch noch den Felsen da rechts drauf – also, da platze ich fast.

Wie komme ich aus dieser Situation heraus? Ich könnte sagen, ich wolle jetzt schneller gehen, aber diese Landschaft ist so wundervoll, dass ich nicht schneller gehen möchte. Kann ich ihm sagen, er möge hier bitte eine halbe Stunde verharren, damit ich ihn hinter mir lasse? Wohl kaum. Wenn ich ihn bitte, eine Weile still zu sein, dann vermute ich solch gekränktes Schweigen, dass ich das neben mir auch nicht ertragen möchte. Ich möchte überhaupt keinen Einfluss auf jemanden ausüben, dadurch übernähme ich Verantwortung, und gerade die möchte ich mal los sein. Ich möchte allein vor mich hin gehen. Ich möchte schweigen. Ich möchte sehen und Eigenes denken. Seltsam, dass jemand so wenig Gespür für die Stimmung der Person neben sich hat. Und so wenig berührt wird von diesem galicischen Weg und seiner besonderen Schönheit. Auf der anderen Seite: Was tut Jakob denn Schlimmes? In seinen Augen sorgt er für belebende Unterhaltung und verkürzt dadurch angenehm den Weg. Jedenfalls stelle ich mir vor, dass er davon ausgeht. Mein Weg braucht aber nicht verkürzt und ich brauche nicht abgelenkt und unterhalten zu werden. Der Weg unterhält mich genug.

Allerdings muss ich auch sagen, dass Jakob zweimal eine große Hilfe ist, denn einen Hinweis auf ein Café etwas abseits hätte ich falsch interpretiert und wäre allein an der Albergue Witericus vorbeigelaufen. In ihr kann man auf dieser Etappe gut einkehren – was wir auch tun. Und eine schematische Karte, die zwei Alternativen für den kommenden Wegverlauf anbietet, kann ich nicht recht deuten. Jakob sagt, der längere Weg müsse der richtige sein, denn sonst stimme ja die Angabe auf dem letzten Pfeiler – 99,679 – nicht, und damit hat er zweifellos Recht.

In Seixón de Abaixo hat ein Steinbildhauer sein Atelier, das Vorbeigehenden offen steht. Jakob will hineingehen, weil man dort auch einen Pilgerstempel bekommt. Das ist die Gelegenheit! Ich verabschiede mich und ziehe erleichtert allein und in seliger Stille weiter. Endlich kann ich auch die nebenher hüpfenden Rotkehlchen wahrnehmen, diese Energiebällchen, aus deren Augen Interesse und Wachsamkeit sprechen. So, als sagten sie: „Wir wissen, wie viele Kilometer, wie viele Tage du schon pilgerst. Und wir sind schon gespannt, ob du dein Ziel erreichen wirst – daher begleiten wir dich weiter."

Eine Strecke folgt der Weg jetzt einer asphaltierten Straße, dann geht es links ab, die Straße wird enger, bleibt aber asphaltiert. Für die Sicherheit der Pilger wird mit einem Schild gesorgt, das ihretwegen die Höchstgeschwindigkeit 70 kmh vorschlägt. Hm…

Es fängt leider an zu nieseln, und der schwarz werdende Himmel verheißt noch viel mehr Regen. Ich beeile mich, bald kommt Miraz, und dort gibt es eine Albergue, die auch Jakob anstrebt, denn die kennt er schon. Auf dem Weg begegnen mir an Baumstämmen befestigte Hinweise auf eine ganz neue Albergue, was sich als sehr günstig erweisen wird: Die in Miraz ist nämlich bis 15h00 geschlossen. Vor ihr wartet schon ein spanischer Pilger, und den bitte ich, dem bald ankommenden älteren Mann mit Brille auszurichten, dass ich, Caroline aus Deutschland, noch weiter gegangen bin. So lande ich, gerade, als es richtig in Strömen zu gießen beginnt, in As Laxes in der neuen Albergue O Abrigo. Dort liegt im kleinen Bettenraum nur ein Pilger auf einem Bett, ein Asiate. Wir begrüßen uns, dann suche ich mir ein Bett und breite meine Sachen aus. Ein anderes Bett ist ebenfalls belegt, das ist offensichtlich, aber der zur Ausrüstung gehörende Mensch ist nicht zu sehen. Während ich auf meinem Bett liege und dem prasselnden Regen zuhöre, kommt ein weiterer Pilger herein, etabliert sich umständlich und mit viel Lärm. Dann liegt auch er erstmal da. Ich hatte ihn in Baamonde schon gesehen.

Es hört auf zu regnen, und da es noch Nachmittag ist, möchte ich die Gegend erkunden. Draußen gesellt sich praktisch sofort eine Hündin zu mir, die mich auf dem Weg hinaus aus dem winzigen Dorf begleitet. Nach wenigen Minuten stehe ich völlig überrascht in einer schottischen Heide- und Felsenlandschaft. Sie ist wirklich eindrucksvoll in ihrer zerklüfteten Unnahbarkeit, ihrer Wildnis und der leicht unheimlichen Stimmung: Als wäre sie hier seit Urzeiten vergessen worden und als hätte sich hier eine mythisch-hermetische Welt entwickelt. In den Kiefern, dem Heidekraut, Farn, den mageren Birken und den überall von Riesen einst herum geschleuderten Steinbrocken, den Klüften dazwischen ist es völlig menschenleer und völlig still. Gut, dass die Hündin mich begleitet!

Leider fängt es wieder an zu regnen und so kehre ich um. Ich sage ihr, die diesen Ausflug aus vollem Herzen genießt und überall schwanzwedelnd herumstöbert, dass jetzt Schluss ist und sie wieder mit nach Hause kommen solle, was sie auch tut. Sie versteht sogar Deutsch!

Der Albergue angegliedert ist eine Bar, in der trinke ich etwas. Ab und zu kommt ein stämmiger Einheimischer herein, in schmutziger Arbeitskleidung, schlammigen Gummistiefeln und mit schwieligen Händen. Alle kennen sich und tauschen sich über den heutigen Arbeitstag aus.

Ich leihe mir die ausliegende Zeitung, sie ist allerdings schon vier Tage alt. Die Waldbrände sind unter Kontrolle, jetzt plagen Überschwemmungen die betroffenen Gebiete. Puigdemont hat noch Galgenfrist, ich verstehe aber nicht, wofür. Das Exemplar ist von Sonntag und enthält eine Beilage. Wie gesagt, ich bin im winzigen, durch und durch von Landwirtschaft geprägtem Dorf As Laxes, in dem die Koppeln der Kühe, Pferde, Schafe und Ziegen praktisch nahtlos in die Grundstücke übergehen. Nach all diesen Tieren riecht es hier auch, das ist ja klar und gehört dazu. Die zum Teil unbefestigten Wege sind von Treckern zerfurcht und in den Einfahrten liegt und steht landwirtschaftliches Gerät, vom Gebrauch verschmutzt und teilweise defekt. Die Häuser sind aus alten grauen Feldsteinen erbaut, die Schieferdächer fallen stellenweise in sich zusammen, die Mauern an den Wegen sind ebenfalls aus alten Steinen schief zusammengefügt – hier und da müsste Einiges wohl mal repariert werden.

In dieser Sonntagsbeilage geht es in einem seitenfüllenden Beitrag, ausführlich durch Tabellen, schematische Zeichnungen und Fotos erweitert, um den Boom an Schönheitsoperationen, der die moderne Gesellschaft in Atem hält. Und zwar geht der Trend nicht mehr nur dahin, das Gesicht zu verschönern, nein, jetzt kann endlich der ganze Körper den aktuellen Beauty-Idealen unterworfen werden. Um also in der heutigen Welt als vollwertiges Mitglied zu gelten, müssen nicht nur Nase, Zähne und Mund optimiert worden sein, nein, jetzt braucht es auch den perfekt gestylten Hintern z.B., und der neueste Trend geht in Richtung gestylter Genitalien: Endlich kann man auch sie zeitgemäß formschön gestalten lassen! Diese erhellende Beilage hat also ihren Weg bis in die Bar des ländlichen, ehrlichen, körperlich arbeitenden As Laxes gefunden. Mir fällt dazu nichts mehr ein.

Ich whats-appe mit Johanna, die im Wistericus übernachtet hat. Sie ist schon in Roxica, und wir verabreden uns für morgen in Sobrado dos Monxes.

Mittlerweile ist noch eine Pilgerin eingetroffen, das freut mich, denn als einzige Frau mit drei Männern in einem Raum zu schlafen, fände ich unangenehm. Merkwürdigerweise ist aber eins der Betten, das doch vorhin noch belegt war, wieder leer. Seltsam: Der Betreffende hat doch seine Übernachtung schon bezahlt – und im Regen wird er wohl nicht weiter gegangen sein. Erklären kann ich mir das nicht. Die neue Pilgerin heißt Melanie und ist aus Quebec. Der Asiate ist aus Südkorea und heißt Jeong-Sub. Wir beschließen, gemeinsam zu Abend zu essen und betreten die Bar.

Da sitzt, in einer gelben Regenjacke und mit seiner Pilgermuschel um den Hals, drinnen allein an einem Tisch und isst – genau: Jakob. Wir begrüßen uns freundlich. Er ist tatsächlich in Miraz eingekehrt, da gibt es aber kein Abendessen und so ist er hier gelandet. Wir fragen ihn dann bald, ob er sich nicht an unseren Tisch setzen möchte. Dann kommt auch noch der scheinbar verschwundene Pilger dazu, der Spanier Quini – eigentlich heißt er Joaquín, will aber Quini genannt werden. Wir freuen uns, dass wir im Trockenen sitzen, Gesellschaft haben, Santiago nicht mehr weit ist und das Pilgermenü gut schmeckt. Quini erzählt mir, dass er wirklich noch in der Albergue schlafen wird, aber mit seinem Zeug in den Raum im oberen Stock geflüchtet ist. Warum? Weil er den Mann, der heute Nachmittag als dritter hereinkam, als den identifizierte, der in Baamonde so nervenzerrüttend und pausenlos geschnarcht hatte. Und so ist er in den oberen Raum geflohen. Wenn ich das gewusst hätte – mir war ja noch nicht mal klar gewesen, dass es oben noch einen Raum gibt! Dann kommt dieser Mann auch herein, und wir bitten ihn natürlich ebenfalls an unseren Tisch. Er heißt José und ist auch Spanier. Er ist der, der kurz nach mir ankam und ein Bett in der Nähe meines Bettes gewählt hat…

Melanie zeigt uns auf ihrem Handy viele schöne Fotos von Quebec und ihrem Hund, Quini nimmt dauernd Kurkuma zu sich und erzählt, das sei gut gegen Entzündungen, nebenbei bereitet er sich seine Wegzehrung für morgen zu: ein Brötchen, belegt mit einem

Spiegelei. Jakob erzählt bescheiden von sämtlichen Pilgerungen, die er im Leben schon gemeistert hat, und von seinem in-vicarie-Auftrag. José und Quini informieren uns darüber, dass sie nur die letzten 100 Kilometer pilgern, sie sind also beide in Baamonde gestartet, kennen sich aber nicht. Jeong-Sub beschreibt uns, wo seine Heimatstadt liegt. Er wird sich die nächsten Tage etwas sputen müssen, überlegt er, weil sein Rückflug von Santiago nach Korea für den 23.10. gebucht ist.

Natürlich wird das Schlafen mal wieder zu einer Herausforderung. Josés Schnarchen würde mich die ganze Nacht wachhalten, wenn ich nicht meinen Anorak als Hörschutz hätte – so schlafe ich wenigstens immer wieder ein.

XXVI. Donnerstag, 19.10. As Laxes – Sobrado dos Monxes

Unter diesen Umständen wache ich sehr früh auf, packe mein Zeug zusammen und werde schon beim Hinaustreten aus der Albergue Zeuge des wundervollsten, dramatischsten Sonnenaufgangs, der hinter den Häusern und Bäumen lodert. In der Bar frühstücke ich und bitte noch darum, dass man mir ein Bocadillo mit Käse macht, denn es soll die nächsten 25 Kilometer bis auf die Albergue in Roxica keine Möglichkeit der Einkehr geben.

Nicht nur das brennende Feuer am Morgenhimmel begleitet mich nun, nein, auch die Hündin von gestern ist wieder da und geht einfach mit. Das beunruhigt mich etwas, denn 1. weiß ich nicht, ob sie heute auch noch Deutsch versteht, 2. weiß ich nicht, wie ich sie wieder loswerden kann und vor allem 3.: Wird ihr Besitzer sie nicht vermissen? Auf jeden Fall kennt sie die Gegend hier besser als ich, und dann denke ich auch, wenn die Gefahr bestünde, dass diese Hündin irgendeinem Pilger bis nach Santiago folgen könnte, dann dürfte sie sicherlich nicht so frei herumlaufen. Also gehen wir gemeinsam durch die unberührte, felsige Heidelandschaft, deren verschwiegene Öde geheimnisvolle Zugänge ins Elfenreich zu verbergen scheint und unter dem Morgenrothimmel magisch, überwältigend weit und großartig daliegt.

Irgendwann gelangen wir an ein großes Gehöft, innerhalb dessen Zaunes sich zwei Hunde tummeln. Ich denke, das ist doch mal die Gelegenheit, meine Begleiterin wird sich sicherlich ablenken lassen – aber das tut sie nicht. Nicht mal ein Bellen wird ausgetauscht. Kennen sich die drei vielleicht und jedes Revierbehaupten ist schon lange überflüssig? Ich erkläre ihr in aller Ruhe, aber ernst, dass sie jetzt wirklich zurück nach Hause laufen müsse, mit mir weiter mitzukommen, habe heute keinen Sinn, denn ich würde dieses Mal nicht umkehren. Ihr ist das wurscht. Mir wird allmählich blümerant, ich kann hier doch keine Hündin entführen! Sie braucht auch keinen neuen Besitzer, verwahrlost sieht sie nicht aus, ehrlich gesagt, eher etwas zu dick. Wir erreichen das Ende eines Miniweilers – und da dreht die Hündin um! Sie weiß ganz genau, wie weit sie gehen darf – wie genial ist das bitte?

Nun pilgere ich allein weiter durch diese Heide- und Kiefereinsamkeit. Der Untergrund ist weich, es ist trocken und meine Welt ist in wunderbarster Ordnung. Der Camino verläuft über eine langgestreckte Anhöhe, und so kann ich immer wieder in alle Richtungen schauen, in die grüne, hügelige, leere galicische Abgeschiedenheit.

Es geht dann auch wieder hinauf, dann hinab, an einzelnen, einsamen Gehöften vorbei, die fast alle entfernt von der Straße liegen, auf der ich mittlerweile entlanggehe. In einem wilden, unberührten Landschaftsteil, der aussieht, als läge er schon seit Jahrhunderten unverändert da, leben zwei uralte Bäume, eine Eiche und eine Birke. Ungestutzt und völlig frei haben sich die Eichenäste ausbreiten können, als wären es Arme und Hände, mit denen die Eiche sich immer mehr Welt ertastet. Und einen Birkenstamm von solch imposantem Durchmesser habe ich noch nie gesehen, die dichte Krone steht wie eine Kugel um diese trutzige Säule herum. Als hätte sich die Birke als Riesenbovist verkleidet.

Jetzt geht es bald bergab, durch einen dunklen Wald pilgere ich auf einer befestigten Straße vor mich hin. Um meine Erinnerungen zu stützen, rekapituliere ich alle Orte, an denen ich übernachtet habe. Und wenn ich die letzten Wochen überdenke, dann ist es mir gut ergangen. Ja, ich habe schreckliche Schmerzen gehabt, in den Füßen, in den Hüften, im Rücken und in der rechten Schulter. Diese Schmerzen sind auch immer noch unterschwellig da, aber sowohl habe ich mich an sie gewöhnt, als dass sie auch abgenommen haben. Nachts wache ich immer noch auf, weil die Fußsohlen brennen, als hielte sie jemand ins Feuer. Aber ich weiß nun, dass dieses Gefühl jeden Morgen wieder vorbei ist. Ums Essen habe ich mich nie wirklich gekümmert, d.h. ich habe darauf vertraut, dass sich mir eine Gelegenheit dazu ergeben würde, entweder etwas zu kaufen und selbst zuzubereiten, oder dass mir eine Bar begegnen würde. Und so ist es auch immer gewesen. Dazu habe ich einen Vorteil anderen Pilgern gegenüber: Ich vertrage das Wasser aus dem Wasserhahn, also brauchte ich immer nur meine wiederauffüllbare Plastikflasche zu schleppen. Auch eine Unterkunft habe ich jeden Tag gefunden. Ich habe das erbarmungslose Stechen der Sonne überlebt, bin bis auf die Haut nass geworden, auch das habe ich überlebt. Immer, wenn ich Hilfe brauchte, habe ich sie bekommen, und seien es auch „nur" freundliche, hilfsbereite Antworten auf meine Fragen gewesen. Am Tag war ich viel allein – was ich ja auch gerne bin -, der Camino del Norte ist wirklich nicht sehr bevölkert, wenigstens im Herbst nicht. Aber abends in den Alberguen ist immer jemand da, mit dem man sprechen kann, wenn man das möchte. Es war gut, dass ich vorher etwas Spanisch gelernt habe[5], Englisch oder Deutsch wäre manchmal schwierig gewesen. Allein als Frau unterwegs ist man nicht immer völlig entspannt, aber Gottvertrauen hilft. So viel unterschiedliche

5 Mit „Spanisch in 30 Tagen", Langenscheidt, München 2014. Für mich eine sinnvoll strukturierte, machbare und wirklich hilfreiche Lernanleitung.

Landschaften habe ich durchpilgert, dass ich alles in meinem Kopf noch gar nicht überblicken oder ordnen kann. Es ist gut, dass ich jeden Tag Tagebuch geschrieben habe, das wird mir später dabei helfen, bin ich überzeugt. Ich bin so dankbar für all die Erfahrungen und weiß, dass mir sicherlich erst zuhause richtig klar werden wird, welchen Einfluss der Camino auf mein Denken, mein Bewusstsein, mein ganzes Leben haben wird. Jetzt schon bereue ich, dass ich etliche Kilometer mit dem Zug und dem Bus zurückgelegt habe, denn wer weiß, was mir auf diesen Etappen alles Wunderbares widerfahren wäre?! Dann fällt mir Lizbeth ein, die für den Camino aus dem fernen Neuseeland angereist ist – wie ich für sie hoffe, dass sie ihren Pilgerweg weitergehen kann! Glauben kann ich das fast nicht, denn was Josh in Colombres andeutete, hörte sich nicht gut an. Ich wünsche es ihr dennoch von Herzen.

Ich erreiche Roxico und kehre natürlich ein. Ein café con leche geht immer, und eine Pause hat noch nie geschadet. Als ich so da sitze und vor mich hin träume, geht die Tür auf und Melanie kommt herein. Wir unterhalten uns ein bisschen, sie ist wirklich toll ausgerüstet. Als Kanadierin kennt sie sich mit Kälteschutz aus, und so hat sie sogar Handschuhe dabei und eine Art ganz lange enge Extra-Ärmel, die man wie lange Handschuhe unter dem Pullover tragen kann. Also, an Handschuhe hätte ich nie im Leben gedacht, aber ich gebe zu, dass es die letzte halbe Stunde draußen kälter geworden ist. Als ich weitergehen möchte und die Tür aufmache, kommt ein Pilger herein. Wir grüßen uns alle, und im Hinausgehen höre ich ihn noch zu Melanie sagen: „Hi, I am from Quebec, and you?“

Kurz nachdem ich wieder losgegangen bin, fängt es an zu regnen, und zwar richtig. Der Weg führt wieder eine Anhöhe hinauf. Auf ihr läuft der Camino entlang, und so muss ich, dem aufgekommenen eisigen Wind ungeschützt ausgesetzt, im schrecklichsten Wetter weiterpilgern. Der Regen, der vom starken Wind getrieben hier fast waagerecht auf mich einprasselt, zersticht mich mit eisigen Nadeln. Die Kapuze ziehe ich so gut es geht über mein Gesicht, aber irgendwas sehen muss ich ja noch – und die Stöcke brauche ich als Halt auch, und nun denke ich an die schlaue Melanie – Handschuhe wären jetzt natürlich der Hit! So gefroren wie auf dieser Strecke habe ich noch nie, und diese Mischung von Eiseskälte, Wind und Nässe ist schrecklich. Mir bleibt nichts anderes übrig, als weiterzugehen, immer weiterzugehen und weiterzugehen. Wenn ich anhalte, dann fühlen sich ja die durchnässten Klamotten noch schlimmer an, denke ich, durch das Gehen bleibt wenigstens der Blutdruck am Leben…

Diese Etappe ist die bisher bei weitem widrigste, weil der schneidende Wind so furchtbar kalt ist. Nachdem ich abgebogen bin und mich auf verschlammten Wegen durch ein winziges Dorf gekämpft habe, führt die Strecke über Wiesen und an heimatlich anmutenden Knicks entlang, mir wird tatsächlich ein bisschen warm ums Herz. Und die Pilze hier! Kernig und strotzend finde ich sie, fast wie Lebewesen: Tatzen aus braunem Fleisch, die sich übereinander türmen – Jean aus Santillana del Mar hätte an ihnen begeisterte Freude – d.h., falls sie essbar sind. Dann gelange ich auf eine Asphaltstraße, die sich immer weiter und immer weiter zieht, keine Möglichkeit, mal im Trockenen das Brötchen zu essen, obwohl ich etwas neue Energie gut brauchen könnte! Es nähert sich dann bei Marco das Pías auf 710 Metern „der höchste Punkt des gesamten Nordwegs", so Cordula Rabe, aber in diesem Regen sehe ich leider nicht weit.

Seit einiger Zeit laufe ich Jeong-Sub hinterher, aber er ist schneller als ich. Das passt ja zu Jakobs Theorie, dass die Idealgeschwindigkeit jedes einzelnen von seiner Größe abhängt – und der Koreaner ist viel größer als ich. Mir fällt ein, wie Jakob mir auf dem Weg gestern auch noch in allen Einzelheiten auseinandergesetzt hat, dass große Menschen mit langen Beinen lieber kleinere Schritte machen sollten, damit sie nicht so viel Energie verlieren, wenn sie ihren Körper beim Gehen immer runter und wieder rauf bewegen – was sie nämlich bei großen Schritten tun würden, informierte er mich. Wenn ich mir Jeong-Sub da vorne ansehe, dann bewegt sich sein Körper nicht rauf und runter. Schade eigentlich, dann hätte ich etwas zum Lachen und wäre abgelenkt von diesem eisigen Regen. Ich verliere ihn aus den Augen, aber als ich endlich nahe dem Örtchen O Mesón eine überdachte Bushaltestelle sehe – da sitzt er drin und macht eine Pause. Ich geselle mich dazu, und selten hat etwas so gut geschmeckt wie die Käsebaguette, die mir die Wirtin heute Morgen in As Laxes gemacht hat! Ich mache ein Foto von Jeong-Sub und er eins von mir. Der Anorak glänzt so, weil er so nass ist:

Da Jeong-Sub es wegen seines gebuchten Rückflugs eilig hat, geht er bald weiter. Ich sitze noch länger da und freue mich, dass weder Regen noch Wind mich hier erreichen. Außerdem kann es jetzt nicht mehr soo lange nach Sobrado sein, das ist beruhigend. Nachher warten übrigens noch zwei Bars am Weg, beide haben geöffnet – das hätte ich mal früher wissen müssen!

Nachdem ich von der Straße den Hinweisen folgend rechts wieder in Natur abgebogen bin, entwickelt sich ein wunderschöner Hohlweg, und in die Landschaft eingebettet liegen riesige runde Steine, als hätten hier Riesen mal Boule gespielt.

Endlich hört es doch noch auf zu regnen und der Blick weitet sich in eine freundliche, grüne, fast liebliche Landschaft. Und hier zwischen Hecken, Viehweiden, Knicks und kleinen Wäldchen „glättet sich mein Gefieder", ich strecke mich unter der Regenkleidung und öffne den Blick in die Umgebung. Jetzt kann auch Sobrado nicht mehr weit sein. Ein See erscheint rechts, und ich wähne mich in Schleswig-Holstein – diese Ähnlichkeit der Landschaft ist nicht zu fassen! Dann lese ich auf einer Schautafel, dass dieser See von den Mönchen in Sobrado angelegt wurde, damit Fischfang stattfinden kann. War das nun schlau oder ein eigentlich unzulässiger Eingriff in die Natur? Gravierende Folgeschäden kann ich nicht ausmachen. Während ich noch sinniere, wie sehr wohl Europas Landschaften im Laufe seiner Jahrtausende langen Besiedelung „modifiziert" worden sind, ohne dass man das heute noch merkt, erscheint endlich die Silhouette der Klosterkirche.

In der Pilgerunterkunft, die im Kloster angeboten wird, möchte ich heute Nacht bleiben. Meine Kraft ist auch am Ende, und ich schleppe mich eigentlich nur noch vors Tor. Das Kloster öffnet aber erst wieder um 16h00, und so schleppe ich mich zurück in die nächstgelegene Bar. Dort sitzen Jeong-Sub und Quini und essen etwas. Ich setze mich dazu, und freue mich erstmal auf ein heißes Getränk. Zu meiner Überraschung steht Jeong-Sub bald auf, zahlt und macht sich wieder auf den Weg! Er will nach den heute bewältigten 25 Kilometern tatsächlich noch weiter, denn wie gesagt, sein Flug nach Korea geht schon am Montag. Bis zur nächsten Albergue sind es noch über 10 Kilometer, alle Achtung!

Irgendwann ist es endlich 16h00 und wir werden von einem Mönch eingelassen, der zu seiner Kutte einen selbstgestrickten grünen Schal um den Hals trägt, auf genau dieselbe Weise wie der kleine Prinz[6] seinen gelben trägt! Mühelos wechselt er von Spanisch zu Französisch zu Deutsch, ich bin überwältigt. Auf meine Frage antwortet er mir im schönsten upperclass Englisch und unter amüsiertem Lächeln, er heiße Laurence und sei „from Holland Park London".

Um in die Unterkunft zu gelangen, betritt man den Kreuzgang und geht am großen Speisesaal und der Küche vorbei in zwei kleine dunkle Räume, in denen etliche Stockbetten stehen. Die zur Verfügung gestellten Decken und Kissen sind alt, aber das macht ja nichts, und alles ist sauber. Auch die Waschräume sind einfach, dunkel und sauber. Hier treffe ich Johanna wieder und kann endlich mal all meine Kleidung waschen, denn es gibt auch einen Trockner. Na, dann kommt bald natürlich auch Jakob hier an, in kurzen Hosen und leichter Regenjacke – wenn er sich heute nur nicht erkältet hat! Aber er ist offensichtlich abgehärtet: Heiter begrüßt er uns, sucht sich ein Bett und widmet sich dann all den Nachrichten aus Katalonien, die sein Handy hergibt. Als meine Kleidung wieder trocken ist, kann ich schnell noch einen Supermarkt suchen und etwas zu essen einkaufen – um die Kirche zu besichtigen, reicht die Zeit nicht, außerdem werde ich das ja morgen früh noch können. Johanna sagte sowieso, das müsse im Tageslicht geschehen, sonst sähe man nicht genug. Im Kreuzgang treffe ich wieder auf Laurence, er trägt jetzt eine Katze auf dem Arm, die sich schnurrend seinem Kraulen hingibt. So so, der kleine Prinz hat eine Rose, Laurence eine Katze, um die er sich liebevoll kümmert.

Abends singen die Mönche zur Vesper, die Pilger sind eingeladen zuzuhören. Wir machen das natürlich, und so sitzen wir in einem Raum im Kloster auf Zuschauer-, vielmehr Zuhörerbänken, wäh-

---

6 Antoine de Saint-Exupéry, Der kleine Prinz, frz. Originalversion erschienen am 6.4.1943.

rend vor uns in weißen Kutten 12 Mönche singen, von denen einige schon sehr alt sind. Begleitet werden sie von einem Mönch am Cembalo. Chor- und Einzelgesang wechseln sich ab. Dieses einfache und klare Ritual schafft es, mich als Zuhörerin in meine eigene Stille hineinzuheben und lässt mich in einer ganz klaren, wohltuenden Ruhe ankommen. Das ist wunderschön, und hinterher denke ich, wie besonders magisch dieser Gesang erst in der Kirche gewirkt haben muss – das Kloster bietet Raum für 200 Mönche, aber da hier nur noch 22 leben, wird man in diesen Raum hier ausgewichen sein, erkläre ich mir.

Unter den Zuhörern sitzt auch der Kanadier aus Quebec, der sich in Roxica Melanie vorgestellt hatte. Wir treffen uns später im Refektorium zum Essen, und das wird wieder ein heiterer Abend. Wir sind alle schon etwas aufgeregt, denn Santiago liegt nur noch zwei Übernachtungen entfernt. Quini nimmt wieder fleißig Kurkuma zu sich und berichtet, dass bei ihm zu Hause alles nach Kokosnuss rieche, das sei auch sehr gesund, und der Kanadier, Marc-Antoine, spendiert den üppigen Rest seiner Nudeln. Er hat auch einen Fertigkuchen auf den Tisch gestellt mit einem Zettel, dass er für alle zur Verfügung stehe. Marc-Antoine war mir auch während des Mönchsgesangs aufgefallen als ein besonders inniger Zuhörer, und da er sehr mager ist und die großen dunklen Augen in seinem Gesicht geradezu glühen, finde ich, er hat selbst etwas von einem Mönch.

Während ich dann auf dem Bett Tagebuch schreibe, kommt ein weiterer Pilger herein, der schrecklich blutige Füße auspackt. Dabei fällt mir ein, dass mir einer der Pilger, die ich unterwegs getroffen habe, die Geschichte erzählt hat von dem Japaner, der den Camino barfuß ging, um Jesus näher zu sein. Soll ich diese Geschichte glauben? Ich tue es.

Nachts muss ich aufs Klo und trete deswegen hinaus in den Kreuzgang. Das von stämmigen Arkaden eingefasste Rasenviereck liegt im bleichen Mondlicht völlig still da. Die dicken, grauen alten Granitbögen und -mauern stehen in gespenstischer, schattiger Nacht darum herum, noch stiller. Rechts hinten ragen die beiden Türme der Kirche in den Himmel, undurchdringliche, schwarze, stumme Riesenstalagmiten. Ich finde es unheimlich hier, aber: Wenn ich nicht in einem Kloster gut aufgehoben bin, wo dann?

XXVII. Freitag, 20.10.: Sobrado dos Monxes – Arzua

Johanna ist wieder so früh aufgestanden, dass sie schon lange fort ist, als ich aufwache. Als ich die Bar betrete, sitzt dort bereits Jakob und unterhält sich mit einem anderen Holländer. Damit ich alleine loskomme, beeile ich mich mit meinem Frühstück und kehre dann schnell noch einmal zurück, da ich ja die Kirche besichtigen möchte. Sie ist aber noch geschlossen, also pilgere ich leicht enttäuscht los. Diese Etappe ist wieder eine sehr freundliche, es geht durch Felder, Wälder, an kleinen Dörfern vorbei, an Hecken, unter alten Buchen und Eichen hindurch. Ab und zu springt ein Reh über den Weg, und leider liegen auch immer wieder überfahrene Salamander auf der Straße, einmal sogar eine gerade überfahrene Wildkatze. Wieso sehe ich nur überfahrene Salamander? Ich würde so gerne mal einen lebendigen erleben – abgesehen auch von der Hoffnung, mal eine lebendige Wildkatze zu erblicken.

Heute regnet es nicht, und es ist genau das richtige Wetter zum Pilgern, nicht zu kalt und nicht zu warm, ich komme gut voran und genieße mein Vorwärtskommen richtig. Gehen hat wirklich etwas Meditatives, außerdem braucht man weder eine Tankstelle zu suchen noch einen Parkplatz, und man verursacht weder Umweltschäden noch Lärm. Es stellt sich das Gefühl ein, dass man berechtigterweise dazu gehört – das ist so ein Unterschied zu dem dauernden schlechten Gewissen, das man hat, wenn man Auto fährt. Man fällt ein in den Rhythmus der Umgebung, der Natur, der Tageszeiten. Zu diesem Wohlbefinden, dieser Harmonie gehört auch die Erfahrung, dass man nur so wenig braucht, um einen erfüllten Tag zu erleben oder zu gestalten: Alles passt in den Rucksack, den man auf seinem Rücken selbst trägt. Ich habe z.B. kein Buch mitgenommen, da ich vorhatte, jede Stunde dieses Camino bewusst als eine des Camino zu erleben – und ich wollte nicht in die andere Welt eines Buches tauchen. Ich kann jetzt sagen, dass ich Lesen auch nicht vermisst habe, auch bin ich ohne Musik ausgekommen, ohne deutsche Tageszeitung oder deutsche Nachrichten.

Mein Besitz fehlt mir nicht. Ich erkenne jetzt wirklich, welch Befreiung darin lag, aus einem großen Haus in eine kleine Wohnung ziehen zu müssen.

Was braucht man wirklich? Eigentlich trägt man alles Wesentliche in sich, und seien es Erinnerungen. Liebe, Treue, Freundschaften, Freude, Gelassenheit, Interessen, Neugier, Zuversicht, Vertrauen – all das hat man doch immer dabei. Die Menschen, die ich liebe – sie sind doch hier und begleiten mich, in meinen Erinnerungen, meiner Vorstellung, meinem Herzen.

Auf meinem Weg habe ich immer wieder mit ihnen Zwiesprache gehalten, auch mit denen, die nicht mehr leben – wenn ich z.B. an einem der vielen alten Waschplätze vorbeikam, die alle eine schräge, wellige Fläche haben, damit man das Kleidungsstück darauf besser schrubben kann – dann fiel mir meine Mutter ein, die ich als kleines Kind beobachtet habe, wie sie noch auf einem Waschbrett in der Badewanne wusch. Oder ich trinke ein Glas Weißwein, das kühl und trocken schmeckt, dann erinnere ich meine Mutter. Auch, wenn sie noch lebte, wäre sie ja hier nicht „leibhaftig" dabei, und so ist sie mir nun trotzdem ganz lebendig. Als Jakob fragte, ob mein Mann denn ein guter Vater gewesen sei, dann kann ich das jetzt bejahen. Jetzt, auf diesem Pilgerweg, kann ich mich den ins Herz schneidenden Erinnerungen an die Zeit vor 2012 stellen. Ich hatte sie unter blickdichten schwarzen Schatten versteckt, die ich jetzt wegziehen, zumindest anheben kann. Nicht nur die vergehende Zeit hilft, auch die Entfernung. Bin ich wieder in meinem Inneren unterwegs? In der

Gegend der Vergangenheit. Ich kann hier jetzt den Kopf heben und mich umschauen. Den Schmerz und den Kummer halte ich aus. Ich drehe mich um und trete wieder ins Außen. Hier stehe ich, bin ein Teil der Welt, ich darf sein – sonst wäre ich nicht.

Eine Zeit werde ich an einer Asphaltstraße entlang geführt, dann sehe ich an der nächsten Kreuzung eine Bar – in die kehre ich natürlich ein, und dort sitzen schon Johanna, Luis und Ana und sogar das holländische Paar, das ich das letzte Mal am Cabo Blanco gesehen habe! Nach einem café con leche und kameradschaftlichem Austausch der jeweiligen Erfahrungen gehen Johanna und ich dann gemeinsam weiter.

Wir kommen an aufgereihten Häusern vorbei, und in einem Garten wächst ein alter Feigenbaum, an dem noch Früchte hängen. Wir bewundern ihn. Der alte Besitzer, der draußen gerade nach dem Rechten schaut, sieht uns und pflückt uns Feigen ab, die er uns über den Zaun reicht.

Bald erreichen wir Boimorto, und das besteht, so scheint mir, im Wesentlichen aus einer einzigen langen Straße – und alle Menschen, denen wir begegnen, haben gute Laune, die ist ansteckend! Diese Heiterkeitsinfusion kann ich auch gebrauchen, denn nun folgt eine lange, lange, lange Asphaltstrecke, und das ist ganz schlecht für unsere Füße und meine Hüften. Außerdem hat es angefangen zu nieseln, stetig und trübe.

In Sendelle liegt eine uralte kleine Kirche, deren romanische Fresken sehr besonders sein sollen, natürlich ist sie wieder geschlossen. Die hätte ich nun wirklich richtig gerne gesehen. Werde ich je wieder hierherkommen?

Johanna hat die Idee, einen Soundtrack für den Camino zu erstellen, und so verkürzen wir uns die Etappe mit dem Sammeln von möglichen Titeln. Als erstes fällt uns natürlich „Hänschen klein“ ein, dann

„Dieser Weg wird kein leichter sein“

„You’ll never walk alone“

„Über sieben Brücken musst du gehen“

„I’m walking“

„How many roads must a man walk down“

“Das Wandern ist des Müllers Lust”

“Im Frühtau zu Berge wir gehn”

„These boots are made for walking“

Mein Vorschlag „Is this the way to Amarillo“ wird verworfen, schade eigentlich, finde ich, die Melodie hat doch was sehr Aktivierendes.

„I’m walking on sunshine“.

Das war’s dann – wahrscheinlich hätte ein DJ jetzt noch Hunderte von Titeln parat, aber wir leider nicht.

Es regnet weiter, und die Straße verläuft immer geradeaus. Sie nimmt und nimmt kein Ende, obwohl wir gefühlt schon längst in Arzua angekommen sein müssten. Die Landschaft rechts und links hat eigentlich etwas Freundliches, aber in diesem grauen Nieseln nehme ich das kaum wahr. Es geht jetzt auch wieder eine Steigung nach der anderen hügelan und unsere Laune sinkt. Endlich trotten wir durch Häuser, Arzua ist erreicht. Bis wir aber in der Albergue angekommen sind, müssen wir noch etliche Straßenlängen bewältigen, aber daran, dass uns immer mehr Pilger begegnen, merken wir, dass wir es gleich geschafft haben werden. Meistens sind es Pilgerpaare, und viele von ihnen humpeln, schleppen sich nur noch, hangeln sich mühsam an ihren Stöcken weiter. Es sieht aus, als kämen Verwundete aus einer Schlacht. In Arzua vereinen sich der Camino Françes und der Camino del Norte, daher reiht sich in diesem Städtchen eine Albergue an die andere, und auch an der Vielzahl von Einkehrmöglichkeiten und Pilgerandenkenläden merken wir, dass es ab jetzt mit der abgeschiedenen Beschaulichkeit vorbei sein wird. Wir landen in der alten Straße, in der die meisten Alberguen zu finden sind, wählen eine aus und liegen bald erschöpft und erleichtert auf unseren Betten.

Später finden wir ein Lokal, das u.a. eine Auswahl an vegetarischen Gerichten verheißt. Und drinnen an der Bar sitzt Melanie und genehmigt sich gerade ein großes Bier. Sie ist genauso fertig wie wir, war aber offensichtlich viel schneller. Endlich bekommt Johanna ein richtig gut schmeckendes vegetarisches Gericht und ich stopfe mich mit einer gelungenen Tortilla voll. Herrlich, und alles, was wir heute noch tun müssen, ist, ins Bett zu fallen.

Als ich also wieder in der Albergue liege, informiere ich mich erstmal mit meinem Handy über die Kirche in Sobrado. Und falle fast vom Bett: Die ist ja wohl das unglaublichste, mystischste, verlorenste und sogar unheimlichste Gebäude, das man sich vorstellen kann! Und ich war nicht drin!! „Siehst du“, sage ich besserwisserisch zu mir, „nur, weil du es heute Morgen so eilig hattest, ist dir jetzt eines DER Erlebnisse des ganzen Caminos entgangen! Wie war das mit dem Hetzen und deinem neuen Entschluss?!?“

Also, eins steht fest, ich muss diese Kirche sehen. Hin und her überlege ich, wie das anzustellen ist. Zu Fuß zurückgehen werde ich nicht, das ist sowas von klar! Ob ich aus Santiago nochmal einen Zug oder Bus nach Sobrado nehme? Ich recherchiere, Züge von dort nach Sobrado gibt es nicht. Dann finde ich heraus, dass es einen einzigen Bus gibt, der fährt morgens ganz früh hin und erst ganz spät abends zurück. Das passt mir auch nicht, einen ganzen Tag will ich in Sobrado nicht verbringen. An der Ecke habe ich eine Touristeninformation gesehen, da werde ich fragen. Dazu muss ich mich zwar wieder aus dem gemütlichen Bett aufraffen, aber das geht nun nicht anders.

Dort wird meine Recherche bestätigt. Was nun? Auf jeden Fall bin ich richtig frustriert. Das gibt es doch nicht, dass mir keine Lösung einfällt! Ist es mir nicht bestimmt, diese Kirche zu besichtigen? Ist das ein Zeichen? Dieses Zeichen zu interpretieren, habe ich aber keine Lust, ich will diese Kirche sehen. Von Santiago einen Leihwagen nehmen? Finde ich trotz allem übertrieben. Will ich denn erst nach Santiago und dann nochmal nach Sobrado? Oder erst nochmal nach Sobrado zurück und dann nach Santiago? Ich weiß es nicht und komme auch zu keinem Entschluss.

So beschließe ich, mich auf zwei der Erfahrungen zu verlassen, die mich mein Leben gelehrt hat: „Erstmal drüber schlafen“ und „Wo ein Wille ist, ist auch ein Weg“.

Das drüber-Schlafen wird diese Nacht leider schwierig, denn es hat sich mal wieder ein Schnarcher in unserem Zimmer eingefunden. Immer noch ist es mir ein Rätsel, wie man sich hinlegen und praktisch sofort mit Schnarchen anfangen kann. Dass die Schläfer von ihrem eigenen Schnarchen nicht selbst wach werden! Sie sind doch noch dichter dran als jeder andere. Und das Fenster, das ich bewusst offen gelassen hatte, hat er natürlich sofort, als er es entdeckte, geschlossen. Auch meine Fußsohlen und Hüften schmerzen wieder, diese Asphaltkilometer waren Gift für die armen Körperteile.

Morgen wird die Etappe bis Pedrouzo gehen, und dann bin ich schon in Santiago! Immer noch kann ich mir das nicht vorstellen, und ich überlege auch immer noch, wie ich diese Ankunft am liebsten gestalten würde. Das geht schon mit der Frage los, zu welcher Tageszeit ich ankommen möchte. Freitags soll es immer einen Gottesdienst mit dem Botafumeiro[7] geben, den würde ich, würden wir auch gerne erleben, aber nun werden wir am Sonntag ankommen. Für keine dieser Überlegungen finde ich eine Lösung.

XXVIII. Samstag, 21.10.: Arzua – Lavacolla

Ich wache auf. Die Sonne scheint, Johanna macht sich zum Aufbruch bereit. Plötzlich weiß ich, was ich tun werde. Auch ich stehe auf, ziehe mich an, packe meine Sachen, erkläre Johanna meinen Plan und „wir sehen uns später". Damit geht Johanna draußen nach rechts und ich gehe nach links. Glücklicherweise hat die Touristeninformation schon geöffnet und ich frage nach dem nächsten Taxistand. Und nehme dort ein Taxi nach Sobrado.

Im Autoradio wird gerade „Euphoria" gespielt, und das passt genau zu meiner Stimmung. Egal, was das Taxi kostet, diese Erfahrung, dieses Erlebnis ist es mir wert. Wie immer erscheint die Entfernung mit dem Auto gar nicht so schlimm, aber gehen möchte ich sie nicht nochmal! Außerdem ist die gefahrene ja nie identisch mit der gegangenen Streckenführung.

Kurz vor der Kirche, als ich so aus dem Autofenster blicke, traue ich meinen Augen kaum: Da pilgern doch tatsächlich der Pilger mit dem einen kürzeren Bein aus Pobeña und LIZBETH vergnügt in ein Gespräch vertieft munteren Schrittes gen Arzua! Ich freue mich so sehr für Lizbeth, dass ich fast weine. Ihr Arm steckt in einer Schlinge, aber das scheint sie keineswegs zu beeinträchtigen, weder ihren Gehrhythmus, noch ihre Laune. Wie schön, wie großartig, wie wundervoll! Und sei es nur für diese Gewissheit – die Taxifahrt hat sich schon gelohnt!

---

7 Ein großes Weihrauchgefäß, das manchmal während des Gottesdienstes an langen Ketten durch die Kathedrale geschwenkt wird.

Für 25 Euro lande ich dann vor der Kirche. Und jetzt ist sie auch offen.

Diese barocke Kirche ist leer. Über mir verlieren sich hohe graue Mauern im Dunkel. Ich komme mir so klein vor wie der Däumling im Spukschloss oder wie in einer überdimensionalen Felsengrotte. Um die Decke sehen zu können, muss ich den Kopf nach hinten überstrecken. Wie Gormenghast[8]. Wie eine Kulisse von Game of Thrones. Weit nach oben recken sich dunkelgraue Wände, die so von Moos überwuchert werden, dass sie teilweise grün aussehen. Auch die Arkaden, die die Seitenschiffe abtrennen, sind moosig. Durch die Fensterrahmen schlängeln sich Efeuranken herein, einzelne Säulenreliefs haben sie schon umschlungen. Es herrscht Totenstille. Die noch vorhandenen Kirchenbänke blicken auf einen völlig leeren Chor, in dem nur ein kahler Betonaltar deponiert wurde, wie eine rituelle Schlachtbank. In diese düstere Dunkelheit fällt kaum Licht durch die wenigen Fenster, aber der Kontrast von hellen Flecken und schattigem Dunkel gibt der Atmosphäre fast doch noch etwas Lebendiges.

Was ist hier passiert? Hat sich die Kirche nicht mehr gelohnt? Rentiert? Kann sich eine Kirche überhaupt rentieren oder lohnen? Ich gehe weiter ins linke Querschiff hinein. Dort stehen zwei steinerne Sarkophage aus dem Mittelalter, auf ihnen in Stein gehauen die liegende Statue des jeweiligen toten Ritters in Rüstung. Sie halten ihr Schwert in der Hand, haben ihre schuppigen Kampfhandschuhe angelegt, ihren kettengewobenen Kopfschutz. Seit Jahrhunderten liegen die beiden mit geschlossenen Augen auf ihren Särgen.

Worauf warten sie? Auf das Jüngste Gericht? Braucht man da sein Schwert? Jetzt ist jeder der Sarkophage in einem anderen Raum in eine Ecke gestellt worden – wie zur Seite geräumt. Wollte man etwa putzen? Das Ganze ist völlig mysteriös. Die Kirche befindet sich kurz

8 „Gormenghast“, zweiter Teil einer Fantasy-Trilogie von Mervyn Peake, Great Britain 1950. Ghormenghast ist ein düsteres Spukschloss, das sich im letzten Stadium seines Verfalls befindet.

vor dem Zerbröckeln. Also, das Kloster ist praktisch leer, das habe ich ja erfahren. Aber dass die Kirche auch aus dem Betrieb genommen wurde und nun vor sich hin verfällt? – Aber so ist es: Diese Kirche besteht aus moosigen, feuchten Wänden, die ein düsteres Vakuum umstehen. Hat irgendwann jemand diese Kirche wirklich von einem auf den anderen Tag entkernt und ihrem Schicksal überlassen? Wenn ich das gähnend leere, lange Hauptschiff entlang sehe, bin ich ganz getröstet, als ich meinen Rucksack an einer Bank lehnend sehe, denn so sind wir hier drinnen wenigstens zu zweit:

Die Fahrt war der richtige Entschluss, ich bin froh über dieses einzigartige Erlebnis. Von draußen sehe ich die Kirche noch einmal genauer an. Ihre Fassade ist ebenfalls bereits von Moos, Efeu und Gras eingenommen worden. Es sieht aus, als sei Mantelstoff brüchig geworden und an Stellen aufgeplatzt. Und aus den Nähten quillt jetzt grüner Pelz.

Noch ganz benommen kehre ich abermals in die Bar nebenan ein. Die Wirtin schaut mich entgeistert an – war ich nicht gestern schon hier gewesen? Ich lache und kläre sie auf, und mein Anliegen versteht sie gut, denn diese Kirche ist es wert, das findet sie auch. Dann bestellt sie mir netterweise ein Taxi, das mich zurück nach Arzua fährt.

Der Taxifahrer berichtet, dass die EU jetzt bald Mittel zur Verfügung stellen werde für die Restaurierung der Kirche, das freut mich natürlich. Dann wechselt er zu dem Thema, das ihn wirklich umtreibt: Katalonien. Er erklärt mir den wahren Hintergrund der strategisch durchgeplanten Angelegenheit: Katalonien wartet nur darauf, demnächst ein Teil von Frankreich zu werden! Also, da bin ich platt. Welch Raffinesse! Diese ausgefuchsten Katalanen! Ich kann das gar nicht glauben. Hat er geheime Informationsquellen?

Für weitere 25 Euro bin ich bald wieder in Arzua, und dort werde ich jetzt erstmal frühstücken. Mein Abstecher hat zur Folge, dass ich hier jetzt die einzige Pilgerin weit und breit bin, der Ort hat schon befreit aufgeatmet und lebt sich wieder ganz gelassen selbst. In einer Bar bestelle ich mein übliches Frühstück und bekomme zum café con leche churros[9] dazu, die ich noch nie gegessen hatte – tja, hätte ich nur früher gewusst, wie gut sie schmecken!

---

9 In Schmalz gebackene süße Teigfinger, die es in Spanien zum Frühstück gibt, manchmal werden sie dann in flüssige Schokolade getaucht.

In bester Stimmung pilgere ich los. Die Sonne scheint, ich bin allein, der Weg lässt sich einladend und wenig herausfordernd an. Es geht auf federndem Grund durch sonnendurchschienene Eichenwälder, kleine Weiler, an Feldern vorbei, leicht und heiter. Im Laufe der nächsten Kilometer treffe ich immer wieder auf Pilger, einmal schiebt eine junge Frau sogar ein Kind in der Karre – an der Karre baumeln ganz kleine Wanderstiefel, ich schmelze gerührt.

Was auf diesen letzten ca. 40 Kilometern des Camino auffällt, ist

1. Dass aus sämtlichen Betonpfeilern, die den Kilometerstand angeben, die entsprechenden kleinen Metallplaketten gestohlen wurden

2. Sind fast alle dieser Pfeiler mit Graffitis der dämlichsten Art beschmiert

3. Säumt unglaublich viel Abfall den Weg

4. Sind immer wieder seltsame Haufen entstanden, aus Fotos, Devotionalien, Müll und liegengelassenen persönlichen Gegenständen.

Verstehen tue ich das nicht. Hatten diese Gegenstände etwas mit der Motivation des Pilgers zu tun? Warum lässt man sie dann so weit vor Santiago zurück? Für alle Vorbeikommenden zu sehen? Würde es helfen, wenn für diese Dinge ab und zu so eine Art öffentlicher Schrein aufgestellt würde? Immerhin hat Galicien an anderer Front eingegriffen, auf den nächsten Kilometern stehen immer wieder Abfalltonnen am Weg.

Die Einkehrmöglichkeiten, die jetzt den Weg säumen, sind viel zahlreicher und größer als bisher, und draußen stehen so viele Tische, dass es manchmal an Biergärten erinnert – und da: Ich glaube es nicht: Ein Riesenreklameschild einer bayrischen Biermarke leuchtet mir entgegen, auf dem diese tatsächlich „buen camino“ wünscht! Als ich noch darüber grinse, komme ich an einem Garten vorbei, in dem der Anhänger einer Umzugsfirma aus PADERBORN ausrangiert wurde! Ich grinse weiter. Hier schieben sich alle möglichen Dimensionen ineinander, denke ich, daran merkt man, dass sich etwas ganz Besonderes nähert. An einem sehr niedlichen Haus führt der Weg entlang, das auch wieder zu verkaufen ist. Mir gefällt so gut, dass die Fensterläden ein Loch haben, so kann man sehen, was für Wetter ist, auch wenn sie noch geschlossen sind – genial!

Man erkennt jetzt immer deutlicher, dass die Gegend ganz auf Pilger ausgerichtet ist, überall Alberguen, Pensionen, Gastwirtschaften. Immer wieder kleben an den Bäumen und Zäunen Reklamebroschüren für Unterkünfte unterschiedlich luxuriös gestalteter Ausstattung, auch Swimmingpools gehören teilweise zum Angebot. Ich gehe und gehe, kehre ein und gehe weiter. Heute fällt mir das Pilgern so leicht wie nie, ein glücklicher Zustand!

Aus der Hecke links von mir ertönen plötzlich die melodischsten Töne, wie eine schwerelose goldene Kaskade fallen sie übereinander und perlen dann langsam herunter: Ein Rotkehlchen singt, und es lässt sich überhaupt nicht dadurch stören, dass ich anhalte und zuhöre. Dann fliegt es in die Pfütze vor mir und badet ganz beweglich und gründlich, die Tropfen sprühen in alle Richtungen. Ich sehe ihm zu und freue mich so sehr, dass ich das sehe. Das ist ein Zeichen, denke ich, möchte auch gern, dass es eins ist, ich weiß nur noch nicht, wie ich es deuten soll. Das wird mir schon noch aufgehen, vermute ich zuversichtlich.

Ich gehe weiter und immer weiter. Irgendwann ist Pedrouzo erreicht, der Ort, den Cordula Rabe als letzten Halt vor Santiago empfiehlt. Hier reiht sich eine Albergue und Pension an die nächste, ein Café, eine Bar, ein Restaurant ans nächste. So ähnlich stelle ich mir das Basislager am Mount Everest vor. Ich whatsappe mit Johanna, die sich schon in einer der Alberguen befindet. Irgendwie ist der Zeitpunkt für das Ende meines heutigen Pilgerns aber noch nicht gekommen, und da ich einen Supermarkt entdecke, beschließe ich, mir Proviant zu kaufen und weiterzugehen. Bis jetzt bin ich 20 Kilometer gepilgert, und bis Santiago sind es noch weitere 20. Die werde ich ganz sicher nicht schaffen – das will ich auch gar nicht -, aber nach all dem, was ich heute an Unterkunftsmöglichkeiten gesehen habe, bin ich sicher, dass ich noch eine finden werde.

Ich bin wieder ganz allein, offensichtlich hat Pedrouzo sämtliche anderen Pilger abgefischt. Das ist mir recht. Der Weg wird jetzt wunderschön, es geht durch einen Mischwald, dessen Stämme von Efeu bewachsen sind. In dieser von Sonnenlicht durchschimmerten geheimnisvollen Einsamkeit glaube ich, durch einen Märchenwald zu pilgern.

Jetzt weiß ich zumindest sicher, dass ich morgen, also an einem Sonntag, in Santiago ankommen werde. Das ist ein wunderbarer Tag dafür, denke ich glücklich.

Aus dem Wald heraus geht es bald über eine Straße und an den Fuß einer beträchtlichen Anhöhe. Dort befindet sich ein Hotel, ich gehe hinein und frage nach dem Zimmerpreis. Der ist mir aber zu hoch, so trinke ich nur etwas und mache mich an den Aufstieg. Dieser entpuppt sich leider als eine schreckliche Herausforderung, denn er nimmt mal wieder kein Ende. Damit hatte ich nun gar nicht mehr gerechnet! Wie soll ich das denn noch schaffen? Schwitzend, entmutigt und frustriert schnaufe ich mühsam aufwärts. Dabei sage ich mir immer wieder vor, dass jeder Schritt, den ich leiste, ein Schritt weniger ist von all denen, die noch vor mir liegen. So schleppe ich mich hoch und murmele in meinem Gehrhythmus vor mich hin:

nóch ein Schritt und /nóch ein Schritt und /nóch ein Schritt und /
nóch ein Schritt und /nóch ein Schritt und /nóch ein Schritt und....

Irgendwann kann ich dann über mir die Stelle sehen, an der diese Steigung aufhören wird. Leider steht dort ein Mann, er steht unbeweglich und schaut in meine Richtung. Das ist mir unheimlich, aber ich kann nicht anhalten – ich würde sofort implodieren und nie wieder aufstehen können. Also mühe ich mich mit letzter Kraft weiter. Dann erkenne ich zum Glück, dass dieser Mann neben einem aufgebauten Tisch mit Pilgersouvenirs steht – es ist also ein fahrender Händler! Erleichtert wird mir klar, dass kein Überfall droht und dass ich tatsächlich schon fast in Reichweite von Santiago sein muss. Jetzt nur noch an Santiagos Flugplatz vorbei, das kann ja nicht so schlimm sein.

Doch, das kann es. Welche Ausmaße auch ein kleiner Flughafen hat, war mir bisher nicht klar gewesen. Der Weg am endlosen hohen Zaun vorbei zieht sich und zieht sich. An ihn haben pilgernde Witzbolde immer wieder Sandalen und andere Schuhe gehängt, und es sind wieder solch merkwürdige Plätze entstanden, an denen offensichtlich private Gelübde oder Ähnliches eingelöst wurden. An einer Stelle im Knick hängen zahlreiche Stofffetzen. Es sieht aus, als wäre ein Harlekin in Dornen hängengeblieben und hätte sein halbes Kostüm drangeben müssen. Dann überquere ich eine breite Asphaltstraße und lande bald erleichtert in einem niedlichen Dorf. Hier wird es sicher Unterkünfte geben!

Gleich die erste Pension ist geschlossen.

Die zweite auch.

Und die dritte ist bereits voll belegt.

Soll ich heulen? Das würde leider nichts ändern. Also gehe ich mit zusammengebissenen Zähnen weiter. Das Dörfchen endet bald, und nun säumen Wiesen und Brachland meinen Weg. Ist die Zivilisation schon wieder vorbei? Von links nähert sich ein Mann, der seinen Hund ausführt, den frage ich nach einer Übernachtungsmöglichkeit. Ja, in zwei Kilometern, da komme ein Hotel. Ich danke ihm und hoffe inständig, dass das bitte bitte NICHT voll belegt sein möge! Ich bin jetzt fast 30 Kilometer gepilgert, so hatte ich mir das nicht vorgestellt! Endlich sehe ich das Hotel vor mir, Hotel Garcas. Es liegt an einer Einfallstraße und sein Parkplatz ist gut gefüllt, bedeutet das womöglich, ich muss mich doch noch weiterschleppen??

Nein, ich bekomme ein Zimmer – wie erleichtert und glücklich ich auf das Bett sinke, kann sich niemand vorstellen! Ich habe etwas zu essen dabei, eine Badewanne für mich allein, kein Schnarchen wird mich stören, und ich brauche morgen nur noch 10 Kilometer zu gehen – dann bin ich wirklich in Santiago! Was mich da erwarten wird, weiß ich nicht, aber ich freue mich auf jeden Fall schon so sehr!

Ich mache es wie das Rotkehlchen und bade und wasche meine Haare. Ich möchte, wenn man so will, gereinigt in Santiago ankommen. Saubere Kleidung habe ich extra seit Sobrado aufbewahrt.

Bevor ich einschlafe, sehe ich noch einmal in den Himmel, er ist ganz klar, und sein sanft vergehendes Blaugrün wird von einer zunehmenden Mondsichel erhellt. Licht begleitet mich, wie schön!

Santiago

XXIX. Sonntag, 22.10.: Lavacolla – Santiago

Nach dem Aufwachen ziehe ich mich sauber an, packe alles sorgfältig zusammen und kämme mich ordentlich. Dann gehe ich hinunter und frühstücke, bevor die letzte Etappe meines Pilgerwegs beginnt.

Erst geht es eine kleine Strecke an der Straße entlang, dann biegt man nach links ab und pilgert durch das Dorf Villamaior allmählich weiter nach oben. Auf einer Hochebene zieht sich der Weg harmlos und leicht weiter. Es ist noch sehr kalt und riecht sogar schon nach Winter. Da sich der Morgennebel erst noch verziehen muss, sehe ich nicht viel, das erhöht meine Spannung.

Nachdem ich nach links abgebogen bin, komme ich an einem Campingplatz vorbei. Er begrüßt den Vorbeikommenden mit einer großen Bar, aus der schon laute Popmusik schallt. Vor dem folgenden Souvenirstand hängt eine fast echte alte Pilgerkutte mit Schlapphut und Pilgerstab – darin könnte ich mich fotografieren lassen.

Dann erreiche ich das Dorf San Marcos am Monte Gozo, der Anhöhe, von der aus der Pilger endlich die entfernte Kathedrale von Santiago das erste Mal sehen kann. Hier sammeln sich die Pilger, überall ist etwas los. Auf dem Monte Gozo gehe ich einmal um das Monument, das zu Ehren des Papstbesuchs dort oben errichtet wurde, herum, dann setze ich mich erstmal, ich bin schon so aufgeregt. Ein dicker, großer, bärtiger Amerikaner, der genau aussieht wie Father Christmas, fragt mich, ob er ein Foto von mir machen soll – wie nett das ist!

Ich muss mich wirklich erst sammeln, und so gehe ich zu der Bar A Chisca zurück, die ich gerade passiert hatte. Dort hängt ein Schild, in dem die Pilger gebeten werden, hier bitte ihre Schuhe nicht

auszuziehen – bei der Vorstellung, was sich hier alles abgespielt haben muss, damit dieses Schild nötig wurde, fremdschäme ich mich erstmal. Der café con leche ist bald getrunken, und nun breche ich auf. Nur noch eine ganz geringe Entfernung liegt zwischen mir und der Kathedrale in Santiago. Werde ich wirklich vor ihr stehen und sie wirklich betreten? Wird es beklemmendes Pilgergedränge geben? Werde ich wirklich eine Compostela erhalten? Werde ich das Büro finden, in dem sie verteilt werden? Werde ich eine Unterkunft finden?

Ich gehe los und nehme den Weg links an dem Monument vorbei, so werde ich auch noch an den beiden Pilgerstatuen vorbeigeleitet, die gen Santiago schauen. Schade, zwei Männer, aber keine Frau. Und: Ja, von hier sehe ich das erste Mal in meinem Leben die beiden Türme der Kathedrale in Santiago.

Der Weg führt nun ganz normal in eine größere Stadt hinein. An Zubringern und Zufahrtstraßen, der Stadtautobahn entlang, durch Unterführungen hindurch und an großen, modernen Hotels vorbei. Vor mir gehen Luis und Ana, sie sind in ein lebhaftes Gespräch mit einem anderen Paar vertieft. Ich überhole sie, und wir lachen uns zu. Weiter geht es an modernen Bars und einigen Geschäften entlang, alles etwas fadenscheinig, denn die Dimensionen, in denen dieses Viertel geplant wurde, waren wohl zu groß. Es folgt ein sehr helles, recht neues Wohnviertel, mittlerweile scheint auch die Sonne, und so freuen sich an diesem Sonntag die Santiagoer ihres Lebens: Sie spielen mit ihren Kindern, führen den Hund aus, arbeiten im kommunalen Garten, sitzen vor Bars. Vor einer Kirche versammelt sich eine fröhlich lebhafte Taufgesellschaft. Allmählich werden die Straßen enger, die Häuser älter. Immer wieder begegnen mir Anwohner, viele mit einer Baguette in der Hand, jemand kehrt in eine Weinhandlung ein, alte Frauen sprechen auf dem Gehweg vertraut miteinander, Gruppen sitzen heiter im Freien, unterhalten sich, lachen. Mir kommt es vor, als finde gerade ein Fest statt. Irgendwie sind alle glücklich, so scheint mir.

Aufgeregt steige ich die alte Straße hoch, kann immer noch nichts sehen, was mir mein Ziel verheißen würde. Da kommt mir ein Mann entgegen, lacht mich an, sagt im Vorbeigehen: „You've made it!“[1], und gibt mir ein thumbs up. Das macht mich so froh, ich lache dankbar zurück. Dann höre ich mittelalterliche Musik, ich identifiziere den galicischen Dudelsack, langsam wird sie vernehmlicher. Jetzt häufen sich die Andenkenläden, die Mauern ehrwürdiger großer Gebäude erstrecken sich rechts und links. Ich erreiche einen alten dunklen Torbogen, unter dem drei junge Leute diese schöne Musik machen. Durch diesen Torbogen gehe ich. Ich lande an einem großen, rechteckigen, mit alten Steinen gepflasterten Platz, im hellsten Sonnenlicht liegt er da, von drei Seiten umgeben mit steinernen – Palästen scheint mir. Ich betrete den Platz und schaue nach links – und da, neben mir, die vierte Seite wird gebildet von der Kathedrale! Hoch streckt sie sich in den Himmel. Sie ist eingerüstet, aber das macht nichts, ihre herrliche Größe wirkt trotzdem.

Es gibt sie wirklich, und ich bin wirklich angekommen.

Während ich zur Mitte dieses Platzes, des Praza do Obradoiro, strebe, erhebt sich aus den zahlreichen Pilgern, die an ihre Rucksäcke gelehnt vor dieser Kathedrale lagern, jemand und kommt auf mich zu: Jeong-Sub. Wir umarmen uns, lachen, gratulieren uns, freuen uns einfach nur, und da kommt von Osten auch schon Johanna auf uns zu, wir umarmen uns alle, dann kommen Luis und Ana – wir umarmen uns wieder alle und sind alle nur glücklich und freuen und freuen uns. Dann setzen wir uns gegenüber der Kirche an eine Mauer und sitzen auf dem sonnenbeschienen Platz einfach nur da. Versuchen zu begreifen, dass wir das Ziel, das Ende unseres Caminos erreicht haben.

Immer wieder kommen Pilger auf dem Platz vor uns an. Welche Erleichterung, welche Freude, welch überwältigtes Glück entsteht

---

1 Du hast es geschafft!

auf ihren Gesichtern! Es ist einer der wunderbarsten Momente in meinem Leben.

Santiago ist vielleicht die glücklichste Stadt der Welt, überlege ich, denn täglich, wirklich jeden Tag im Jahr kommen hier Pilger an. Sie sind ausnahmslos erleichtert, froh, dankbar, ergriffen, überwältigt – und all diese wunderbaren Schwingungen erfüllen die Straßen, Plätze, Gassen. Wie gesagt, jeden Tag in jedem Jahr!

Später holen wir uns unsere Compostelas, und als auch Melanie ankommt, dann Marc-Antoine, und nachdem wir uns gratuliert und uns umarmt haben, beschließen wir, heute Abend zusammen zu essen. Allerdings ohne Luis und Ana, die sind bereits verabredet.

Johanna ist heute Morgen gegen fünf Uhr in Pedrouzo losgegangen – die Arme ist immer noch benommen vom nächtlichen Weg durch den Zauberwald und die schreckliche Anhöhe – und sie hat schon eine Unterkunft. Jeong-Sub kam bereits gestern an, er ist also auch schon untergebracht. Ich mache mich auf die Suche und finde nicht weit von der Kathedrale ein Zimmer in einer kleinen Pension

Dann beschließen Johanna und ich, Jakob zu suchen, denn er gehört ja auch dazu! Ich frage in dem Hotel, in dem er einkehren wollte, da ist er aber nicht. Wer von uns beiden ihn zuerst sieht, bekommt von der anderen ein Getränk spendiert, verabreden wir.

Abends um 19h00 treffen Johanna, Melanie, Jeong-Sub, Marc-Antoine und ich uns und finden auch eine Pizzeria mit einem ausreichend großen Tisch. Im Laufe des Abends erfahre ich, dass Marc-Antoine eigentlich Filmemacher war, aber ein wirkliches Gotteserlebnis hatte und nun Mönch werden will. Jeong-Sub wollte sich ursprünglich darüber klar werden, wie es beruflich mit ihm weitergehen könnte, ob er sich nicht vielleicht selbstständig machen sollte. Aber er sei den ganzen Camino gar nicht dazu gekommen, darüber nachzudenken, sagt er lachend. Morgen fliegt er zurück nach Korea, und am meisten freut er sich auf Kimchi[2] – und seine Familie natürlich. Auch Melanie wollte die Bedingungen ihres beruflichen Lebens verändern.

Später versuche ich, die letzten vier Wochen zu rekapitulieren. In meinem Tagebuch vom 22.10.2017 steht:

„Gerade ist alles so heiter, so hell, so leicht. Was hinter mir liegt, kann ich gar nicht glauben. Über Stock und Stein, durch Bach und Fluss und Schlamm und Sand, unter und über umgestürztem Baum hindurch, unter und über Autobahnen, Straßen, Wege, Schotter, Asphalt, Sand, Dünen, Felsen, Holzbohlen, hoch und runter, Regen, Nebel, Hitze, Kälte. Hundegebell, Hähnekrähen, Rotkehlchen. Spanien. Der Atlantik. Und meine Schutzengel. Danke."

Montag, 23.10.2018

Um 12h00 findet die tägliche Pilgermesse statt. Noch nie habe ich eine so volle Kirche gesehen, nicht mal zu Weihnachten. Überall sitzen, stehen, knien Pilger. Viele weinen, viele, viele beten. Die Messe wird begleitet von dem Gesang einer Nonne, ihre Stimme ist so klar und rein wie ein Lichtstrahl. Das Abendmahl wird genommen, und hinterher reichen wir uns alle die Hände, ich bin so bewegt, dass auch mir Tränen kommen. Als die Zeremonie vorbei ist, suche ich in den Seitenkapellen einen freundlich blickenden Heiligen, und vor ihm zünde ich die Kerze an – d.h. ich werfe Geld in einen Kasten, und dadurch entzünde ich eine elektrische Kerze. Ich danke meinem Mann für alles Gute, das er getan hat, was er in mein Leben gebracht hat. Jetzt kann ich das. Dann bete ich für ihn, und dann sage ich ihm, dass ich ihn jetzt verlasse. Ich muss weinen, aber drehe mich um und gehe.

Nachmittags schlendere ich durch die Straßen der Altstadt – da sitzt doch tatsächlich Jakob vor einem Café! Er ist mit seinem Handy

2 Koreanisches Nationalgericht.

beschäftigt und ich setze mich zu ihm. Er schaut auf und erklärt mir gleich, dass er gerade im Internet seinen Namen googelt – „when I enter my name, about 1000 entries appear“[3]. Ich lache und sage, ja, das kenne ich, ich sei auch nicht die einzige mit meinem Namen – er hört gar nicht zu und fährt fort:„…and most of them are about me. Here …“[4]. Er zeigt mir sein Handy, in dem eine Internet-Seite mit einem Foto von ihm zu sehen ist, wegen eines früheren in-vicarie-Caminos irgendwie. Mir fällt dazu nichts mehr ein. Aber dann frage ich ihn, ob wir uns heute Abend auf dem Praza do Obradoiro verabreden wollen, damit wir mit Johanna zusammen essen können, ja er stimmt zu. Ich kann kaum abwarten, bis ich sie wieder treffe und ihr die Neuigkeit erzählen kann.

Tja, und als Johanna und ich dann wieder auf dem Platz stehen, kommen uns Kalle und Gerlinde entgegen! Wir freuen uns so sehr, natürlich umarmen wir uns und gratulieren ihnen – und dann erscheinen hinter den beiden Martina und Peer! Unsere Freude nimmt immer weiter zu, alles ist so heiter und schön! Gerlinde und Kalle erzählen, dass Annelies von vornherein nicht bis zum Schluss mitgehen wollte, also ist sie in Ribadeo wieder nach Hause zurückgekehrt – wie schade, dass sie jetzt nicht dabei sein kann! Heute Abend sind wir sogar sieben beim Essen!

Dienstag, 24.10.

Ich fahre mit dem Bus nach Finisterre. Es gibt die Ansicht, dass erst hier, am Atlantik, der Pilgerweg wirklich beendet ist. Ursprünglich hatte ich überlegt, dort auch noch zu Fuß hinzugehen, aber in Santiago angekommen wurde mir klar, dass sich mein Camino erfüllt hat. Trotzdem möchte ich natürlich gerne das westliche „Ende der Welt“ sehen, also nehme ich wie gesagt einen Bus. Am späten Nachmittag bin ich wieder zurück und gehe die Rúa do Franco in Rich-

3 Wenn ich meinen Namen eingebe, erscheinen ungefähr 1000 Einträge.

4 Und die meisten sind über mich, hier….

tung Kathedrale entlang. Und da, mir stockt der Atem vor Überraschung, da kommt mir eine erschöpfte, aber aufrechte Pilgerin entgegen: Lizbeth!! Ich falle ihr um den Hals und umarme sie, „You are my absolute hero!“[5], sage ich, und wir lachen und freuen uns beide sehr. Sie ist gerade angekommen, sucht ihre Albergue und ist später hier mit ihrer Familie verabredet, auch ihr Mann wird da sein.

Abends besuche ich die tägliche Abendmesse, wieder ist die Kathedrale gedrängt voll, und die Atmosphäre ist wieder von Freude, Dankbarkeit und Glauben beseelt. Dieses Mal wird sogar der Botafumeiro geschwenkt! Und morgen fährt mich ein Bus zu meiner Tochter nach Lissabon.

Ich liebe Spanien.

Ich liebe Pilgern.

Ich liebe das Leben.

---

5 Du bist meine absolute Heldin.

Autorenprofil

Caroline Steiner, Jahrgang 1958, lebt in Schleswig-Holstein. 2012 wurde ihre vermeintlich sichere Existenz durch einen Schicksalsschlag von einem auf den anderen Tag zerstört. Unter jahrelangen, zermürbenden Anstrengungen gelang es ihr, das eigene Leben und das ihrer drei Kinder aus der Katastrophe herauszuführen, was jedoch zu ihrem physischen Zusammenbruch führte. Am Ende, wie sie war, hoffte sie irgendwie, irgendwo auf einen neuen Anfang. Mit diesem Motiv begann Frau Steiner ihren Pilgerweg von Irún nach Santiago.

Die vier Wochen in Spanien entpuppen sich als tägliche Herausforderung, als großes Abenteuer, als eine Zeit voller Überraschungen. Ehrlich, mit viel Sensibilität und präziser Beobachtungsgabe schildert Caroline Steiner ihren Weg in ein neues Leben, und nicht zuletzt ihre Bereitschaft, sich zu freuen und wieder zu lachen, machen dieses Buch zu einer ungewöhnlich spannenden und berührenden Lektüre.

Aus dem Verlagsprogramm

www.loewenstern-verlag.de

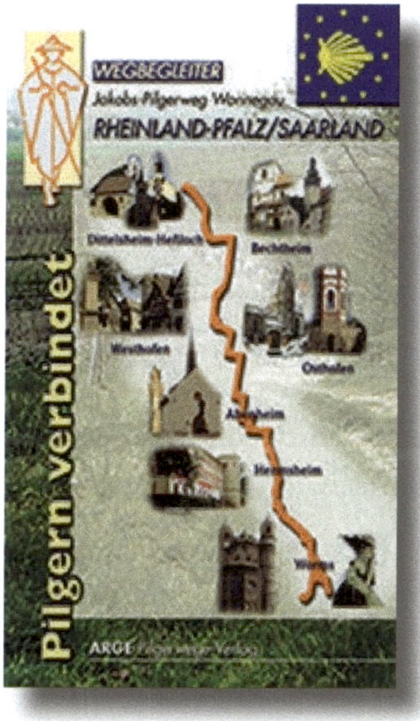

Hans Lipp

Jakobspilgerweg Wonnegau. Von Dittelsheim nach Worms

Genaue Karten der einzelnen Wegabschnitte, informative Texte zu Landschaft, Geschichte, Architektur, Menschen und Gemeinden der Region, Übernachtungsmöglichkeiten, Essen & Trinken, Pilgerpass mit genauer Beschreibung, wo Sie die Pilgerstempel finden können.

Print-Ausgabe 6,50 Euro

Hans Lipp

Jakobspilgerweg Zellertal. Von Worms nach Standenbühl

Genaue Karten der einzelnen Wegabschnitte und Alternativrouten. Informative Texte zu Landschaft, Geschichte, Architektur, Menschen und Gemeinden der Region. Ansprechende Panoramafotos, die Sie einladen, die Gegend persönlich zu erkunden. Historische Hintergrundberichte.

Apple iBooks: 5,49 Euro

Aus dem Verlagsprogramm

www.loewenstern-verlag.de

Dr. Peter Brinnel

TTIP & Co. –
Freihandel und Demokratie

Ist unsere Demokratie in Gefahr, ausgehöhlt zu werden? Wird unser Rechtssystem durch TTIP & Co. umgangen? Zahlt der Steuerzahler die Zeche für Schiedsgerichtsurteile? Was hat es mit der „Rechtsabtretungssteuer" auf sich?

Apple iBooks: 8,99 Euro
Amazon Kindle: 7,04 Euro

Dr. Peter Brinnel

Geheime Begleiter der Freihandelsabkommen –
Investitionsschutz als Werkzeug zum Umverteilen von Geld und Schulden

Das Buch beschreibt die Entwicklung des Freihandels, zeigt die Wirkung von Investitionsschutz auf und erläutert die gesellschaftlich-politische Dimension der Abkommen.

Apple iBooks: 8,99 Euro
Amazon: 7,26 Euro

Aus dem Verlagsprogramm

www.loewenstern-verlag.de

Dr. Peter Brinnel
Diktatur der Spekulanten – Wie durch Profitsucht aus Recht ein Unrechtssystem wird

Lesen Sie, wie ganze Volkswirtschaften von wenigen Spekulanten zur Kasse gebeten werden. Die Umverteilung der Vermögenswerte als lukratives Geschäftsmodell hat bereits begonnen!

Apple iBooks: 8,99 Euro
Amazon Kindle: 7,97 Euro

Dr. Peter Brinnel
Kapital ist mehr als Ziffern und Geld – Wie das wertvollste Kapital in der Bilanz dargestellt wird

Wie lassen sich die Tätigkeiten der Mitarbeiter, die oft als das wertvollste Kapital eines Unternehmens bezeichnet werden, als Aktivposten in der Bilanz abbilden?

Apple iBooks: 3,99 Euro
Amazon: 3,63 Euro

Aus dem Verlagsprogramm

www.loewenstern-verlag.de

Renate Wettach

Mobbing für Fortgeschrittene – Wie Sie Ihr Leben wieder in den Griff bekommen

Betroffene finden in diesem Buch Orientierung und Hilfestellung, damit sie nicht im Gefühlschaos versinken.
Jeder kann es lernen, sich „am eigenen Schopf“ aus dem „Sumpf“ zu ziehen!

ePUB-Ausgabe: 12,00 Euro
Print-Ausgabe: 19,99 Euro

Markus Keßler

Luftschlösser ade, willkommen in Ihrer Traumgegenwart

Ein Buch aus der Praxis, das leicht verständlich die Geheimnisse eigener und fremder Kommunikationsmuster und Verhaltensweisen aufdeckt und entschlüsselt.

ePUB-Ausgabe: 7,90 Euro
Print-Ausgabe: 9,90 Euro